全本全注全译丛书

中华经典名著

汤漳平　王朝华◎译注

老子

中华书局

图书在版编目（CIP）数据

老子/汤漳平,王朝华译注. —北京:中华书局,2014.7
(2025.4 重印)
（中华经典名著全本全注全译丛书）
ISBN 978-7-101-10074-7

Ⅰ.老…　Ⅱ.①汤…②王…　Ⅲ.①道家②《道德经》-译文
③《道德经》-注释　Ⅳ.B223.1

中国版本图书馆 CIP 数据核字（2014）第 066254 号

书　　名	老　子
译 注 者	汤漳平　王朝华
丛 书 名	中华经典名著全本全注全译丛书
责任编辑	舒　琴
装帧设计	毛　淳
责任印制	管　斌
出版发行	中华书局
	（北京市丰台区太平桥西里 38 号　100073）
	http://www.zhbc.com.cn
	E-mail:zhbc@ zhbc.com.cn
印　　刷	北京盛通印刷股份有限公司
版　　次	2014 年 7 月第 1 版
	2025 年 4 月第 16 次印刷
规　　格	开本/880×1230 毫米　1/32
	印张 10⅜　字数 180 千字
印　　数	370001－390000 册
国际书号	ISBN 978-7-101-10074-7
定　　价	27.00 元

目　录

前　言

　　《老子》（又称《道德经》），春秋时期老子所作。因其书分为上下两篇，一篇为《道经》，一篇为《德经》，故后人合而称之为《道德经》。

　　老子为我国先秦道家学派的创始人，《老子》一书也是道家思想的奠基之作。然而，由于年代久远，史料保存不足，国内外学术界对其人其书的相关情况及问题素来争议较大。

（一）关于老子其人

　　比较可信的资料是司马迁在《史记·老子列传》中简略的记载：

　　　　老子者，楚苦县厉乡曲仁里人也，姓李氏，名耳，字聃，周守藏室之史也。

　　　　孔子适周，将问礼于老子。老子曰："子所言者，其人与骨皆已朽矣，独其言在耳。且君子得其时则驾，不得其时则蓬累而行。吾闻之，良贾深藏若虚，君子盛德容貌若愚。去子之骄气与多欲、态色与淫志，是皆无益于子之身。吾所以告子，若是而已。"孔子去，谓弟子曰："鸟，吾知其能飞；鱼，吾知其能游；兽，吾知其能走。走者可以为罔，游者可以为纶，飞者可以为矰。至于龙，吾不能知，其乘风云而上天。吾今日见老子，其犹龙邪！"

　　　　老子修道德，其学以自隐无名为务。居周久之，见周之衰，乃遂去。至关，关令尹喜曰："子将隐矣，强为我著书。"于是老子乃著书上下篇，言道德之意五千余言而去，莫知其所终。

或曰：老莱子亦楚人也，著书十五篇，言道家之用，与孔子同时云。

盖老子百有六十余岁，或言二百余岁，以其修道而养寿也。

自孔子死之后百二十九年，而史记周太史儋见秦献公曰："始秦与周合，合五百岁而离，离七十岁而霸王者出焉。"或曰儋即老子，或曰非也，世莫知其然否。老子，隐君子也。

老子之子名宗，宗为魏将，封于段干。宗子注，注子宫，宫玄孙假，假仕于汉孝文帝。而假之子解为胶西王卬太傅，因家于齐焉。

世之学老子者则绌儒学，儒学亦绌老子。"道不同不相为谋"，岂谓是邪？李耳无为自化，清静自正。

西汉末年署名刘向所写的《神仙传》中也有一篇《老子传》，其中记录了当时传说的有关老子的各种故事，但多带神话色彩，恐不足为据。尤其在道教产生之后，将老子奉为教主，将《道德经》作为道教经典，更进一步神化老子，编了许多离奇的故事，就更不可信了。

今之学者有关老子的争论，集中在《史记·老子列传》中所写到的三个人，即老子、老莱子和太史儋。究竟这三者之间是什么关系，谁才是《老子》一书的真正作者呢？

由于司马迁生活的年代与老子相距三百多年，在史料不足的情况下，司马迁的这篇传记中有的材料显然源自其民间采访，因而取用了不同的传闻。不过，老子和老莱子为两人，一般是不会混淆的。老子为春秋时期人，长期担任周守藏室之史，而老莱子是位隐者，终身不仕；老子所著书为上下篇的《道德经》；老莱子则著书十五篇。而且《史记·仲尼弟子列传》中写道："孔子之所严事：于周则老子，于卫蘧伯玉，于齐晏平仲，于楚老莱子，于郑子产。"可见他并未将二者混同起来，只是两人同为春秋时期人，且都为道家学说传播者，又都是孔子的老师，所以在此附上一笔,不能说司马迁搞不清楚。

至于老子和太史儋的关系,倒需要认真讨论一下。由于两人都为周朝史官,且名字之"聃"、"儋",古音相同而字义相通,皆谓其耳朵长大,兼之传说中老子长寿,有的甚至说他就是古代能活到八百岁的彭祖,所以司马迁显然在记载这两人时有所保留,而用了"或曰"、"盖"这样的存疑之词,供后人判断,这反映了司马迁所持的谨慎态度。但正如许多学者指出的,战国时期的周太史儋见秦献公的时间为周烈王二年(前374),此时上距孔子卒年(前479)105年,老子长于孔子,倘若此时仍在世的话应有两百余岁,虽说清静无为的老子长寿,但人的寿命并不可能活得这么长,因此看来老子与太史儋应为两个人。倒是高亨在《老子传笺证》中提出太史儋可能是"老聃之后"的说法值得参考。因为先秦时教育不普及,某一方面的知识往往掌握在少数人的手中,甚至形成家族式的"世守其职"的状况,因此春秋时的老子之苗裔复为周太史,乃可能之事。至于《史记》中写到老子出关,"莫知其所终"的说法,则不合事实,老子晚年很可能回到故乡了。因为《庄子》的《天运》、《天道》篇以及《列子》一书都写到孔子曾到沛地向老子问学,而且老子在那里授徒,当了老师了。至于他后来的结局,《庄子·养生主》中就写到"老聃死,秦佚吊之",可见"莫知其所终"的说法亦并不然。庄子是道家的传人,其《养生主》为《庄子·内篇》中的一篇,学术界历来认为,《内篇》七篇为庄子自作,所写的内容似更可信。

这里还应当指出的是,许多学者根据《史记》的记载而将老子说成楚人,并以此说明道家产生于楚。这种说法不确,笔者在多年前就撰文指出老子是陈国人,长期生活于中原地区,并一直在周王室任职,是一位具有深厚中原文化底蕴的学者,只是到了孔子去世的那一年,陈国才被楚国所兼并,老子此时倘若还在世,那么得有八九十岁了。据此而说老子为楚人是错误的(庄子亦然,实为宋国人,也是在其晚年宋国才为楚国所兼并)。有学者指出,苦县是汉代才设立的,司马迁是以汉代的地名称老子的籍贯，不能据此而将老子说成是楚人，并进而推论道家起源于楚。

(二)关于《老子》其书

《老子》其书，历来也是纷争不断。争论的焦点在于此书是否老子自著以及成书时间。在对《老子》作者及成书时间的争议中，比较有代表性的是如下几种看法：

1. 认为《老子》就是老子本人所作，这是传统的观点；

2. 认为《老子》的思想基本上是老子本人的，但他仅是口述，《老子》一书则是由他的弟子们记录整理下来的；

3. 《老子》的作者不是老子，而是战国时期的太史儋；

4. 《老子》一书成于秦汉之间，甚至晚至西汉文景之间才出现。

持以上各种观点的学者也均提出各自的依据而长期争执不下。1963 年华人学者陈荣捷在其《老子之道》一书中说：

> 在中国现代历史上，似乎没有哪一场论战比围绕老子其人其书的争论持续的时间更长，参与的学者更多。这场数十位学者为之摇旗呐喊的讨论绵延了四十年，催生洋洋洒洒近五十万字的论作。至今，无论在中国，还是在西方，这场论辩仍在继续。(印地安纳波利斯：鲍勃斯—麦瑞尔出版公司，1963 年版)

幸运的是，历史为我们提供了解决争端的机遇。1973 年底，长沙马王堆三号墓出土了大批简帛古书，其中有帛书《老子》甲、乙本，这两种文本保存良好，其内容、文字与传世本相比并无根本区别，只是《德经》置于前而《道经》置于后。墓葬时间为公元前 168 年 4 月。鉴于甲种本未避汉高祖刘邦讳，可以断定此抄本抄于刘邦即位之前，而乙种本避"邦"字讳而未避惠帝的"盈"字与文帝的"恒"字讳，可知其抄于刘邦在位之时。由此可知，在汉之前《老子》已经成书。1993 年，湖北荆门郭店一号楚墓又出土了《老子》竹简甲、乙、丙三组。这三组简共存有文字

2046字,约为今传世本的五分之二,其内容分别见于传世本《老子》八十一章中的三十一章。据碳—14测定,墓葬时间约为公元前300年左右,则《老子》竹简应早于此时。2009年,北京大学又入藏了一批汉武帝前期的竹简,其中有比较完整的《老子》竹书,从抄本避汉高祖刘邦讳而不避惠帝刘盈讳的情况看,它与帛书乙本抄写时间大致相同,即抄写于汉高祖时期。更让人惊喜的是,简书保存良好,有完整和接近完整的竹简221枚,还有残简10枚。竹书也分为上下两篇,共七十七章,《道经》在后而《德经》在前。经整理后的统计,全书正文现存5200字,有重文114字。据推测,原书正文应为5265字。所阙文字中有不少可据上下文补入,实际影响到文意理解的阙字不足百分之一。因此,这是出土的四种《老子》版本中保存最为完整的一种。从上个世纪70年代至今,仅在不到四十年时间,我们便先后读到两千多年前的四种《老子》简帛古书,是何其幸运!

由这几种出土的《老子》抄本可以推知,《老子》应成书于战国中期之前。

由于郭店楚简的文字仅为传世本的五分之二,因此目前学术界有两种看法,一种认为,这三种简应当是墓主人从八十一章里摘录出来的部分,不代表当时仅有三十一章;而另一种看法则认为,《老子》一书的内容历经由少到多、由简到繁的过程。因此,这三十一章正是早期《老子》的内容,其他部分为战国时期道家的传人所增补。

我们认为,如郭沫若所说,《道德经》是战国时期楚国人(他认为是环渊,即关尹),"根据老聃的遗说,用赞颂式的体裁,加以'发明',把它整理出来了的"。这一说法可能差近事实。春秋时期,多以口耳相传的方式教授学生,学生将老师的话记录下来整理成书,《论语》便是如此。《老子》中多有楚地语词,所以郭沫若认为是楚国弟子整理的,虽无实证,却有一定的合理性,至于是否一定为关尹(环渊),则另作别论(《十批判书·稷下黄老学派的批判》,人民出版社1954年6月版,第175

页)。

(三)《老子》的主要内容

近百年来,在《老子》研究中,围绕着这部书的思想内容、学术倾向、唯心唯物乃至表达的阶级立场等问题曾经有过各种各样的观点。我们认为,《老子》《论语》等书,代表春秋中后期的士人阶层的觉醒,是他们面对着当时社会的急遽变化,积极认真地作出的思考和回应。《老子》一书,从天道的运行出发,希望"究天人之际",来回答现实社会中出现的种种问题。

范文澜这样评价老子和他的《道德经》:

老子是有极大智慧的古代哲学家。他观察了自然方面天地以至万物变化的情状,他观察了社会方面历史的、政治的、人事的成与败、存与亡、祸与福、古与今相互间的关系与因果,他发现并了解事物的矛盾性比任何一个古代哲学家更广泛更深刻。他把这种矛盾性称为道与德。(《中国通史简编》修订本第一编,人民出版社1964年第4版,第269页)

老子所创立的学派之所以被称为道家,是因为老子在其书中提出了有关"道"的独特的理论,简称为"道论"。《老子》书中的"道",不是寻常意义所说的"道"(道的本义指道路,屈原《离骚》中"尧舜之耿介兮,既遵道而得路"即是用其本义,其后道又被引申为规律性、主张等),而明确地将"道"作为天地万物的本原,是道家哲学的最高范畴。这个"道",是"先天地生","为天地母"(二十五章);"渊兮,似万物之宗……吾不知其谁之子,象帝之先"(四章);"道生一,一生二,二生三,三生万物"(四十二章);"视之不见名曰夷,听之不闻名曰希,搏之不得名曰微。此三者不可致诘,故混而为一。一者,其上不皦,其下不昧。绳绳不可名,复归于无物。是谓无状之状、无物之象,是谓惚恍。迎之不见其首,随之不见其后"(十四章)。老子并不讳言他对自己无法准确而明晰地将

"道"用语言加以表述而感到的遗憾,甚至于连起个名字都感到勉强:"吾不知其名,字之曰道,强为之名曰大。"(二十五章)除了"道"和"大",在《老子》一书中,"道"还有多种名字,如"大象"、"朴"、"无名"、"小"、"一"等。至于道的形象,尽管他在多处作了描述,但也是依然模糊,不够清晰:"道之为物,惟恍惟惚。惚兮恍兮,其中有象;恍兮惚兮,其中有物;窈兮冥兮,其中有精。其精甚真,其中有信。"(二十一章)"大道泛兮,其可左右。万物恃之而生而不辞,功成不名有,衣养万物而不为主。常无欲,可名于小;万物归焉而不为主,可名为大。是以圣人之能成大也,以其不为大也,故能成大。"(三十四章)"道之出口,淡乎其无味,视之不足见,听之不足闻,用之不足既。"(三十五章)惟其如此,正可反映出这位伟大先驱者不懈的探索与执着的追求。

而"德"则是天地万物所蕴含的特性,它不能脱离具体事物而存在,德所寓的事物则为"得"。"德"必须服从于"道",所谓"孔德之容,惟道是从"(二十一章),说的便是这个道理。"道生之,德畜之,物形之,器成之。是以万物莫不尊道而贵德。道之尊,德之贵,夫莫之爵而常自然。道生之畜之,长之育之,亭之毒之,养之覆之。生而不有,为而不恃,长而不宰,是谓玄德。"(五十一章)这段文字清楚地阐述了道与德的密不可分性。

"道"是形而上的,而"德"是形而下的。"道"为"德"之体,"德"为"道"之用。

《老子》一书中有丰富的辩证法思想,老子看到事物的对立与统一,如:"天下皆知美之为美,斯恶已;皆知善之为善,斯不善已。故有无相生,难易相成,长短相形,高下相倾,音声相和,前后相随。"(二章)同时他还看到事物的相互转化,如"祸兮,福之所倚;福兮,祸之所伏"(五十八章),从而提出"反者道之动"(四十章),"柔弱胜刚强"(三十六章),等等。正是基于这种思想,他提出了贵柔、守雌、不争等主张。

《老子》一书中,强烈反对各诸侯国之间进行的不义之战,反对统治者的穷奢极欲,希望民众能够过上安定的生活,因而他设计了一个"小国寡民"的社会蓝图,希望民众能够过着"甘其食,美其服,安其居,乐其俗"(八十章)的生活,虽被人讥为拉历史倒车,不现实,但他的良苦用心,是可以体会的。

(四)道家在中国文化史上的地位

由老子所创立的道家和由孔子所创立的儒家,在中国文化史上具有特别重要的地位。先秦诸子,面对分崩离析的社会现实,各自在进行认真的思考,在总结历史的、现实的治国经验教训的基础上,力图寻找出一条适合社会发展的治国之道。由于他们思考的角度和方法的差异,所提出的理论自然也有很大的不同。此后两千多年间,中国历史的发展表明,诸子中对后世中国文化产生最重要影响的是儒、道两家。

在长期的封建社会中,儒家文化因其具有鲜明的政治伦理性质,适应了封建社会的需求,因而在经过西汉中期儒家学者改造后,从此成为统治阶级所提倡的显学。这种独特的地位,使得中国历代诸多学科领域中均深深地打上了儒学的烙印。正是这种现象,使得后代的学者们产生一种看法,似乎儒家文化在中国所有学术领域中均具有主导的重要的地位。然而,这种看法是不够客观的,也是缺乏具体分析的。

实际上,儒家文化在一些重要领域中,诸如政治伦理、社会伦理、道德、教育等方面确实是具有主导地位的,所谓"半部《论语》治天下"之说,便可见一斑。但是,在哲学、美学和文学艺术创作等领域中,道家思想的影响远远大于儒家。也就是说,儒家文化在与现实社会联系密切的学术领域中具有领先的主导地位,而道家文化则在那些具有强烈思辨色彩和需要丰富想象力与创造力的学术领域中发挥着重要的影响。这种状况的产生,自然是两家文化的不同品质所造成的。如同许多学者指出的,是道家文化首先在中国建立起具有本体论意义的哲学体系。从道家创始人老子的《道德经》产生开始,便展现了其所特有的鲜明的思辨特质,正是这种文化特质,深深地影响了中国后来的哲学、美学与文学艺术创作。而儒家文化,从孔子起便注重社会实践与社会伦理。孔子一生周游列国,到处宣扬他的"仁义"之道,希图以此解决现实中的纷争,他并不关心离现实比较遥远的一些哲学问题。他曾经这样回答关于"天"的问题:"天何言哉?四时行焉,百物生焉,天何言哉?"(《论语·阳货》)在孔子看来,虽则有"天命"的存在,但"天"并非任何时候都在那里支配人间的事情。因此没有必要成天去探究神秘莫测的东西,而应当将主要精力放在"人"——即现实社会的问题上。孔子的学生子路询问有关鬼神之事,他回答说:"未能事人,焉能事鬼?"子路又"问死",孔子说:"未知生,焉知死?"(《论语·先进》)孔子的这种思想,源于对当时著名政治家子产的认同。虽然孔子没有与子产见过面,却十分称赞子产的为人。子产曾有一句有关"天道"问题的名言:"天道远,人道迩,非所及也,何以知之?"(《左传·昭公十八年》)以此来驳斥晋国占星术者所说的关于郑国将要发生大火的预言。孔子不探究"天道",而是将全部精力用于研究"人道"。当然,主要就是治世之道,这种倾向正与子产的思想相同。孔子并不认为周公所制定的一整套治国制度有什么缺陷,因而也并不需要另外寻找替代的理论;相反,他认为社会之所以混乱,是由于周公所制定的那套治国方略遭到了"乱臣贼子"的破坏,因此需要重新"克己复礼",使"天下归仁"。他十分推崇西周实行的"礼治",说:"周监于二代,郁郁乎文哉!吾从周。"(《论语·八佾》)因此,恢复西周时的社会秩序,改变现实中"礼崩乐坏"的混乱状态,是他梦寐以求的理想。

道家的创始人老子则面对社会的巨大变化,十分冷静地思考更深层次的原因,他不是简单地从社会方面找原因,而是把视线放得更远。他观察了历史的、政治的、人事的成与败、存与亡、祸与福,并从中抽象出自然法则或规律——道。正是在这样广泛而深刻的观察、思考与研究之后,他对现实社会的合理性提出强烈的怀疑乃至彻底的否定,认为没有必要花大气力去宣传与恢复周公制定的那一套治理国家的方法。

《史记·老子韩非列传》记载,当孔子很虔诚地跑去向老子问礼时,老子不仅不作正面回答,反而给予当头棒喝,告诉他:"子所言者,其人与骨皆已朽矣,独其言在耳。"

可见,对周礼的那一套,老子并不以为然,认为是像朽骨一样过时无用的东西,当然也就无需正面加以回答。这种倾向,在《老子》一书中亦表现得很明显。当然,老子与孔子的谈话不会仅就这几句,《史记·孔子世家》中就另有一段话:

> 辞去,而老子送之曰:"吾闻富贵者送人以财,仁人者送人以言。吾不能富贵,窃仁人之号,送子以言,曰:'聪明深察而近于死者,好议人者也。博辩广大危其身者,发人之恶者也。为人子者毋以有己,为人臣者毋以有己。'"

老子在否定礼的同时,也必然会宣传自己的思想。而道家的这一套思想,恐怕是大出孔子的意外的,所以在听了老子的教诲之后,孔子以能"乘风云而上天"的"龙"来比喻老子,足以见其敬佩的心情。有人以为这段话是后人编造的,用以抬高老子而贬低孔子。其实,如果我们将这两种学说加以比较,平心静气地体会当事者的心情,应当承认孔子的这种惊讶与敬佩的感情是极可能油然而生的。热衷于世事的孔子听到老子的一番高论,犹如一阵当头棒喝,顿时头脑清醒起来,所以发自内心地说了那么一段话,这正表明孔子为人的谦虚好学,并不像有些人理解的那样是一种门户之见。当然,同为一代宗师,孔子也不必因老子的一席话而立即改变自己的志向,他依然席不暇暖,赶起牛车,带领他的弟子们去周游列国,宣传自己的主张,即使明知其不可为也要尽力而为之。

对于儒、道两家在哲学史上的地位,过去已经有人做过比较。德国著名哲学家黑格尔在《哲学史讲演录》一书中,对老子的思辨哲学作了较高的评价,但对儒家的始祖孔子却颇有微词,他说,孔子"只是一个实际的世间智者",其著作不过是"道德的教训","在他那里思辨的哲学是一点也没有的"。经后代的发展,道家的学说至战国后期形成了黄老道家,黄老道家对于中国的统一以及西汉初期的社会曾经起过积极的作用。汉武帝"罢黜百家,独尊儒术"之后,儒家成为两千年封建社会的显学和封建统治阶级的治国理论,道家思想相应地转为"隐学"。但正是这一显一隐,起到相辅相成的作用。这里的所谓"隐",也是相对的,道家思想不仅在西汉初极盛于时,到魏晋时期更发展成为"玄学",风靡朝野。唐、宋、元各代,道家学说也是受到官方提倡的,只是没有成为治国之学而已。至于儒学发展到宋明理学,则援道、佛入儒,构建了理论上更加完整的儒学新体系。

由老子所创立的道家,在中国文化史上具有特殊重要的地位。著名史学家吕思勉曾这样评价道家在先秦诸子之学中的特殊地位,他认为:

> 道家之学,实为诸家之纲领。诸家皆专明一节之用,道家则总揽其全。诸家皆其用,而道家则其体。(《先秦学术概论》中国大百科全书出版社,1985 年版,第 27 页)

事实上,在整个学术领域中,正是道家学术构筑起古代中华学术大厦的整体框架。当然,必须说明的是,我们这样讲,并非为了扬老而抑孔。孔子、老子都是被德国存在主义哲学家雅思贝尔斯称为在世界文化轴心时代曾经对人类社会做出重大贡献的文化巨人。对于中华文化而言,老子侧重于文化体系的创新与发展,而孔子专注于文化典籍的整理与教育、传承,这两者都是必需的,是缺一不可的。黑格尔的说法,代表的是哲学家的立场和偏爱。

《老子》一书,很早就传入西欧,并深受西方学者的喜爱。林语堂在《老子的智慧》一书的《绪论》中说:"在孔子的名声远播西方之前,西方少数的批评家和学者,早已研究过老子,并对他推崇备至。"2011 年 6月,德国著名汉学家沃尔夫冈·顾彬在深圳大学作《中国文学与中国哲学在德国》的演讲中说:"在德国,老子的《道德经》已经先后被 104 人译成德文,但孔子的《论语》只有十几个译本,从这个意义上而言,老子在德国比孔子有名,影响也更大。"有一则消息称,每四户德国家庭便有一本《道德经》。美国学者蒲克明说,《道德经》之所以受到世人如此重视,获得如此高的评价,是因为它是人类最古老、最系统的第一部"大成智慧学",他并预言未来"《道德经》将是一本家传户诵之书"(葛荣晋《外国人眼中的〈道德经〉》)。

(五)《老子》的版本与流传

今本《老子》被分为八十一章,但在长沙马王堆帛书中,只分为《道经》和《德经》两篇,而且《德经》在前,《道经》在后。北大汉简本则分为七十七章,也是《德经》在前,《道经》在后。有人根据这种分法认为,《老子》如同《论语》一样,也是道家后学者整理出来的老子的片断语录。这种看法不符合实际,《老子》一书是一部有完整结构的著作,它由"道"及"德",由形上而至形下,其内容及于社会生活的方方面面,是一个完整的体系。只是在历代传抄过程中,因为错简而导致次序的错置,我们由郭店《老子》竹简和长沙马王堆帛书《老子》甲、乙种中的一些篇章顺序的差别即可知道。

这里还要特别强调,作为先秦时期的元典,《老子》这部书,不可与产生于后代的那些别集中的著作等同视之。《老子》其实是中华民族的祖先千万年来在生生不息的发展过程中积淀下来的全民族智慧的结晶,只是经老子之手将其总结写成。为了便于传诵,它采用韵文的形式来宣传哲理,文字简洁而内涵极其丰富,容易引起不同的解读,因此只有怀着深深的敬畏之心,认真思考和研究,才能慢慢地体悟出其中所蕴含的深刻的哲理。

《老子》版本种类较多,以 1993 年出土于湖北荆门郭店一号楚墓的竹简本为最早,此墓葬时间约为公元前 300 年前后,其中有甲、乙、丙三组简。其次为 1973 年在湖南长沙马王堆三号墓出土的西汉前期《老子》帛书甲、乙本，保存字数较多，但均有残缺，其中乙本保存较好。2009 年 1 月北京大学入藏的一批抄写于汉武帝前期的竹简，其中《老子》有经拼接后完整的简 211 枚，残简 10 枚，保存近 5300 字，是迄今为止保存最完整的西汉古本。其抄写年代约为汉武帝时期。该书篇题分别为《老子上经》和《老子下经》，并分为七十七章（其中今本六、七合为一章，十七、十八、十九合为一章，七十八、七十九合为一章）近已整理出版。这一版本的问世，也为本书的校订提供了重要参考。本书中多处引用上述多种出土文献资料，以便读者从中了解它们的意义和原初状态。传世的早期版本则有西汉严遵的《老子指归》（又称《道德真经指归》）。严遵字君平，西汉蜀郡人，曾为扬雄的老师。著有《道德真经指归论》和《道德真经指归》。《道德真经指归论》今存，为阐发《老子》经文之宏旨。但明清之后，存世的《老子指归》被指为后人的伪作，遂置而不论。今人王德友重新作了整理。其次为成书于东汉中后期的《老子道德经·河上公章句》，《章句》以黄老思想解释《老子》，突出无为治国、清净善生的观点，是一部成书较早、影响较大的注本。但今本中流传最广的版本为王弼的《老子道德经注》，王弼为魏晋时期著名玄学家，其注偏重哲理的探讨。王弼的《老子道德经注》在后世流传最广，影响也最大，我们在注释中对其注文引用较多，以方便读者参考。

此外，较重要的版本还有唐初傅奕的《道德经古本》和易州龙兴观的景龙碑本、开元碑本等。

本书原文依据最通行的传世本王弼《老子道德经注》（中华书局楼宇烈校释本）为底本，参校河上本、傅奕本、范应元本、景龙碑本等其他传世本，以及出土文献郭店竹简本（荆门市博物馆《郭店楚墓竹简》）、廖明春《郭店楚简老子校释》、帛书本（国家文物局古文献研究室《马王堆汉墓帛书（一）》）、高明《帛书老子校注》、北大汉简本《老子》（北京大学出土文献研究所《北京大学藏西汉竹书（贰）》）等书，校订原文，择善而从，并附以简略说明。对前贤及今人的成果，加以广泛吸收引用，以供读者参考。本书引用各种《老子》注本，皆标明作者及书名。唯引用王弼《老子道德经注》一书最多，为求行文省便，故在书中多简称"王弼本"、"王弼注"、"王本"等；又，河上公《老子章句》、傅奕《道德经古本》、郭店竹简本、马王堆帛书本等，也是本书反复引用的文献，有时也为了方便起见，简称"河上公本"（或"河上公注"、"河上本"）、"傅奕本"（或"傅本"）、"竹简本"（或"竹书本"、"竹书"）、"帛书本"（或"帛书"）等。《老子》一书韵脚独密，字句简短并相对整齐，显然是为便于传唱而有意为之的。为保持此风格与韵味，本书译文也尽量采用韵文形式，尽可能使之信、达、雅，供读者参考。

　　本书《道经》（一至三十七章）的题解、译注部分由汤漳平撰写，《德经》（三十八至八十一章）的题解、译注部分由王朝华撰写，特此说明。

汤漳平

2014 年 3 月

一章

【题解】

本章为全书之总纲。在先秦诸子百家中,道家之所以和其他诸家不同,正是因为它提出具有本体性和万物根源的形上观念之"道"。在这里,道是天地万物的本原,是宇宙的初始状态。宇宙、天地、万物均由"道"所化生。"道"深邃而奥妙,要认识它,应当经历从"无欲"到"有欲"的认识过程。老子在本章中开宗明义,提出一系列重要的哲学概念,道、名、有、无、玄、妙等,这对于下文的展开论述,无疑起到纲领性的作用。本章首句"道可道,非常道;名可名,非常名",以往大都译成"道,说得出的,它就不是永恒的道;名,叫得出的,它就不是永恒的名"(引自任继愈《老子新译》)。这一解读值得商榷。老子一开始就推出他的"道"论;他著五千言的目的是为人所接受,因此,难以设想他会一开口就摆出一副玄学家的架势来吓唬人,历来许多学者都注意到《老子》语言之美、音韵之和谐,其目的是明显的,他要借助韵律和语言美来广泛宣传自己的主张,使之为人所接受。朱谦之在《老子校释》中说:《老子》著五千之文,于此首发其立言之旨趣。盖道者,变化之总名。与时迁移,应物变化,虽有变易,而有不易者在,此之谓常。自昔解《老》者流,以道为不可言。高诱注云:'《淮南·泛论训》曰:"常道,言深隐幽冥,不可道也。"伪《关尹子》推而广之,谓"不可言即道"。'实则《老子》一书,无之以为用,有之以为利,非不可言说也。曰'美言',曰'言有君',曰'正言若反',曰'吾言甚易知,甚易行',皆言也,皆可道可名也。自解《老》者偏于一面,以'常'为不变不易之谓,可道可名则有变有易,不可道不可名则无变无易(林希逸),于是可言之道,为不可言矣;可名之名,为不可名矣。不知老聃所谓道,乃变动不居,周流六虚,既无永久不变之道,亦无永久不变之名……故曰'道可道,非常道'也,'名可名,非常名'也。"朱谦之此说体会到《老子》一书的核心思想,即万事万物均处于变化的状态中,"道"、"名"也不例外。这一观点是辩证法的核心思想,可谓得其本心。有人认为将老子的"道"神秘化,起源于西晋的王弼,是他在注中首先将"道"神秘化,其实是冤枉了他。因为他不过是承袭庄子的观点而已。真正最早将"道"神秘化的应当是庄子。庄子在《知北游》一篇中,以泰清和无穷、无为、无始的对话来谈论道,无始曰:"道不可闻,闻而非也;道不可见,见而非也;道不可言,言而非也。"既然道"不可闻"、"不可见"、"不可言",岂非成了神秘莫测的东西?庄子虽然继承了老子的思想,却将其引向神秘的轨道,读者须认真加以区分。

　　道可道,非常道;名可名,非常名①。无名,万物之始;有名,万物之母②。故常无欲,以观其妙;常有欲,以观其徼③。此两者,同出而异名,同谓之玄,玄之又玄,众妙之门④。

【注释】

①道可道,非常道;名可名,非常名:道可知而可行,但非恒久不变之道;名可以据实而定,但非恒久不变之名。常道,马王堆帛书《老子》甲、乙本及北大汉简本均作"恒道","常名"作"恒名",后人避汉文帝刘恒讳而改"恒"作"常"。本章中之四处"常"皆应作"恒"。"名可名"在北大汉简本中作"名可命"。第一句中的三个"道",第一、三均指形上之"道",中间的"道"作动词,为可言之

义。名，哲学概念，与"实"相对，"名者实之宾也"（《庄子·逍遥游》）。成玄英《庄子疏》："实则是内是主，名便是外是宾。""名可名，非常名"中的三个"名"字，一、三为名词，指道之名，二为动词，为命名之义。王弼《老子道德经注》云："可道之道，可名之名，指事造形，非其常也。故不可道，不可名也。"按照这一说法，"可道之道"和"可名之名"是可识可见的有形的事物，而非永恒存在的。而"恒道"、"恒名"是不可见、不可识的。后人多沿用其说。如张松如在《老子说解》中译为："道，说得出的，就不是永恒的道；名，说得出的，就不是永恒的名。"高亨《老子注译》译为："道之可以讲说的，就不是永远存在的道……名之可以根据实物内容而予以名的，就不是永远存在的名。"对此，本章题解中已作过讨论，兹不多论。今人也有对此持不同见解的。如郭世铭在《〈老子〉究竟说什么》中说："'道可道，非恒道'中的第一个'道'字，是《老子》的专用术语，是名词。后两个'道'字都是动词'说'的意思，整个句子的意思是：道是可以说得清楚的，但不是人们一向说的那样……道的名字是可以叫出来的，但不是人们所讲的那类名。"而沈善增在《还吾老子》一书中则认为："第一个'道'指一般的行为法则，物（生命）的行为法则，'恒道'则指'恒'的行为法则，我意译为'作用方式'，是合乎当时的用语习惯的。后人没有想到把'恒道'理解为'恒之道'，是因为没有想到把'恒'当作一个名词，当作《老子》哲学体系中一个最基本的范畴来对待。"因此，他将这两句译为："普通的具体的行为法则，是可以指导行动的，但不是'恒'（实在）的作用法则，一般的命名是可以标志事物的，但不能来标志'恒'。"上述两种说法固然打破千年成说，但依然各有不当之处，如郭氏将后两个"道"都作为动词，是不合适的，第三个"道"仍应是名词，他在翻译"名可名"时，虽然讲上下两个句式相同，却译成"但不是人们所讲的那类名"，则此名为名词而非动词，与"道可道"就不同了。至于沈氏的解释，将"恒"当作一个名词，当作《老子》哲学体系中一个最基本的范畴来对待。这一说法尚可商榷，在《老子》一书中，"恒"与"常"的使用是不同的，"常"是《老子》哲学体系中一个最基本的范畴，而"恒"却不是，因此也就缺乏说服力了。

② 无名，万物之始；有名，万物之母：王弼注云："凡有，皆始于无。故'未形'、'无名'之时，则为万物之始，及其'有形'、'有名'之时，则长之育之，亭之毒之，为其母也。言道以无形无名始成万物，以始以成而不知其所以，玄之又玄也。"今本作"无名，天地之始"，但从王注中可知，原本应为"万物之始"。马王堆帛书及北大汉简中也均作"无名，万物之始"，"天地"二字，或后人所改。母，本原。这两句在断句上有不同看法，宋代司马光、王安石、苏辙等以"有"、"无"两字后为断，作"无，名天地之始；有，名万物之母"，似不合适。蒋锡昌云："司马光、王安石、苏辙辈读此皆以'有'字、'无'字为逗，不知'有名'、'无名'为老子特有名词，不容分析。三十二章'道常无名……始制有名'，三十七章'吾将镇之以无名之朴'，四十一章'道隐无名'，是岂可以'无'与'有'读乎？《庄子·则阳》：'万物殊理，道不私，故无名。无名，故无为，无为而无不为。'《文子·原道》篇：'有名产于无名。'《史记·日者列传》：'此老子之所谓无名者，万物之始也。'古人皆以'有名'、'无名'为读也。"（《老子校诂》）张松如云："今验之帛书，高（指高亨）读误，当从蒋。四十章'有'、'无'，即'有名'、'无名'之义，老子所谓'有生于无'，即前引《文子》所谓'有名产于无名'，不足以证成以'无'字、'有'字为逗之说。"（《老子说解》）《老子》书中"有名"、"无名"常连读，不宜断开。

③ 故常无欲，以观其妙；常有欲，以观其徼（jiào）：王弼注云："妙者，微之极也。万物始于微而后成，始于无而后生。故常无欲，可以

观其始物之妙。""徼,归终也。凡有之为利,必以无为用。欲之所本,适道而后济。故常有欲,可以观其终物之徼也。"以上两句在文字断句上也有分歧,宋人司马光《道德真经论》等以本句作"故常无,欲以观其妙;常有,欲以观其徼",虽同样可通,但《老子》书中,"有欲"、"无欲"连用时,不可分开。妙,微妙。徼,过去许多人均释为边际、角落,似不确,今从张松如《老子说解》,"徼"通"邀"、"要",即追求、求索、循求之义,引申为"功用"。

④此两者,同出而异名,同谓之玄,玄之又玄,众妙之门:王弼注云:"两者,'始'与'母'也。同出者,同出于玄也。异名,所施不可同也。在首则谓之始,在终则谓之母。玄者,冥也,默然无有也。始,母之所出也,不可得而名,故不可言,同名曰'玄',而言谓之'玄'者,取于不可得而谓之然也。不可得而谓之然,则不可以定乎一玄而已。若定乎一玄,则是名,则失之远矣。故曰玄之又玄也。众妙皆从玄而出,故曰'众妙之门'也。""两者"之所指,争议颇大。河上公《老子章句》注云:"两者谓无欲、有欲也。"王安石云:"'两者',有无之道,而同出于道也。"(《老子注》)童书业云:"'无'和'有'或'妙'和'徼',这是'同出而异名'的。"(《老子思想研究》)同出,谓同由"道"所出。因此,"两者"应指道的奥妙与功用,囊括全书主旨,似即"道"与"德"。玄,原意为深黑色,但这里成为道家的一个重要哲学概念,指深远神妙。苏辙云:"凡远而无所至极者,其色必玄,故老子常以玄寄极也。"(《老子解》)范应元云:"玄者,深远而不可分别之意。"(《老子道德经古本集注》)沈一贯云:"凡物远不可见者,其色黝然,玄也。大道之妙,非意象形称为可指,深矣,远矣,不可极矣,故名之曰玄。"(《老子通》)

【译文】

道可知而可行,但非恒久不变之道;名可以据实而定,但非恒久不变之名。无名,是万物的原始;有名,是万物的开端。所以,经常保持清静无欲,可以体察其中的奥妙;经常保持有欲追求,可以知晓道的功用。这两者,同一出处而名称不同,都十分深远玄妙,玄妙而又玄妙啊,这是解开所有奥妙的门径。

二章

【题解】

　　本章前半部分集中体现了老子对立统一的辩证思想,他列举出美丑、善恶、有无、难易、长短、高下、音声、前后这一系列矛盾而又统一的概念,指出它们在客观世界中是普遍存在的,它们相辅相成,在对立中形成统一,这种对世界的深刻观察和总结,十分可贵,是人类智慧的结晶。须知,发现这些差异与矛盾对立并不难,因为它是直接可见的,然而,发现它们的同一性却是很难的;发现个别的现象也不难,但将它们概括起来,上升为理论,认识到世间万物均处于对立统一之中,更是不容易。后半部分,老子提出治理人类社会的法则,即"处无为之事,行不言之教","生而不有,为而不恃,功成而弗居",也就是以"无私"的心胸来对待和处理天下之事。在本章中,老子已经正面提出他的治国理想。其中很重要的就是"无为"的理念。"无为"即顺应自然,不胡作非为。有些版本在"圣人"后面有"治"字,即"是以圣人治,处无为之事……",也可通,因为下文实际上正是老子理想中的"圣人之治",《老子》书中多处提到"圣人",其中多与治国理想有关。如二、三、五、七、十二、二十二、二十六、二十七、二十八、二十九、四十七、四十九等章,共达24处,也就是说占《老子》全书近三分之一的篇章都写到"圣人"。那么"圣人"是什么? 它和庄子书中写到的真人、至人、神人有何不同? 我们认为,老子所说的圣人，指的是能够得到"道"的精髓，并用以贯彻到治理国家的具体事务中去的帝王。这二十几处提到的"圣人"，或言其治国之道，或提出其修身方法与高尚品格，以与常人作对比。而庄子书中的神人、真人、至人则是想象中的虚拟人物，是得道者的三种不同层次，并非实有其人。

　　本章中谈到的也是圣人如何治国，充满了理想色彩，表达了老子理想中的"圣人"道德范式。

　　天下皆知美之为美，斯恶已；皆知善之为善，斯不善已①。故有无相生②，难易相成③，长短相形④，高下相倾⑤，音声相和⑥，前后相随⑦。是以圣人处无为之事⑧，行不言之教⑨，万物作焉而不辞，生而不有，为而不恃⑩，功成而弗居⑪。夫唯弗居，是以不去⑫。

【注释】

①天下皆知美之为美，斯恶已；皆知善之为善，斯不善已：天下都知道美的事物称为"美"，那是因为有丑恶的存在；都知道善的事物称为"善"，那是因为已有不善的存在。斯，此，为指示代词。恶，丑恶。王弼注云："美者，人心之所乐进也；恶者，人心之所恶疾也。美恶，犹喜怒也；善不善，犹是非也。喜怒同根，是非同门，故不可得而偏举也。此六者皆陈自然不可偏举之名数也。"王安石云："夫善者，恶之对；善者，不善之反，此物理之常。"（《老子注》）吴澄云："美恶之名，相因而有。"（《道德真经注》）

②相生：相依而生。

③相成：相辅相成。

④相形：相互比较。形，今传王弼本原作"较"，但其他传世本均作

"形"。据改。帛书与北大汉简本皆作"刑",为"形"同音假借。毕沅云:"古无'较'字。本文以'形'与'倾'为韵,不应作'较'。"(《老子道德经考异》)

⑤相倾:相互依存。帛书本作"相盈",意同。

⑥音声相和:声和音相互应和。单一发声为声,声组合为乐,称为"音"。

⑦相随:相互追随。

⑧是以圣人处无为之事:所以圣人顺应自然不胡作非为。王弼注云:"自然已足,为则败也。"圣人,老子以得道者为"圣人",即能够体任自然,按自然规律行事的人。儒家的圣人指古代有德之君,如五帝三王。但在老子书中也多次提出"圣人之治"。钱锺书云:"老子所谓'圣'者,尽人之能事以效天地之行所无事耳。"(《管锥编》第二册,第 421 页)无为,道家的治国理念,即顺应自然,不胡作非为。

⑨行不言之教:施行教化,不简单发号施令,而是采取潜移默化的方式以顺应民心。

⑩万物作焉而不辞,生而不有,为而不恃:听凭万物兴起而不横加干预,滋养万物而不据为己有,助其成长而不自恃其能。不辞,即不言,无为。此处王弼本与河上本均作"不辞",傅奕本作"不为始"。汉帛书乙本作"弗始",高明、陈鼓应等以为当据改。但北大简本作"弗辞",今仍其旧。王弼注云:"智慧自备,为则伪也。"福永光司云:"老子的无为,乃是不恣意行事,不孜孜营私,以舍弃一己的一切心思计虑,一依天地自然的理法而行的意思。在天地自然的世界,万物以各种形体而出生、而成长变化为各样的形态,各自有其一份充实的生命之开展:河边的柳树抽发绿色的芽,山中的茶花开放粉红的花蕊,鸟儿在高空上飞翔,鱼儿从深水中跃起。在这个世界,无任何作为性的意志,亦无任何价值

意识，一切皆是自尔如是，自然而然，绝无任何造作。"（陈冠学译、福永光司著《老子》）胡寄窗云："老子的无为论在当时是有一定的积极作用的，他在反对统治人民的各种苛繁的法律、兼并战争及沉重的租税负担等方面，反映了被压迫的人民群众的要求。相反的，无为论也有其消极、保守、不积极参与斗争及屈服于现实的落后的一面。"（《中国经济思想史》上）

⑪功成而弗居：大功告成而不邀功自傲。王弼注云："因物而用，功自彼成，故不居也。"

⑫夫唯弗居，是以不去：正因为他不居功自傲，所以他的功业得到永存。王弼注云："使功在己，则功不可久也。"

【译文】

天下都知道美的事物称为"美"，那是因为有丑恶的存在；都知道善的事物称为"善"，那是因为已有不善的存在。因此有无相依而生，难易相辅而成，长短相比而显，高下相互依存，音声相互应和，前后相互追随。所以圣人顺应自然不胡作非为，注重身教而不以言教，听凭万物兴起而不加干预，滋养万物而不据为己有，助其成长而不自恃其能，大功告成而不邀功自傲。正因为他不居功自傲，所以他的功业得到永存。

三章

【题解】

本章林语堂在《老子的智慧》(黄嘉德译,陕西师范大学出版社2004年版)一书中取名为《无为而治》,甚切合章中之内容。二章中的后半部分内容实与此章相衔接,圣人实行无为而治,"处无为之事,行不言之教",但更多谈及"圣人"品格修养,本章则具体谈到"圣人之治"的具体内容。在老子看来,权力的欲望与物欲横流,是社会混乱的根源,为此他提出应当从统治者和民众两个方面来改变观念,消除人的贪欲,返朴归真。有的学者将本章中老子的主张说成是愚民政策,以便于统治者进行统治,这种看法并不见得符合老子的原意。老子认为人的本性受之于天,就像"婴儿"一样,本不受外界影响。然而,由于社会现实的丑恶和影响使人产生贪欲、纷争和盗心,所以他提出要净化民众的心灵,减少贪欲之心,保证他们能够过上温饱的生活,使体魄强健,从而成为健全的人。这种关心民众身心健康的想法,与后代统治者有意推行的愚民政策,应当区别开来。

在先秦儒、墨、道三家的治国理念中,儒家认为恢复周礼是其要务,墨家则要改变现行的礼,并提出诸如"兼爱"、"非攻"、"非乐"、"薄葬"等主张,这些主张,许多都是并不合于周礼的。而道家可以说从整体上对传统的观念进行了彻底的颠覆。在老子看来,现行的一切制度都是不合理的，不合天道的，因而必须推倒重来。他在七十七章中直截了当地以"天之道"和"人之道"作对比，指出："天之道，其犹张弓欤？高者抑之，下者举之，有余者损之，不足者补之。天之道，损有余而补不足。人之道则不然，损不足以奉有余。"基于此，他说："孰能有余以奉天下？唯有道者。是以圣人为而不恃，功成而不处，其不欲见贤。"七十七章的观点同二、三章的观点正相衔接，反映出他对现实社会的一切均给予彻底的否定，要求推倒重来。

　　不尚贤，使民不争；不贵难得之货，使民不为盗；不见可欲，使民心不乱①。是以圣人之治，虚其心，实其腹②，弱其志，强其骨③，常使民无知无欲④。使夫知者不敢为也⑤。为无为，则无不治⑥。

【注释】

①不尚贤，使民不争；不贵难得之货，使民不为盗；不见可欲，使民心不乱：不崇尚贤人，使民众不起纷争；不珍视难得的宝物，使民众不起偷盗之心；不显现能引起私欲的事物，使民众心绪安宁。尚贤，尊崇贤人。帛书中"尚"作"上"，义同。王弼注云："贤，犹能也。尚者，嘉之名也。贵者，隆之称也。唯能是任，尚也曷为？唯用是施，贵之何为？尚贤显名，荣过其任，为而常校能相射。贵货过用，贪者竞趣，穿窬探箧，没命而盗。故可欲不见，则心无所乱也。"河上公注《老子章句》云："贤，谓世俗之贤，去质尚文也。不尚者，不贵之以禄，不贵之以官。"释德清云："尚贤，好名也。名，争之端也。"（《老子道德经解》）张松如又云："近人或以为尚贤乃战国时词语，实则《论语》中早已有相类似的说法了，如《学而》'贤贤易色'，《子路》'举贤才'，《子张》'君子尊贤而容众'

等等。"使民心不乱,即让民众心静,心理平衡。张松如又云:"王弼、傅奕、范应元诸本俱如引。帛书本无'心'字,甲本残损,只剩'民不乱'三字。金赵秉文《道德真经集解》亦同。作'使民不乱'。河上公本、想尔本作'使心不乱',道藏王文如诸唐本与《淮南·道应训》所引亦同。近人易顺鼎、马叙伦、蒋锡昌诸家,俱主无'民'字,劳健亦云然,其言曰:'此二句总摄上下文,盖本古语,老子引之,又推阐其义,以为治民之道也,当无民字。"他认为:"谓总摄取上下文甚是,而断为老子引古语,无据。如果说历代史籍注疏多有'使心不乱'之语,可见《老子》古本当无'民'字,则帛书便是反证。故今仍从王、傅、范氏诸本,与前二句'使民不争'、'使民不为盗'一律。"(以上均见《老子说解》)北大汉简本此处作"使心不乱",无"民"字。

② 是以圣人之治,虚其心,实其腹:因此圣人治理天下,净化民众的心灵,满足民众的温饱。王弼注云:"心怀智而腹怀食,虚有智而实无知也。"

③ 弱其志,强其骨:减少他们的欲念,强健他们的体魄。志,意念,贪欲的念头。高明云:"所谓'圣人之治',主要是使民无知无欲,甘食肚饱,健全体魄,而无愤无争,安居乐俗,永远过着'小国寡民'、互不往来之朴实生活。"(《帛书老子校注》)

④ 常使民无知无欲:使民众经常保持纯净的心态。无知,即无智,没有奸诈的巧智。王弼注云:"守其真也。"

⑤ 使夫知者不敢为也:让自作聪明的人不敢妄为。王弼注云:"知者,谓知为也。"

⑥ 为无为,则无不治:以"无为"的态度进行治理,没有治理不好的事。第一个"为"字是动词。但西汉三种简帛本均无"为无为"三字。马叙伦云:"观王弼注'使夫知者不敢为也',曰'知者谓知为也',语义暗昧,此文下无注,疑'为无为'三字,乃注文而误入经

文者也。"(《老子校诂》)蒋锡昌云:"'为无为'即二章'处无为之事',犹言行无为之道也。此三字系总结上文'不尚贤……不贵难得之货……不见可欲'三事而言,亦本章要意所在也。乃马氏疑此三字为注文而误入经文,可谓昧于老文者矣。王注'知者谓知为也';'为'即经文'不敢为'之'为'。'知者谓知为',犹言智者谓知为争竞盗窃之人也。"(《老子校诂》)童书业云:"老子的'无为'思想,也是从春秋时期的自然主义思潮来的。在春秋时,已有'无为'思想的萌芽,老子发展了这种思想,把'无为'思想作为他的政治理论的核心,这是和他的处世哲学相联系着的。他的处世哲学以退为进,以后为先,应用到政治上,就是'清净无为'。这种'无为'思想反映的阶级性,自然是小所有者的利益。小所有者隐士反对统治者的作为,他们认为统治者的一切作为,都是扰乱天下,使百姓不安的。他们要求统治者无所作为,效法自然,让百姓自生自长,自由发展。"(《老子思想研究》)

【译文】

不崇尚贤人,使民众不起纷争;不珍视难得的宝物,使民众不起偷盗之心;不显现能引起私欲的事物,使民众心绪安宁。因此圣人治理天下:净化民众的心灵,满足民众的温饱,减少他们的欲念,强健他们的体魄,使民众保持无知无欲,让自作聪明的人不敢妄为。以无为的态度进行治理,没有治理不好的事情。

四章

【题解】

本章是老子对道的形态、功用的描述，他认为道虽然空虚无形，然而却作用无穷，它是那样伟大，居然是人们普遍畏惧和尊崇的天帝之祖先。从这里可知，老子提出的"道"，直接否定了传统观念上的"天命观"。在老子所处的时代，人们仍然以为"万物有灵"。商代的"尊天事鬼"是很有名的，殷墟出土的数十万片甲骨记载了那个时代的思想观念，古籍中也记述了"殷人尊神，率民以事神，先鬼而后礼"（《礼记·表记》）的状况。周武革命取代殷商统治，也以"天命"转移来作解释。而本章中老子提出了作为宇宙本原的"道"，它虽然是虚空的，但其作用却无穷无尽，"似万物之宗"，况且"象帝之先"，这是石破天惊的理论。从这里我们看到，老子的思想实乏宗教色彩，他所提出的"道"，是一种客观存在，自然无为。在《老子》一书里，很少提到"帝"，此处提到的"帝"，却是由"道"所产生出来的。在书中倒也多处提到"天"、"天道"，但这"天"也是由道产生的，道生天地。至于"天道"，他明确提出是"人法地，地法天，天法道，道法自然"，所以这个"天道"也不是有意志的天所产生出来的。《老子》书中也提到鬼神，如"谷神"，但"谷神"不过是"道"的又一名称。三十九章也提到神，"神得一以灵"，"神无以灵将恐歇"，这里的神，也是万物的一种，而且是要得"道"才会有灵气。六十章是谈到鬼神最多的,处于那样一个鬼神崇拜盛行的时代,讲到"鬼神"是很自然的,关键是取什么样的态度。六十章中的"鬼",是作为民间认为能作祟于人的害物出现的,但老子认为鬼神并不可怕,他说:"以道莅天下,其鬼不神。非其鬼不神,其神不伤人。"看,只要以"道"来治理天下,有害的鬼物也就不能作害于人。从上述分析中,我们不是可以清楚地看出老子思想的超前性吗?

　　道冲①,而用之或不盈②。渊兮,似万物之宗③。挫其锐,解其纷,和其光,同其尘④。湛兮⑤,似或存。吾不知其谁之子,象帝之先⑥。

【注释】

①冲:通"盅(zhōng)"。《说文》:"盅,器虚也。"是器皿未装物体而显得空虚,这里用以比喻道的空虚,以其空虚,所以下面谈到怎样装也装不满。俞樾云:"《说文·皿部》:盅,器虚也。《老子》曰:道盅而用之。盅训虚,与盈正相对,作冲者,假字也。"(《老子平议》)蒋锡昌云:"古言盈冲,亦言盈虚。《后汉书·蔡邕传》:'消息盈冲,取诸天纪',即《易·丰卦》之'天地盈虚,与时消息'也。唯'盅'本义以器虚为比,故下亦以'不盈'为言。四十五章'大盈若冲,其用不穷'。然则'不盈'犹言'不穷'矣。"(《老子校诂》)

②或不盈:意为巨大的空间,因而能够无穷无尽地使用。帛书乙本及北大汉简本均作"有(又)弗盈"。

③渊兮,似万物之宗:深邃而博大啊,犹如万物的主宰。渊,深邃。宗,主宰。

④挫其锐,解其纷,和其光,同其尘:不露锋芒,消解纷争,与日月齐光,与万物同尘。马叙伦在《老子校诂》中认为,这四句在五十六章中也有,疑是错简置此处,因而一些注本删去了这四句。但

帛书及北大汉简本均有此四句。《老子》书中多有此种状况，往往是进一步阐释其观点，只要前后意义连贯，不宜径自删去。这四句置此处，正可以对道的性质作进一步说明，而后作者才会产生"湛兮，似或存"的说法，前后意义相承。劳健云："四句应读如两句，谓'挫其锐以解其纷，和其光以同其尘'也。用锐解纷，犹言用锥解结，与用光照尘，皆事理之常，今反言之，所以明无为之旨。若分释作四句，则无以显其义。"（《老子古本考》）蒋锡昌云："锐、纷二字皆指欲望而言。盖人欲之锐，可以起争盗，其纷可至乱心。故'挫其锐，解其纷'，即前章'不尚贤……不贵难得之货……不见可欲'之意，皆圣人所以减少人民之欲望，此乃圣人取法乎道之冲也。'和其光，同其尘'，即前章所谓'圣人之治……常使民无知无欲'；亦即六十五章所谓'古之善为道者，非以明民，将以愚之'。'挫其锐'四句正为上文'道冲而用之，或不盈'一语具体之说明。"（《老子校诂》）陈鼓应云："这四句疑是五十六章错简重出。因上句'渊兮似万物之宗'与下句'湛兮似或存'正是对文。"（《老子注译及评介》）

⑤湛：深沉。奚侗云："道不见，故云'湛'，《说文》：'湛，没也。'《小尔雅·广诂》：'没，无也。'道若可见，故云'似或存'。十四章'无状之状，无物之象'，二十一章'忽兮恍兮，其中有象；恍兮忽兮，其中有物'，即此谊。"（《老子集解》）

⑥吾不知其谁之子，象帝之先：我不知它从何而来，似乎是天帝的祖先。象，似乎。帝，天帝。先，祖宗，祖先，此与前"万物之宗"相对，不应释为先后之意。王弼注云："夫执一家之量者，不能全家。执一国之量者，不能成国。穷力举重，不能为用。故人虽知万物治也，治而不以二仪之道，则不能赡也。地虽形魄，不法于天则不能全其宁。天虽精象，不法于道则不能保其精。冲而用之，用乃不能穷。满以造实，实来则溢。故冲而用之，又复不盈，

其为无穷亦已极矣。形虽大,不能累其体;事虽殷,不能充其量。万物舍此而求主,主其安在乎? 不亦渊兮似万物之宗乎? 锐挫而无损,纷解而不劳,和光而不污其体,同尘而不渝其真,不亦'湛兮似或存'乎? 地守其形,德不能过其载;天慊其象,德不能过其覆。天地莫能及之,不亦似帝之先乎? 帝,天帝也。"蒋锡昌云:"王本'知'下有'其'字。二十五章王注'吾不知其谁之子',系引此文,可证。"又云:"'吾'者,老子自谓。'其'者,指道而言。《广雅·释言》:'子,似也。''帝'谓上帝。吾不知其谁之似? 象帝之先。二语自为回答。此言道不但为万物之始,又为上帝之祖先。二十五章所谓'有物混成,先天地生';四十二章所谓'道生一,一生二,二生三,三生万物';盖道为一切之祖也。"(《老子校诂》)王安石云:"象者,有形之始也;帝者,生物之祖也。故《系辞》云:'见乃谓之象','帝出乎震'。其道乃在天地之先。"(《老子注》)张松如则认为,此义译作今语,即如杨兴顺《道德经今译》注云:"'象'的意思是现象,形象。而'帝'在中国古代早期是和'祖'字同义的,在这里,'象帝'是指原初的现象。"(《老子说解》)

【译文】

道体虽然空虚无形,它的作用却无穷无尽。深邃而博大啊,犹如万物的主宰。它不露锋芒,消解纷争,与日月齐光,与万物同尘。它是那样深不可测,仿佛是若存若亡。我不知它从何而来,似乎是天帝的祖先。

五章

【题解】

本章表面上写的是"天地"，其实所说的依然是"道"，是对"道"的进一步阐述。因为"天地"、"圣人"都是道的体现者，因而"天地不仁"、"圣人不仁"其实也就是道的不仁。由于"不仁"是相对于"仁"而言的，所以一般人很容易作贬义的理解。其实，这里的所谓"不仁"，指的是无所偏爱、公正无私的运行法则，这里老子再次表明其道的"自然"属性，而不具备人格化的神性。文中以"刍狗"作比喻，以说明"不仁"。所谓"刍狗"，即刍草和狗畜。说明"天地"、"圣人"对"百姓"和"刍狗"是一视同仁的，这里所体现的是道家的"万物为一"的思想。《庄子》书中也反复说明只有公正无私才是"仁"，他认为有私亲，就非仁人（《大宗师》），固守一方就不是真仁，大仁的仁爱是无私的（"大仁不仁"）。《齐物论》讲的即是这个意思。此章后面又以"橐籥"喻天地，正与四章相衔接。在四章中，他以"冲"（即"盅"）这种容器的空虚，具有"用之不盈"的特点喻道，而本章则以"橐籥"（即"大风箱"）来比喻天地。正是天地在不断运动中阴阳交合，产生更多的"物"的过程，所谓"虚而不屈"是道的无限性，"动而愈出"则形象地表现由道的运动而产生万物的过程。将天地想象为一个大风箱，实在是非常奇特。竹林七贤的刘伶，曾"以天地为栋宇，屋室为裈衣"，大概是从这里得到启发的吧？

　　天地不仁，以万物为刍狗①；圣人不仁，以百姓为刍狗②。天地之间，其犹橐籥乎？虚而不屈，动而愈出③。多言数穷，不如守中④。

【注释】

①天地不仁，以万物为刍狗：天地无所偏爱，将万物看成刍草、狗畜。仁，慈爱之心。这里的"仁"，意义同于儒家对仁的解释。王弼注云："天地任自然，无为无造，万物自相治理，故不仁也。仁者必造立施化，有恩有为。造立施化，则物失其真；有恩有为，则物不具存；物不具存，则不足以备载矣。地不为兽生刍，而兽食刍；不为人生狗，而人食狗。无为于万物而万物各适其所用，则莫不赡矣。若慧由己树，未足任也。"河上公注云："天施地化，不以仁恩，任自然也。"苏辙云："天地无私，而听万物之自然。故万物自生自死，死非吾虐之，生非我仁之也。"（《老子解》）胡适云："老子的'天地不仁'说，似乎含有天地不与人同性的意思。老子这一个观念，打破古代天人同类的谬说，立下后来自然哲学的基础。"（《中国古代哲学史》）车载云："'天地不仁，以万物为刍狗'的见解，表现老子书反对鬼神术数的无神论的思想，这是一种值得重视的进步思想。这种无神论的见解，从老子书全部思想来看，是它的'无为'思想的自然结论。老子既然认为天道是无为的，自然界的一切事物，只须依照着自然界的发展规律运动生长好了，不再需要有任何主宰者驾临于自然界之上来加以命令安排，自然界仅是按照着自身的发展规律在运动进行，对自然界的一切事物都没有任何好恶的感情于其间。"（《论老子》）刍狗，历来解释均据《庄子·天运》篇所载："夫刍狗之未陈也，盛以箧衍，巾以文绣，尸祝斋戒以将之。及其已陈也，行者践其首脊，苏者取而爨之而已。"以为"刍狗"是古代祈雨时祀神所用的供品，即

以草扎成的狗,祭毕便无所用之。但河上公注云:"天地生万物,
人最为贵,天地视之如刍草、狗畜,不责望其报。"这是将刍狗分
释为两物,即刍草、狗畜。张松辉在《老子研究》中认为以《天运》
篇解释"刍狗",有"始用终弃"之意,不合道的"万物为一"的思
想,河上公注比《天运》篇更为恰当,此说可参考。王弼注以"地
不为兽生刍,而兽食刍;不为人生狗,而人食狗"解说,不合《老
子》本意。

② 圣人不仁,以百姓为刍狗:王弼注云:"圣人与天地合其德,以百
姓比刍狗也。"

③ 天地之间,其犹橐籥(tuó yuè)乎?虚而不屈,动而愈出:天地之
间,不正像一只大风箱吗?虽然空虚却没有穷尽,鼓动愈快风力
也愈大。王弼注云:"橐,排橐也。籥,乐籥也。橐籥之中,空洞
无情无为,故虚而不得穷屈,动而不可竭尽也。天地之中,荡然
任自然,故不可得而穷,犹若橐籥也。"此说不确,橐籥非乐器,而
是古代冶炼钢铁时用以鼓气的风箱,推拉张翕则鼓风燃火,提高
炉之温度。张松如云:"橐籥,犹今风箱,古冶铸所用嘘风炽火之
器,为函以周罩于外者橐也,为辖以鼓扇于内者籥也。此乃取譬
拉风箱以扇风燃火,必顺其物性,翕张往复,徐徐鼓动。一拉一
推,一吸一嘘。不必费力,其用无穷。有似天地之无为而生,圣
人之无为而治。"(《老子说解》)吴澄云:"橐籥,冶铸所用,嘘风炽
火之器也。为函以周罩于外者,'橐'也;为辖以鼓扇于内者,
'籥'也。天地间犹橐籥者,橐象太虚,包含周遍之体;籥象元气,
絪缊流行之用。"(《道德真经注》)不屈,没有穷尽。严复云:"'屈'
音掘,竭也。'虚而不屈',虚而不可竭也。"(《老子道德经评点》)

④ 多言数穷,不如守中:议论愈多离道愈远,不如长守道体虚静无
为。多言,多说。相对"不言之教",则"多言"是不符合"道"的。
"多言",简帛本均作"多闻"。数穷,行不通。穷,困厄。王弼注

云："愈为之则愈失之矣。物树其慧,事错其言,不慧不济,不言不理,必穷之数也。橐籥而守中,则无穷尽;弃己任物,则莫不理。若橐籥有意于为声也,则不足以共吹者之求也。"蒋锡昌云:"'多言'为'不言'之反,亦为'无为'之反,故'多言'即有为也。"(《老子校诂》)马叙伦云:"'数',借为'速'。《礼记·曾子问》'不知其已之迟数'注:'数'读为'速',《庄子·人间世》篇:'以为棺椁则速腐',崔撰本'速'作'数',并其证。"(《老子校诂》)守中,长久保持虚静状态。中,同四章开头的"冲"。这里喻风箱不动时虚静的状态。蒋锡昌云:"此'中'乃老子自谓其中正之道,即'无为'之道也……'多言数穷,不如守中',言人君'有为'则速穷,不如守清静之道之为愈也。"(《老子校诂》)张默生云:"'不如守中'的'中'字,和儒家的说法不同:儒家的'中'字,是不走极端,要合乎'中庸'的道理;老子则不然,他说的'中'字,是有'中空'的意思,好比橐籥没被人鼓动时的情状,正是象征着一个虚静无为的道体。"(《老子章句新释》)严灵峰云:"'中'字疑系'冲'字之阙坏,失去'氵'旁,校者不察,遂改为'中'。盖'守中'乃儒家之言,非老氏本旨。"(《老子章句新编》及《道家四子新编》)又云:"《文选》张华《鹪鹩赋》注引字书云:'冲,中也。'是古'中'、'冲'通用。四十二章'冲气以为和'句,小篆本原文下作'中气以为和'。足证此帛书本乃假'中'作'冲'。"(《马王堆帛书试探》)许抗生云:"吴澄说:'中,谓橐之内籥所奏之处也。'即指风箱中间。'守中',这里意即保持住天地中虚静的状态。"(《帛书老子注译与研究》)

【译文】

天地无所偏爱,将万物看成刍草、狗畜;圣人也无所偏爱,将百姓看成刍草、狗畜。天地之间,不正像一只大风箱吗?虽然空虚却没有穷尽,鼓动愈快风力也愈大。议论愈多离道愈远,不如长守道体虚静无为。

六章

【题解】

　　本章以"谷神"象征道,描写"道"孕育万物、生生不息的状态。《老子》一书中善用比喻,前几章已用了"盅"(冲)、"橐籥",本章中又用"谷"、"玄牝"。"谷"即川谷,以其虚空而能容纳万物,因而《老子》书中多处提及,并多与道的特性相关,如十五章"旷兮其若谷",二十八章"为天下谷",三十二章"譬道之在天下,犹川谷之于江海",三十九章"谷得一以盈",四十一章"上德若谷",六十六章"江海所以能为百谷王者"等,皆指其具有虚空、善于容纳万物的特性。其次,本章还提到一个概念"玄牝","牝"的本义是母畜,右边旁的"匕"指雌性的生殖器,老子在这里是以雌性生殖器能够养育万物来比拟"道",因为首章中即指出"道"为万物之母。有人以为《老子》一书,其思想源于上古时期,甚至保留有原始社会母系氏族制度的一些思想观念和风俗,是有一定道理的。本章中以"玄牝"喻道,包含着原始社会生殖崇拜的观念,表面上看似比较粗鄙,然而却十分贴切。因为人类的进化、发展的过程,不就是依靠母性的生殖来代代相传吗?如果没有这"绵绵若存,用之不勤"的生殖繁衍的话,那么今日地球上就不会有人类的存在了。至今世界上仍有许多民族保存有生殖器崇拜的风俗,并将其置于十分显眼的位置,不就很好理解吗?

谷神不死①,是谓玄牝②。玄牝之门,是谓天地根③。绵绵若存④,用之不勤⑤。

【注释】

①谷神不死:"道"是那样神妙而永恒。谷,代指虚空的道。神,喻其神妙、变化莫测。不死,即道性永存。谷神应是分开的两个词。王弼注云:"谷神,谷中央无者也。无形无影,无逆无违,处卑不动,守静不衰,物以之成而不见其形,此至物也。处卑而不可得名,故谓天地之根,绵绵若存,用之不勤。"朱熹云:"'谷'只是虚而能受,'神'谓无所不应。"(《朱子语类》第一百二十五卷)严复云:"以其虚,故曰'谷';以其因应无穷,故称'神';以其不屈愈出,故曰'不死'。"(《老子道德经评点》)

②玄牝(pìn):玄,深妙莫测。牝,原为女阴象形字,此处当指雌性生殖器。王弼注云:"处卑守静不可得名,故谓之玄牝。"朱熹云:"'玄',妙也;'牝',是有所受而能生物者也。至妙之理,有生生之意焉。"(《朱子语类》)车载云:"'谷神',是'道'的写状;'不死',就道的永恒性说。'谷神不死',是指'常道'。'牝',指能够生物的东西说;'玄',就总的方面说,共同的方面说,统一的方面说。玄牝,是指一切事物总的产生的地方。"(《论老子》)

③玄牝之门,是谓天地根:伟大母体的生殖之门,它就是天地的本根。门,王弼注云:"门,玄牝之所由也,本其所由,与太极同体,故谓之天地之根也。欲言存邪,则不见其形;欲言亡邪,万物以之生。故绵绵若存也。无物不成而不劳也。故曰用而不勤也。"根,根源。

④绵绵:绵密不断。

⑤勤:尽。

【译文】

"道"是那样神妙而永恒，它就是深妙莫测的母体。深妙莫测母体的生殖之门，它就是天地的本根。绵密不断呵川流不息，它的功用无穷无尽。

七章

【题解】

　　北大汉简本中,六、七两章合为一章。本章和前面的一些章节相同,以天道喻人道,着重在阐述圣人治世应当将个人的利益置于众人之后,而在危难之时,甚至应置个人生死于度外,只有这样才算真正的"无私"。为了阐述这一观点的合理性,老子从"天地"的长且久说起,以"天地不自生",即不为己而生,因而能够得到长久。圣人治国,应当效法天地,也应当是"不自生",应当将个人利益置之众人之后,置个人安危于不顾,只是一心一意为民众谋取利益,"后其身而身先,外其身而身存",说的就是这个道理。无私的人,他必然得到民众的拥护与爱戴,这也正是"以其无私故能成其私"。有人以这句话来指斥老子,认为他宣传的是吃小亏占大便宜,是一种权谋之术。这种看法其实曲解了老子的原意,本章的前提是要求"圣人"首先应当有忘我的精神,以服务于社会和民众,而在这种舍身为人的过程中,作为社会的一员,他无疑也会为此而受到民众的尊重和爱戴,老子在这里不过是为了宣传只有"舍得"才能"获得"的道理,这是作为领导者在处理个人与社会关系时应当懂得和遵循的理念,而非劝人谋求私利。在周朝,"天无私覆,地无私载",是得到公认的道理,"皇天无亲,惟德是辅",因此君主应当修德保民,《老子》书中七十九章也写到"天道无亲,常与善人",这些观点都有其一致的地方,那就是天地是无私的,因此作为"天子"也应当是无私的。当然,西周以来所认为"无亲"、"无私"的天地,是有意志的、主宰人间祸福的天地,而《老子》书中的天地,是自然产生的、没有意志的天地。

　　天长地久。天地所以能长且久者,以其不自生①,故能长生②。是以圣人后其身而身先③,外其身而身存④。非以其无私邪? 故能成其私⑤。

【注释】

①不自生:不为自己而生。王弼注云:"自生则与物争,不自生则物归也。"成玄英云:"不自营己之生也。"(《道德经开题序诀义疏》)

②故能长生:景龙本、吴澄本、寇才质本、危大有本等"长生"均作"长久"。出土汉简本、帛书本均作"长生"。

③后其身:以自身利益置于众人之后。河上公云:"先人而后己者也,天下敬之先以为长。薄己而厚人也,百姓爱之如父母,神明佑之若赤子,故身常存。"释德清云:"不私其身以先人,故人乐推而不厌。"(《老子道德经解》)

④外其身:置个人存亡于度外。

⑤成其私:许多译者将此译为达到私欲、自私的目的。显然不合适,张松如译为"成就了他的营私",也不合适。因为在《老子》书中,圣人是不自私、不营私的,他法地、法天、法道、法自然,从主观上是不存在"私欲"的,因而这里不应译为"营私"、"私欲"。此处圣人之"私",应指实现其自身的理想、愿望或事业。王弼注云:"无私者,无为于身也。身先身存,故曰能成其私也。"薛蕙云:"夫圣人之无私,初非有欲成其私之心也。然而私以之成,此自然之道耳。程子有云:'老子之言窃弄阖辟者也。'予尝以其言为然,乃今观之,殆不然矣。如此章者,苟不深原其意,亦正如程

子之所诃矣。然要其归,乃在于无私。夫无私者,岂窃弄阖辟之谓哉!"(《老子集解》)

【译文】

天地的存在既长且久。天地之所以能够长久存在,是因为它并不为自己而存在,所以它就能够长生。因此,圣人把自己的利益置于众人之后,他的所得反而先于众人;他总是将自己置之度外,其自身反倒得到保全。这难道不是因为他的无私吗?他反而因此而成就了伟业。

八章

　　本章以水为喻,说明道德的高尚就应当像水一样,有利于万物而不与物相争,在老子看来,水的这种品格是与道最为相近的。因而具有这种品格的人,就能在各种不同的情况下把事情都处理得很好。老子贵柔,主张以退为进,以柔克刚,以不争而使天下莫能与之争,这些观点,在以后的各章中还经常出现。先秦时期,被称为中国美学史的"比德"时期。所谓比德,即通过对自然界中某些事物的某一方面的属性进行抽象化、人格化与伦理化,举凡山水、草木、鸟兽、金玉等种种物品,均可成为"比德"的对象物。孔子曾以多种事物来作为比德的对象。《荀子·法行》篇载有孔子和其弟子子贡的一段对话,子贡问孔子,为什么"贵玉而贱珉",是不是因为玉少而珉多?孔子告诉他并非这个原因,是因为玉和珉品质的不同,他说:"夫玉者,君子比德焉。温润而泽,仁也;缜栗而理,知也;坚刚而不屈,义也;廉而不刿,行也;折而不挠,勇也……"这显然将玉拟人化,赋予它人类的美好的品格。非独儒家如此,道家也不例外,本章即为典型的比德之作,老子以水比喻"道"及得道者的品格,完全将水拟人化了。"水"在道家学说中具有特殊的地位。1994 年在湖北荆门郭店楚简中,发现了一篇《太一生水》的道家著作,与楚简《老子》丙简抄作一书,其开头便为"太一生水,水反辅太一,是以成天。天反辅太一,是以成地。天地复相辅也,是以成神明。神明复相辅也,是以成阴阳。阴阳复相辅也,是以成四时。四时复相辅也,是以成沧热。沧热复相辅也,是以成湿燥。湿燥复相辅也,成岁而止……"显然这是战国时期道家学说的重要学术理论,也是道家宇宙生成理论的一种。文中还提出:"是故太一藏于水,行于时,周而或始,以己为万物母。一缺一盈,以己为万物经。"由是可知"水"在道家学说中的特殊重要性。

上善若水^①,水善利万物而不争。处众人之所恶^②,故几于道^③。居善地^④,心善渊^⑤,与善仁^⑥,言善信^⑦,正善治^⑧,事善能,动善时^⑨。夫唯不争,故无尤^⑩。

【注释】

①上善:最高尚的德行或品格。陈荣捷云:"水、牝与婴儿,是老子用以象征道之最著名者,此种象征基本上是伦理的,而非形上学的。颇堪玩味的是,初期的印度人将水和创造联结在一起;希腊人则视之为自然的现象;古代中国的哲学家,不管老子或孔子,则宁可从中寻得道德的训示。笼统说来,这些不同的进路,分别形成了印度、西方与东亚不同的文化特色。"(《老子之道》)

②处众人之所恶:指甘居于人所厌恶的低处。王弼注云:"人恶卑也。"水总是流往低下之处。俗语云:人往高处走,水往低处流。人喜高而恶下,所以说水是处人之所恶。

③几于道:接近于道。王弼注云:"道无水有,故曰'几'也。"张松如云:"下面七句,都是水德的写状,又是实指上善之人,亦即通过水的形象来表现'圣人'乃是道的体现者。"(《老子说解》)

④居善地:善于选择合适的地形。薛蕙云:"行己不争,避高处下,'善地'也;藏心微妙,深不可测,'善渊'也;其施兼爱而无私,'善

仁'也；其言有征而不爽，'善信'也；治国则清静自正，'善治'
也。"(《老子集解》)

⑤渊：深，可容纳万物。

⑥与善仁：与人交往时心胸宽阔而善于忍让。

⑦信：守信用。水之有信似不可解，然而古代发现水的运行是有规
律的，这就是汛期。《楚辞·悲回风》："氾濫濫其前后兮，伴张弛
之信期。"唐李益《江南曲》："早知潮有信，嫁与弄潮儿。"

⑧正：通"政"。张松如云："古书'政'、'正'本多通用。《汉书·陆
贾传》：'夫秦失其正。'此'正'即'政'之假字，此例甚多。五十八
章'其政闷闷，其民淳淳；其政察察，其民缺缺。'帛书'政'均作
'正'，《老子》书中亦'政'、'正'相通。"(《老子说解》)

⑨善时：顺应四时变化。蒋锡昌云："《庄子·天下》篇述老聃之学
曰：'其动若水，其静若镜，其应若响。'司马迁述道家之学曰：'与
时迁徙，应物变化。'皆此所谓'动善时'也。其实老子之所谓'动
善时'者，非圣人自己有何积极之动作而能随时应变；乃圣人无
为无事，自己渊默不动，而一任人民之自作自息也。"(《老子校
诂》)

⑩尤：过失。王弼注云，以上几个方面"言人皆应于治道也"。

【译文】

最高尚的品格就像水，水能够滋养万物而不争先。安居于人所厌
恶的低处，因此它的行为最接近于道。居处趋下让人，心如深渊包容万
物，交往真诚而友善，诺言诚实而有信，为政顺道而善治，办事有条而不
紊，举动应时而有节。因为他不与万物相争，所以就能避免失误。

九章

【题解】

　　本章是老子对人格及道德修养所提出的看法,它是对一般人提出的,还是对统治者提出的其实并不重要,因为这些原则是人人都应遵守的。本章侧重从反面提出问题,指出要戒骄、戒盈、戒满、戒锋芒毕露等,作为其对比的正面的品德,则是"功成身退",因为只有这样,才符合"天之道"。老子要求人人具有戒惧之心,其实和我们今天常常提到的"忧患意识"并无不同。老子处处以"天之道"喻人之道,因而在本章结束时,提出"功成身退,天之道",体现了其思想体系的一致性。物极必反,是本章中突出的论旨。全章在论述人格理想时,不像前几章从正面进行描述,提出应当做的方面,而是接连发出一系列的警告。当然这种警告是从道德观念的角度提出的,没有法律所具有的约束力,因而不大可能产生多大的作用和影响。本章全用四言句式,整齐划一。先秦多部著作中也有类似思想的表述。如《管子·白心》:"持而满之,乃其殆也;名满于天下,不若其已也。"《左传·哀公十一年》:"盈必毁,天之道也。"由此可以看出,精通和掌握传统文化精髓的老子正是在总结先民智慧的基础上,形成了自己一整套从形上至形下有关"道"的理论,因而是中华古代文化智慧的结晶。

持而盈之，不如其已^①；揣而锐之，不可长保^②。金玉满堂，莫之能守^③；富贵而骄，自遗其咎^④。功遂身退，天之道也^⑤。

【注释】

①持而盈之，不如其已：与其装得过满而溢出，不如及早停止灌注。持，指用手端。盈，满。这里指容器中水注得过满，一端便会溢出。《国语·赵语》："夫国家之事，有持盈，有定倾，有节事。"《史记·乐书》："满而不损则溢，盈而不持则倾。"已，止。指停止注水。王弼注云："持，谓不失德也。既不失其德，又盈之，势必倾危。故不如其已者，谓乃更不如无德无功者也。"王注乃引伸义。

②揣（zhuī）而锐之，不可长保：器具捶打得过于尖利，便无法长久得以保持。王弼注云："既揣末令尖，又锐之令利，势必摧折，故不可长保也。"王弼本原作"揣而棁之"，但各传世本"棁"均作"锐"，王弼注亦云"锐之令利"，今据改。

③金玉满堂，莫之能守：虽然金玉堆满堂室，却没有人能够将它守住。王弼注云："不若其已。"

④富贵而骄，自遗其咎：身居富贵而不可一世，是自取灾祸之道。咎，灾难。王弼注云："不可长保也。"

⑤功遂身退，天之道也：功成名就，应抽身而退，是符合天道的。王弼注云："四时更运，功成则移。"易顺鼎云：《文子·上德》篇、《淮南·道应训》、《牟子》引并作：'功成，名遂，身退。'"（《读老札记》）陈荣捷云："人成功了就应该身退。虽然隐士时常藉用道家的名义，但道家的生活方式却不是隐士式的。退隐的观念即使在儒家思想中，也不全然匮乏，孟子即说孔子之道是'可以退则退'。"（《老子之道》）

【译文】

　　与其装得过满而溢出,不如及早停止灌注;器具捶打得过于尖利,不会长久得以保持。纵然金玉堆满堂室,没有谁能够将它守住;身居富贵而不可一世,必然是在自取灾祸。功成名就抽身而退,这才符合天道。

十章

【题解】

　　本章从修身写起,进而谈到治国的方略,提出"爱民治国,能无以智乎"的思想。从本章可以看出,在春秋战国时期,士人们均特别注重从自身做起,培养美德,然后惠及天下。儒家便有"修身齐家治国平天下"之论。当然各家的修身方法各自不同,儒家的修身是要求道德的自我完善,达到忘我境界,成为具有完美人格与高度道德情操的完人。而道家学说的修身主张抱一、静观、玄览,达到精神专一,忘掉一切杂念,使人德同于天德,以这样的心胸来"爱民治国"。本章一开头连用六个设问句,这六个设问句所涉及的也正是有关修身治国方面的问题。它的顺序与儒家并无明显不同,前三问也是从自身的营魄抱一、专气致柔和涤除玄览做起,而后推而及之,要求在治国中做到"无以智"(不用智巧)、"为雌"守静及"无为而治"。修身的三个方面,是步步深入的,先做到魂魄合一的状态,进而化刚为柔,达到像婴儿一样柔顺和无杂念的清纯之质,而后还要进一步清除内心的污垢,使之清明如镜,没有一点瑕疵。有人以此章的内容作为自我修炼与养身的方法,自然也是可行的。由此可知,儒道两家的修身内容虽然不同,但都要求忘我,大公无私。本章提出的所谓"生之畜之,生而不有,为而不恃,长而不宰",这被认为是合于道的,是道家最高的道德准则。有了很高的道德水准,然后才能承担治理国家的重责。儒道两家均对国君以最高准则来要求。《中庸》二十章中提出："知所以修身,则知所以治人;知所以治人,则知所以治天下国家矣!"因此,儒道两家,修身路径虽不同,而所达到的目的却是一致的。

载营魄抱一,能无离乎①?专气致柔,能如婴儿乎②?涤除玄览,能无疵乎③?爱民治国,能无以智乎④?天门开阖,能为雌乎⑤?明白四达,能无为乎⑥?生之畜之⑦,生而不有,为而不恃,长而不宰,是谓玄德⑧。

【注释】

①载营魄抱一,能无离乎:精神与身体合一,能够不分离吗?王弼注云:"载,犹处也。营魄,人之常居处也。一,人之真也。言人能处常居之宅,抱一清神,能常无离乎?则万物自宾矣。"载,发语词,犹夫。营魄,魂魄。河上公云:"营魄,魂魄也。"《楚辞·远游》中有"载营魄而登霞兮,掩浮云而上征"句。有人以为"载"字同"哉",应置于九章末尾句"天之道哉"。此说恐不确,据马王堆《老子》帛书乙本及北大汉简本,九章末句为"天下之道也",而十章开头依然是"戴营魄抱一"。"戴"同"载"。《老子》中的文句及语词多与楚辞楚语表达形式相通,此即其例。抱一,合一。范应元云:"营魄,魂魄也。《内观经》曰:'动以营身之谓魂,静以镇形之谓魄。'"(《老子道德经古本集注》)

②专气致柔,能如婴儿乎:结聚精气而达致柔顺,能纯真得像婴儿吗?王弼注云:"专,任也;致,极也。言任自然之气,致至柔之和,能若婴儿之无所欲乎?则物全而性得矣。"专气,即"抟气",谓气之结聚。《管子·内业》篇中有"抟气如神,万物备存"句。

本章的"抱一"，指魂和魄合而为一。魂和魄合而为一，亦即合于"道"了（这个"道"含有融和统一的意思）。林希逸云："抱者，合也。"（《老子口义》）高亨云："《管子·内业篇》：'抟气如神，万物备存。尹注：'抟，谓结聚也。'《老子》之'专气'与《管子》之'抟气'同。"（《老子正诂》）冯友兰云："'专气'就是'抟气'。这个气包括后来所说的形气和精气。抟气就是把形气和精气结聚在一起。'致柔'就是保持住人始生时候柔弱的状态，像婴儿那个样子。这种思想在《庄子·庚桑楚》里面有比较更详细的解释，称为'卫生之经'。"（《中国哲学史新编》）严灵峰云："王注云：'任自然之气，致至柔之和，若婴儿之无欲乎？'注以'若'释'如'，疑王本亦当有'如'字。二十章云：'我独泊兮其未兆，'如'婴儿之未孩。'四十九章'圣人皆孩之'句，王注云：'皆使和而无欲，"如"婴儿也。'以此例彼，亦当有'如'字。《淮南子·道应训》引《老子》曰：'专气致柔，能如婴儿乎？'盖引古本，有'如'字文义始足。因据俞说及傅本补正。"（《老子达解》）据改。但汉简帛本均作"能婴儿乎"。

③涤除玄览，能无疵乎：清除内心污垢，使之清澈如镜，能做到没有瑕疵吗？王弼注云："玄，物之极也。言能涤除邪饰，至于极览，能不以物介其明，疵其神乎？则终与玄同也。"玄览，指心灵深处。"览"读如"鉴"，心如明镜。高亨云："'玄览'，帛书甲本'览'作'蓝'，乙本作'监'。览、蓝均当读为监。监是古'鉴'字，镜也。'览'、'鉴'古通用。"（《老子注译》）汉简本作"鉴"。张岱年云："老子讲'为道'，于是创立一种直觉法，而主直冥会宇宙本根。'玄览'即一种直觉。"（《中国哲学大纲》）冯友兰云："《老子》认为，要认识'道'也要用'观'。'常有欲以观其眇，常无欲以观其徼。'（一章）这是对于'道'的'观'。它认为，这种观需要另一种方法，它说：'涤除玄览，能无疵乎？'（十章）'玄览'即'览玄'，'览

玄'即观道。要观道,就要先'涤除'。'涤除'就是把心中的一切欲望都去掉,这就是'日损'。'损之又损'以至于无为,这就可以见道了。见道就是对于道的体验,对于道的体验就是一种最高的精神境界。"(《中国哲学史新编》)

④爱民治国,能无以智乎:爱民治国,能不用智巧吗? 王弼本作"爱民治国,能无知乎",注云:"任术以求成,运数以求匿者,智也。玄览无疵,犹绝圣也。治国无以智,犹弃智也。能无以智乎,则民不辟而国治之也。"由此可知,其原文应作"爱民治国,能无以智乎",易顺鼎云:"'爱民治国,能无知',当作'能无以智',与下句'无知'不同……今王本作'无知',实非其旧。《释文》出'以知乎'三字,下注云:'音智',河上本又直作'智'。此条幸在,可以破后人妄改之案,而见王注古本之真。"(《读老札记》)高明认为:"易说至确,帛书乙本即作'能无以知乎','知'字当读作'智'。今本'知'上脱'以'字,而有作'无为'者,显为后人所改。"(《帛书老子校注》)新近出版的《北大汉简〈老子〉释文》中,此句正作"爱民治国,能无以智乎"。据改。

⑤天门开阖,能为雌乎:外表感官常受刺激而开合,内心能保持守静状态吗? 王弼注云:"天门,谓天下之所从由也。开阖,治乱之际也,或开或阖,经通于天下,故曰天门开阖也……言天门开阖能为雌乎,则物自宾而处自安矣。"天门开阖中的"天门"何指,历来注者争议较大。河上公注云:"天门谓鼻孔。"苏辙云:"天门者,治乱废兴所从出也"(《老子解》);林希逸云:"天门,即天地间自然之理也"(《老子口义》);范应元云:"天门者,以吾之心神出入而言也"(《老子道德经古本集注》);高亨认为指人的耳、目、口、鼻,因其"是人身上天赋的自然门户,所以老子称为天门"(《老子注译》)。开阖,帛书本作"启阖",北大汉简本作"启闭"。高亨认为即指视、听、言、食、嗅的动作,"这些动作,有的是属于

生活的享受,有的属于事物的处理"。为雌,即守静。王弼本原
作"无雌"。陈鼓应云:"'为雌'今本误植为'无雌'。景龙本及其
他古本都作'为雌'。'无雌'义不可通,帛书乙本作'为雌',当据
帛书及傅本改正。"(《老子今注今译》)俞樾云:"'天门开阖能无
雌',义不可通。盖涉上下文诸句而误。王弼注云:'言天门开阖
能为雌乎,则物自宾而处自安矣。'是王弼本正作'能为雌'也。
河上公注云:'治身当如雌牝,安静柔弱。'是亦不作'无雌'。故
知'无'字乃传写之误,当据景龙本订正。"(《老子平议》)北大汉
简本也作"为雌"。

⑥明白四达,能无为乎:通彻晓悟一切,能顺应自然吗?王弼注云:
"言至明四达,无迷无惑,能无以为乎?则物化矣。所谓道常无
为,侯王若能守,则万物将自化。"想尔注本作"而无为",傅奕本
作"能无以为乎",皆近似。但帛书乙种本中,此句作"明白四达,
能毋以知乎",近期出版的《北大汉简〈老子〉释文》中,此句作"明
白四达,能毋以智乎"。高明认为:根据"古今各本勘校,自前文
'涤除玄鉴'至'明白四达'四句经文当订正为'涤除玄鉴,能毋有
疵乎?爱民治国,能毋以智乎?天门启阖,能为雌乎?明白四
达,能毋以知乎?'"(《帛书老子校注》)此说亦有道理。然王弼等
各本亦有所据,现仍其旧。

⑦生之畜之:让万物生长繁衍。生之,王弼注云:"不塞其原也。"畜
之,王弼注云:"不禁其性也。"

⑧生而不有,为而不恃,长而不宰,是谓玄德:生养而不据为己有,
使之繁盛而不自炫其能,让其成长而不充当主宰,这就是最高的
美德。玄德,最高的道德。玄,深、美之义。王弼注云:"不塞其
原,则物自生,何功之有?不禁其性,则物自济,何为之恃?物自
长足,不吾宰成,有德无生,非玄如何?凡言玄德,皆有德而不知
其主,出乎幽冥。"自"生而不有"以下至"玄德"句,与五十一章结

尾同。马叙伦在《老子校诂》中认为是该章错简重出,应删。但古人之文,常有重复之处,置于此处,似亦可。今仍留存。

【译文】

精神与身体合一,能够不分离吗?结聚精气而达致柔顺,能纯真得像婴儿吗?清除内心污垢,使之清澈如镜,能做到没有瑕疵吗?爱民治国,能不用智巧吗?外表感官常受刺激而开合,内心能保持守静状态吗?通彻晓悟一切,能顺应自然吗?让万物生长繁衍,生养而不据为己有,使之繁盛而不自炫其能,让其成长而不充当主宰,这就是最高的美德。

十一章

【题解】

本章论述"有"与"无"的关系，这是老子辩证法中十分重要的哲学范畴。虽然在二章中，他谈到了"有无相生"，但毕竟比较抽象。本章以"车"、"器"、"室"为例，说明我们在看到物的实体时，不能光看到"有"的部分，以为这是其功用之所在，而更应看到它"无"的部分，即空间的存在，正是空间的存在，使得此物能够承载他物，从而实现其功用。

本章的解释，歧义较多，集中在对句中的"无"、"有"断句上。不少学者认为应当断在"有"处，因为老子强调的是"无"的一面。这种理解并不符合老子的本意。因为在现实生活中，人们由直观感觉看到的是事物的实"有"，即可视的一面，而容易忽视其"无"，看不到"无"的作用，所以老子特地提醒人们要全面地看待事物，指出事物是由"有"、"无"两者结合而成，从而可以"利"和"用"，而不是为了对比说明"无"比"有"重要。"有无相生，难易相成，长短相形，高下相倾"等一系列相互对立又相互依存的现象，正是事物的辩证统一，如果失去矛盾的一方，则另一方也不复存在，故两者是平等的关系，不存在哪一方更重要的问题。还有一点需要说明的就是这里的"有"、"无"是有不同的。老子认为"道"是"一"，它包含了"无"和"有"，这是形而上意义的，在这一层面上"无"与"有"并非并列关系，而是有先后的，在四十章中他写道："天下万物生于有，有生于无。"因为天下万物来自"天地"，"天地"是由"道"这个"一"，或称为"无"所生的，因而它们有先有后。然而，在具体事物中，"有"、"无"相生，它们构成一对相互依存又相互对立的矛盾统一体，那么在这里它们之间的关系便是并列的，没有"无"也就无所谓"有"，反之亦然。当然，对本章中的"有"、"无"，如果我们认真分析一下，那么就会发现它实际上存在三种情况，即"先无后有"、"有无统一"和"先有后无"。作为器物实体的"有"和器物所形成的空间的"无"，当然也是相互依存、相互对立的统一体，不能相互分离，这是一个方面；而就车、器、室的制作过程，它们也符合"从无到有"、"有生于无"的过程，它体现的是形而上的道，落实到现实的形而下的器即万物生成的过程，自然应是"有生于无"；还有第三个方面，那就是先有器物的形成，然后才出现器物中的"无"，例如在车没有制作成之时，它的空间的"无"是没有用处的；房屋只有盖好，它所形成的空间才可以供人使用。由此事物就成了"先有后无"的状况了。可知对于任何事物，都应从多方面进行分析，区别不同情况，这样才不会使自己陷入某种片面性。

　　本章列举三种常用之物作譬，让人恍然大悟，从而使玄妙的哲理成为人人可知可晓的常识，堪称绝妙之喻。

　　三十辐共一毂①，当其无②，有车之用。埏埴以为器③，当其无，有器之用。凿户牖以为室④，当其无，有室之用。故有之以为利，无之以为用⑤。

【注释】

①三十辐共一毂(gǔ)：三十根辐条共同支撑着车毂。辐，车轮上的辐条。毂，车轮中间的圆木，中空，以容车轴穿过，上承辐条，形成车轮。车轮与车轴、车厢组合而成车。

②当其无：那车的空间。当，在。无，指车的空间之处。一说指车

毂中空处,能令车轮转动。王弼注云:"毂所以能统三十辐者,无也,以其无能受物之故,故能以寡统众也。"

③埏(shān):揉。马王堆帛书乙本中字作"坳",当为"揗"之通假字。《说文》:"揗,蹂也。"制作陶器之前,先需将黏土加水后或脚踩、或手揉,使之均匀细腻,然后方可制作陶器坯子。埴(zhí):黏土。

④凿:指开凿窑洞。户牖(yǒu):门和窗。

⑤有之以为利,无之以为用:"有"是物体形成的条件,"无"才是物体功用之所在。利,使用的依据。王弼注云:"木、埴、壁所以成三者,而皆以无为用也。有之所以为利,皆赖无以为用也。"王安石云:"'无'之所以为天下用者,以有礼、乐、刑、政也。如其废毂辐于车,废礼、乐、刑、政于天下,而求其'无'之为用也,则亦近于愚也。"(《老子注》)陈鼓应认为,这是王安石对"无之为用",而忽略"有之为利"的情况之批判(《老子今注今译》)。张松如云:"老子借器物的'有'和'无'来说明其'利'和'用'。有与无相互发生,利和用相互显著。"(《老子说解》)

【译文】

三十根辐条共同支撑着车毂,那车的空间,是车的功用。揉搓黏土制成器具,那器的空间,是器的功用。开门窗、凿窑洞为居室,那居室的空间,是居室的功用。因此,"有"是物体形成的条件,"无"才是物体功用之所在。

十二章

【题解】

　　贪婪、骄奢淫逸、纵情声色犬马，必然导致统治者走向衰亡。面对春秋末期的社会混乱，面对礼崩乐坏的社会现实和各国统治者的极度贪婪导致民众痛苦不堪的现状，熟悉社会发展的历史、深知国家兴亡成败教训的老子，在本章中直接对当权者提出警告，认为放纵贪欲，是违背"圣人之治"的，而应当"为腹不为目"。"腹"指的是民众的温饱，"目"指的是前面所提到的各种声色的贪欲。这一点，老子和墨子看法一致。《墨子》中有"节用"、"节葬"、"非乐"诸篇，明确反对统治者厚敛民众，"亏夺民衣食之财"，以求满足一己"目之所美，耳之所乐，口之所甘，身体之所安"（《非乐》上）。尽管老子是用冷静的笔触在传达他的观点，但我们还是从中感受到这位隐者确有一股强制压抑的怒火，时不时从那些辞句中冒出来，例如他痛骂统治者为"盗夸"（强盗头子），咒骂"强梁者不得其死"，他在一定程度上看到民众的力量，因而有"民不畏死，奈何以死惧之"和"民不畏威，则大威至"的严正警告。

　　本章对于现代社会依然具有十分重要的警示作用。当然，随着社会的发展，人们的物质和精神生活都越来越丰富多彩，这是一种进步，然而，如果不懂得如何克制自我的欲望，终日沉溺于声、光、色欲中，就会失去人的本性，造成严重后果。科学家指出，人们长时间在五彩缤纷的歌厅舞厅中,饱受声光的强烈刺激,会造成视力、听力的损伤,而终日饱食酒肉,赴宴应酬,则身体容易出现各种疾病。老子两千多年前的告诫,至今仍不显得多余。

五色令人目盲①,五音令人耳聋②,五味令人口爽③,驰骋畋猎令人心发狂④,难得之货令人行妨⑤。是以圣人为腹不为目,故去彼取此⑥。

【注释】

①五色:古代以青、黄、赤、白、黑为五色。此处泛指色彩缤纷。

②五音:古代以宫、商、角、徵(zhǐ)、羽为五音,又称五声。此处也是泛指各种声音交错纷繁。

③五味:古代以酸、苦、甘、辛、咸合称五味。这里也是极言众味纷陈。爽:伤,败。楚语。《楚辞·招魂》中有"厉而不爽些"句,王逸在《楚辞章句》中注云:"爽,败也。楚人名羹败曰爽。"这里的"口爽"即指败坏了味觉。王弼注云:"爽,差失也,失口之用,故谓之爽。夫耳、目、口、心,皆顺其性也。不以顺性命,反以伤自然,故曰聋、盲、爽、狂也。"

④驰骋畋(tián)猎令人心发狂:纵情于打猎使人心浮意狂。畋,即田猎之田,西汉简帛书中均作"田"。狂,狂荡,狂野。高亨云:"'发'字疑衍。'心狂'二字,其意已足。此文'令人目盲,令人耳聋,令人口爽,令人心枉,令人行妨',句法一律,增一'发'字,则失其句矣。盲为目疾,聋为耳疾,狂为心疾,故古书往往并言。"(《老子正诂》)此说不确,西汉简帛书中均作"令人心发狂"。

⑤难得之货令人行妨:稀世的珍品使人行为不端。王弼注云:"难得之货,塞人正路,故令人行妨也。"难得之货,指不易得到的物品,泛指各种奇珍异宝。行妨,品德、品行受到伤害。妨,伤,害。

这里泛指奇珍异宝之类的物品易于引发人的贪婪之心，从而做出有害德行的行为，诸如抢夺、劫掠，甚至杀人放火等恶行。

⑥是以圣人为腹不为目，故去彼取此：所以圣人关注民众能否温饱，摒弃耳目的奢望，使生活保持稳定正常。王弼注云：“为腹者以物养己，为目者以物役己，故圣人不为目也。”腹，正常的物质需求，以维持生命。目，代指声色等外界的各种欲望。圣人为腹不为目，即是说圣人应保证民众正常的生活需要，而不让其感官受到过多诱惑。帛书本在“圣人”后多“之治也”三字，北大汉简本则与王注本同。蒋锡昌云：“老子以‘腹’代表一种简单清静之生活，以‘目’代表一种巧伪多欲，其结果竟至‘目盲……耳聋……口爽……发狂……行妨’之生活。明乎此，则‘为腹’即为无欲之生活，‘不为目’即不为多欲之生活。”（《老子校诂》）严灵峰云：“腹易厌足，目好无穷。此举‘目’为例，以概其余：耳、口、心、身四者。言只求果腹，无令目盲、耳聋、口爽、行妨。”（《老子章句新编》）

【译文】

缤纷的色彩使人眼花缭乱，纷繁的韵律使人两耳失聪，盛美的佳肴使人胃口损伤，纵情于打猎使人心浮意狂，稀世的珍品使人行为不端。所以圣人关注民众能否温饱，摒弃耳目的奢望，使生活保持稳定正常。

十三章

【题解】

本章也是道家有关人格修养的理论。老子在批评世人过于看重自身的境遇时，提出应当将个人的荣辱置之度外，保持其人格尊严，不要因外界的毁誉而影响自身的生活态度。只有宠辱不惊的人，才能不患得患失。当然，能够做到这一点是不容易的，在老子看来，只有圣人才具有这样的品格。七章中写道："是以圣人后其身而身先，外其身而身存。"也是说将自己的利益置于众人之后，对个人的得失置之度外，这样做虽然看似吃亏，其实他因此而赢得众人的拥戴，这是具有领袖品格的人，惟其如此，才能承担起治理天下的责任。

历来有人认为，本章强调的是"贵身"的思想，所依据的是章中的"贵大患若身"句。如范应元云："贵以身为天下者，不轻身以徇物也；爱以身为天下者，不危身以掇患也。先不轻身以徇物，则可以付天下于自然而各安其安；能不危身以掇患，然后可以寓天下而无患矣。"（《老子道德经古本集注》）冯友兰在《中国哲学史》中认为："《老子》中亦有许多处持'贵生轻利'之说，如老子云：'贵以身为天下，若可以寄天下；爱以身为天下，若可以托天下。''贵以身为天下'者，即以身为贵于天下，即'不以天下大利，易其胫之一毛'，'轻物重生'之义也。"陈鼓应在《老子注译及评介》中解释道："老子认为，一个理想的治者，首要在于'贵身'，不胡作妄为，这样大家才放心把天下的重责委任给他。"并解释为圣人应当"重视身体一如重视大患"，此说似不确。本章前半部分主要是以世人过于关注自身的荣辱得失为反衬，提出国君作为天下的治理者应当忘我，达到"无身"的境界，从而做到"贵以身为天下"和"爱以身为天下"，才能将天下托付给他来治理。所以前面的"贵大患若身"是写世人的心态的，不应用在"圣人"的身上。倒是庄子在《逍遥游》中写了位宋荣子，其处世态度是"举世而誉之而不加劝，举世而非之而不加沮，定乎内外之分，辨乎荣辱之境"。宋荣子对待荣辱的态度，可作为本章的注脚。因此"贵以身为天下"和"爱以身为天下"，完全是讲老子认为圣人治国不应当只注意个人的享受，满足一己之私欲（如上章所言之"色、乐、音、味、驰骋田猎"等），更不应当像世人那样，成天计较个人一时的荣辱得失，战战兢兢地过日子，唯恐惹上什么大的祸患。圣人应当是有超越世俗人的更高的境界，所谓"圣人无常心，以百姓心为心"（四十九章），"圣人常善救人"（二十七章），圣人要像"天之道"一样，"利而不害"，"为而不争"（八十一章）。阅读老子的作品，不应当单独抽出其中一两句话，过度发挥。《老子》五千言，并无所谓"贵身"的思想，也找不到这样的语言，倒是在老子之后的杨朱那里才有了"拔一毛而利天下，不为也"的"贵生"和"重己"的思想。但是杨朱的"贵生"、"重己"思想和"全性葆真，不以累形"的观念，并非从老子那里继承来的，因为老子在其书中，念念不忘于"圣人之治"，如果他想的是"贵生"、"重己"，大可不必绞尽脑汁去写这一部《道德经》。把杨朱的"贵生"观念加到老子身上恐怕是无据的，倒是庄子的人生态度颇受杨朱的影响，不与统治者合作，追求一种自由的"不以物累形"的"逍遥"境界，但庄子的观念也不等同于老子的观念，用庄子的思想去解释老子，也是要小心的，否则就会发生偏差。至于有的人用后代道教的养生理论、炼丹术来解释本章的"无身"、"贵身"，那是后人的创造，实在不宜加在老子的身上。

宠辱若惊①，贵大患若身②。何谓宠辱若惊？宠为下③。得之若惊，失之若惊，是谓宠辱若惊④。何谓贵大患若身⑤？吾所以有大患者，为吾有身⑥。及吾无身⑦，吾有何患？故贵以身为天下，若可寄天下⑧；爱以身为天下，若可托天下⑨。

【注释】

①宠辱若惊：受宠与遭辱都感到震惊。因为受宠是卑下的事情，这样，得到宠信就感到惊喜，而失去宠信就感到惊惧，所以说受宠与遭辱都同样震惊。宠，受宠信。辱，遭耻辱。此处皆为动名词。若，乃是。惊，惊喜与惊惧。

②贵大患若身：将它看重得如同祸患缠身。贵，看重。大患，大的疾病或灾祸。王道云："贵大患若身，当云：贵身若大患。倒而言之，文之奇也，古语多类如此者。"（《老子亿》）

③宠为下：受宠是卑下的事情。旧本亦多作"辱为下"，也有一些版本作"宠为上，辱为下"。出土的三种汉代简帛《老子》皆作"宠为下"。释德清云："世人皆以宠为荣，却不知宠乃是辱。"又云："宠为下，谓宠乃下贱之事也。譬如嬖幸之人，君爱之以为宠，虽卮酒脔肉必赐之。非此，不见其为宠。彼无宠者，则傲然而立。以此较之，虽宠实乃辱之甚也，岂非下耶！故曰宠为下。"（《老子道德经解》）

④得之若惊，失之若惊，是谓宠辱若惊：得到宠信就感到惊喜，失去宠信就感到惊惧，所以说受宠与遭辱都同样震惊。得、失，皆指宠辱对人的影响。王弼注云："宠必有辱，荣必有患，惊辱等、荣患同也。为下，得宠辱荣患若惊，则不足以乱天下也。"

⑤何谓贵大患若身：为什么说会重视得如同祸患缠身？王弼注云："大患，荣宠之属也。生之厚，必入死之地，故谓之大患也。人迷之于荣宠，返之于身，故曰大患若身也。"

⑥吾所以有大患者,为吾有身:我之所以有大患缠身的感觉,是因为过于看重自身的存在。王弼注云:"由有其身也。"有身,过于关注自我。司马光云:"有身斯有患也。然则既有此身,则当贵之,爱之,循自然之理,以应事物,不纵情欲,俾之无患可也。"(《道德真经论》)范应元云:"轻身而不修身,则自取危亡也。是以君子安而不忘危,存而不忘亡,故终身无患也。"(《老子道德经古本集注》)张舜徽云:"'吾',人君自谓也。此言人君所以惟大祸患为忧者,由于自私其身,贪权位而恐失之耳。假若人君能不自私其身,复何祸患之足忧乎?'及',犹若也,见《经传释词》。"(《周秦道论发微·老子疏证》)

⑦及吾无身:如果没有了自身的存在。及,通"若",如果,假设之辞。无身,不留意自身。王弼注云:"归之自然也。"

⑧贵以身为天下,若可寄天下:愿意忘我治理天下的人,才可以把天下交给他。贵,原意为看重,此处引申为愿意、郑重。以身为天下,全身心为天下人服务。若可,才可以。寄,交给。王弼注云:"无以易其身,故曰贵也。如此乃可以托天下也。"陆希声云:"唯能贵用其身为天下,爱用其身为天下者,是贵爱天下,非贵爱其身也。夫如此则得失不在己,忧患不为身,似可以大位寄托之,犹不敢使为之主,而况据而有之哉?此大道之行,公天下之意也。"(《道德真经传》)高亨云:"视其身如天下人,是无身矣,是无我矣,是无私矣。如此者,方可以天下寄之。"(《老子正诂》)福永光司云:"本章谓真正能够珍重一己之身,爱惜一己生命的人,才能珍重他人的生命,爱重别人的人生。并且,也只有这样的人,才可以放心地将天下的政治委任他。"(《老子》)

⑨爱以身为天下,若可托天下:只有不顾自身来治理天下的人,才可以把天下托付给他。王弼注云:"无物可以损其身,故曰爱也。如此乃可以寄天下也,不以宠辱荣患损易其身,然后乃可以天下

付之也。"本句句式同上一句,而"爱"同"贵","寄"同"托",意义没有多少差别,这种意义上的重复,只是起进一步强调的效果。

【译文】

受宠与遭辱都感到震惊,将它看重得如同祸患缠身。为什么受宠与遭辱都感到震惊? 因为受宠是卑下的事情。这样,得到宠信就感到惊喜,失去宠信就感到惊惧,所以说受宠与遭辱都同样震惊。为什么说会重视得如同祸患缠身? 我之所以有大患缠身的感觉,是因为太过于看重自身的存在。如果没有了自身的存在,我哪里还会有什么祸患产生? 因此,只有愿意忘我治理天下的人,才可以把天下交给他;只有不顾自身来治理天下的人,才可以把天下托付给他。

十四章

【题解】

　　本章是对"道"所作的描述,林语堂在《老子的智慧》一书中给本章加了一个题目,叫作"太初之道",是颇为切题的。在《老子》书中,何为"道",是个十分重要的问题。老子通过许多篇章,从形上和形下,以抽象的概括和具体的比喻,希望能够说明"道"是什么,让人能够去理解,去认识,去体会。因此,应将本章和其他相关的篇章结合起来理解。从本章的内容可以看出,老子所说的道,在其太初阶段,是"视之不见"、"听之不闻"、"搏之不得"的"一"。这个"一",实即"混沌"一体之道。这个"一",所处既不光亮也不阴暗,无边无际而又无始无终,它是一种没有形状的形状、没有物体的形象。人们如果能够秉承亘古即已存在之道,就能够驾驭今日的各种事物。

　　在老子那个时代,对宇宙、自然界中的天地万物的形成问题,他只能隐隐约约地感知它,并将这种感知形诸文字,记录下来。阅读本章,很自然让人联想到《楚辞·天问》篇开头有关天地形成的十几行句子:"曰遂古之初,谁传道之? 上下未形,何由考之? 冥昭瞢暗,谁能极之? 冯翼惟象,何以识之? 明明暗暗,惟时何为? 阴阳三合,何本何化?"将本章和《天问》这些诗句相比较,不难发现,它们之间确有不少共同之处:一,它们都反映了先民在两千多年前对于亘古时期宇宙起源所进行的探究;二,它们所描绘的有关宇宙初始的状态大致相同:混沌、明明暗暗、惟象无形、恍恍惚惚等。这些都反映出我们古代哲人的难得的天才思辨力,但我们不应对他们有超越时代的苛求。

视之不见名曰夷①,听之不闻名曰希②,搏之不得名曰微③。此三者不可致诘④,故混而为一⑤。一者⑥,其上不皦⑦,其下不昧⑧。绳绳不可名⑨,复归于无物⑩。是谓无状之状、无物之象⑪,是谓惚恍⑫。迎之不见其首⑬,随之不见其后。执古之道,以御今之有⑭。能知古始,是谓道纪⑮。

【注释】

①视之不见名曰夷:想看看不见叫作"夷"。之,指道。夷,无形。《释文》引钟会注云:"夷,灭也。"一说指无色。河上公注云:"无色曰夷,无声曰希,无形曰微。"夷、希、微三字都是指极为细小、不可感知的意思。马王堆帛书中首句之"夷"作"微"。

②希:指声音的细微不可听及。如"大音希声",也是用希来形容"声音"的。《释文》:"希,静也。"

③搏之不得名曰微:想摸摸不着叫作"微"。搏,以手触摸。马王堆帛书中"搏"作"捪(mín)",捪,《说文》:"抚也,一曰摹也。"微,帛书中作"夷",均是无形体的形容词。高明据马王堆帛书以为当改,并云:"显然是今本将属第一句之'微'字与属第三句之'夷'字前后颠倒,张冠李戴。"(《帛书老子校注》)但北大汉简本《老子》中,这三句作:"视而弗见,命之曰夷;听而弗闻,命之曰希;搏而弗得,命之曰微。"正与王注本相同,可知当时已有不同的传本。陈荣捷云:"'微'是道的重要角色,其重要性超过'显'。相反地,儒者却强调显,他们认为:莫显乎微,能认识自微之显的

人，'可与人德'。佛教徒和新儒家最后将它们综合起来，说道
'显微无间'（程颐《易传序》）。"（《老子之道》）

④致诘（jié）：追问，追究。释德清云："致诘，犹言思议。"（《老子道
德经解》）

⑤故混而为一：所以就合而为一的。王弼注云："无状无象，无声无
响，故能无所不通，无所不往，不得而知，更以我耳、目、体不知为
名，故不可致诘，混而为一也。"混即合。混而为一即合为一体，
这个"一"也即道。在老子那里，太初之道是一种混沌状态。本
书二十五章有"有物混成，先天地生"句，同样说明太初之道是混
沌状态的东西，所以老子把它称为"一"。高亨云："故疑当读为
固，言此三者本合而成一也。"（《老子正诂》）张松如云："高亨说
是也。《道德真经》及唐明皇本、苏辙本'故'下有'复'字，疑为后
人增衍。"（《老子说解》）

⑥一者：这两字据马王堆帛书本增补，但北大汉简本《老子》中，"一
者"作"参（三）也"，当指以上三种情况，相比之下，似以马王堆帛
书本表述为佳。

⑦皦（jiǎo）：明亮。不皦即不太明亮。蒋锡昌云："《后汉书·乐恢
传》云：'恢独皦然不污于法。'注云：'皦，明也。音公鸟反。或从
白作皎，音亦同。'《说文》：'皦，玉石之白也。'又云：'皎，月之白
也。'是皦、皎二字皆通。皦盖皦之俗体。此言道之为物，不皦不
昧，乃超然绝对，不可以他物比拟，亦不可以任何语言形容也。"
（《老子校诂》）

⑧昧（mèi）：昏暗。

⑨绳绳（mǐn）：无边无际。名：名状。

⑩复归：回归。

⑪是谓无状之状、无物之象：所以说是没有形状的形状、没有物体
的形象。王弼注云："欲言无邪，而物由以成。欲言有邪，而不见

其形。故曰无状之状、无物之象也。"

⑫惚恍：同"恍惚"，若有若无之状。王弼注云："不可得而定也。"蒋
锡昌云："惚恍或作忽恍，或作葱芒，或作惚悦，双声叠字，均可通
用。盖双声叠字以声为主，苟声相近，即可能假。恍惚亦即仿
佛。《说文》：'仿，仿佛，相似视不谍也……佛，仿佛也。'而《老子》
必欲以'恍惚'倒成'惚恍'者，因'象'、'恍'为韵耳。是谓惚恍，
谓道若存若亡，恍惚不定也。"(《老子校诂》)

⑬迎之：与下一句的"随之"，为一前一后对道的观察，迎为前迎，随
为尾随。

⑭执古之道，以御今之有：秉承这亘古已有的道，就可以驾驭现存
的万物。执，秉执，依照。御，驾驭，统领。今之有，现存的事物。
王弼注云："有，有其事。"

⑮能知古始，是谓道纪：能够知晓宇宙的本始，这可说是"道"的规
律。王弼注云："无形无名者，万物之宗也。虽今古不同，时移俗
易，故莫不由乎此，以成其治者也。故可执古之道，以御今之有，
上古虽远，其道存焉，故虽在今，可以知古始也。"古始，道的原初
状态或谓宇宙的本始。道纪，道的纲纪，即规律。

【译文】

　　想看看不见叫作"夷"，想听听不到叫作"希"，想摸摸不着叫作
"微"。这三者难以深究，它们原就合为一体。这个"一"，它的上部不太
明亮，它的下部也不太昏暗，难以名状，无边无际，回归于"无物"的境
地。它是一种没有形状的形状、没有物体的形象，所以把它叫作"惚
恍"。迎着它却看不见头，尾随它却又看不清背后。秉承这亘古已有的
道，就可以驾驭现存的万物，能够知晓宇宙的本始，这可说是"道"的
规律。

十五章

　　本章描述老子心目中那些古代得道之士的形象:他们"微妙玄通,深不可识",也就是说精通各种奥妙,深远通达而高深莫测。文中通过七个"若"字,来比喻他所认为的有道之士,实际上可概括为:既谨慎又警惕,既严肃又亲切,既淳朴又通达,心胸开阔能包容万物。老子认为具备这种品质的人,就能获得成功。在书中,有道之士被称为"圣人";圣人的行为,在《老子》一书中有多章加以论述,从二章即指出:"是以圣人处无为之事,行不言之教,万物作焉而不为始,生而不有,为而不恃,功成而弗居。"三章全章明确阐述"圣王之治"的内容,五章写"圣人"的治国方式等。在本书八十一章中,竟有三十几处提到"圣人",或谈其治国之道,或论其治理方式,或关乎其人格修养,或涉及其处世之道等等,可知老子是多么重视这一问题。书中有许多地方没有直接写"圣人",而用的是"有道者"(如二十四、三十一、七十七章等)、"善为道者"(三十章)、"从事于道者"(三十三章)等等。圣王、圣人和上述的各种称呼,其实质是一回事,都是写"治国者"。唯独"以道佐人主者"(三十章)是个例外,这个"以道佐人主者"应当是掌握国家重权的大臣。老子并不单单认为王侯应当以道治理天下,推而广之,其臣下也应当懂得"以道佐人主",这样才能上上下下都贯彻"以道治国"的方式。

在《老子》这部书中，十分注重对有道之士品格的塑造，这是为什么呢？后代讲求养生之术的人，关注的是其行为、品格的修养，以求长生不老。但老子的本意是什么？这应当从十四、十五两章的结尾处来寻求。十四、十五两章是联系十分紧密的。十四章是对道的表述，从各方面来说明它的性质，以经验世界中的概念对它加以说明，能够力图使人对难以感觉和触摸的"道"形成一定的认识，并在结尾处指出，要"执古之道，以御今之有"，从而"能知古始"，也就是了解道的规律性，从而驾驭它。而十五章则集中描写老子心目中的得道之士所应有的"形容"，从其品格、心态和精神境界各方面来"强为之容"，其实也就是塑造他所希望出现的治世之圣人。蒋锡昌在《老子校诂》中认为："上章言道之为物，无状无象，无声无响。此章言有道之人君，亦应无形无名，无为无执，此乃以道用之于治身治国也。"蒋氏此论可谓得其本心。

古之善为士者①，微妙玄通②，深不可识。夫唯不可识，故强为之容③：豫兮，若冬涉川④；犹兮，若畏四邻⑤；俨兮⑥，其若客；涣兮⑦，若冰之将释；敦兮，其若朴⑧；旷兮，其若谷⑨；混兮，其若浊⑩。孰能浊以止，静之徐清？孰能安以久，动之徐生⑪？保此道者不欲盈⑫。夫唯不盈，故能蔽而新成⑬。

【注释】

①古之善为士者：古代明于治道之士。"善为士者"帛书乙本作"善为道者"，王弼注本及多数版本作"士"，郭店及北大汉简本也作"士"。"善为士"，即指善于行道之士。

②微妙玄通：幽微精妙，深奥通达。

③故强为之容：只能勉强加以描述。强，勉强。容，形容。

④豫兮，若冬涉川：迟疑不决呵，就像寒冬赤脚趟河。豫，犹豫，迟疑不决，喻小心谨慎。王弼注云："冬之涉川，豫然若欲度，若不欲度，其情不可得见之貌也。"高亨认为："豫与下文之犹，二兽名，性多疑畏。以喻人之临事，迟疑不决，顾虑多端。兮，王弼本作'焉'，据河上公本、傅奕本改。若冬涉川，《文子·上仁》引作'若冬涉大川'。奚侗云：'涉川不必因冬而慎，疑《老子》原文必作"若涉大川"。'按此二说均非是，仍应从王本作'若冬涉川'。"（《老子注译》）

⑤犹兮，若畏四邻：心怀畏惧呵，如同强敌在四邻。犹，犹豫。四邻，指四周的敌国。王弼注云："四邻合攻中央之主，犹然不知所趣向者也。上德之人，其端兆不可睹，意趣不可见，亦犹此也。"高亨云："'四'当作'亚'，形似而误。亚读为恶。（二章、八章、二十章等恶字，帛书乙本均作亚。）恶邻，凶恶的邻人。"（《老子正诂》）范应元云："犹，玃属，后事而疑。此形容善为士者，谨于终而常不放肆。"（《老子道德经古本集注》）

⑥俨（yǎn）：恭敬而严肃。

⑦涣：流散，比喻人顺应潮流不固执。刘信芳云："'如客'言其矜庄，'如释'言其洒脱，'如朴'言其质素，'如浊'言其随和（不清高）。"（《荆门郭店竹简老子解诂》）

⑧敦兮，其若朴：敦厚诚实呵，就像朴材未经雕琢。敦，敦厚。朴，未经加工的素材。

⑨旷兮，其若谷：襟怀宽阔呵，就像空旷的山谷。旷，空旷，喻宽阔。谷，山谷。

⑩混兮，其若浊：浑厚含蓄呵，就像浊流盈江河。混，浑厚。王弼注云："凡此诸'若'，皆言其容象不可得而形名也。"

⑪孰能浊以止，静之徐清；孰能安以久，动之徐生：谁能让浊流不再汹涌，在安静中慢慢澄清？谁能在长久的安定之后，又让它逐渐

萌动生机？此句各种版本多有差异，王弼注本作"孰能浊以静之徐清？孰能安以久动之徐生"，无"止"字，此据奚侗《老子集解》改。王弼注云："夫晦以理，物则得明；浊以静，物则得清；安以动，物则得生。此自然之道也。孰能者，言其难也。徐者，详慎也。"浊以止，使水不再继续混浊。止，停止。陈鼓应云："帛书甲、乙本并无'孰能'二字。王弼本与简本近同，简本楚文字释成今文为'孰能浊以静者，将舍清；孰能安以动者，将舍生'。'舍'、'徐'音近通假（《郭店楚墓竹简》整理者彭浩注释）。王弼本'安以'下衍一'久'字。"（《老子今注今译》）但北大汉简本有"孰能"二字，作"孰能浊以静之徐清，孰能安以动之徐生"。安以久，保持长久安定。

⑫保此道者不欲盈：保有此道的人永不自满。王弼注云："盈必溢也。"

⑬敝而新成：去故更新。王弼注云："蔽，覆盖也。"易顺鼎云："疑当作'故能蔽而新成'。'蔽'者，'敝'之借字；'不'者，'而'之误字也。'敝'与'新'对。'能敝而新成'者，即二十章所云'敝则新'。"（《读老札记》）北大汉简本作"能蔽不成"。

【译文】

古代明于治道之士，幽微精妙深奥通达，深邃得难以认识。正因为他难以认识，只能勉强加以描述：迟疑不决呵，就像寒冬赤脚趟河；心怀畏惧呵，如同强敌在四邻；恭敬严肃呵，仿佛出外去作客；顺应潮流呵，恰似春来冰融释；敦厚诚实呵，就像朴材未经雕琢；襟怀宽阔呵，就像空旷的山谷；浑厚含蓄呵，就像浊流盈江河。谁能让浊流不再汹涌，在安静中慢慢澄清？谁能在长久的安定之后，又让它逐渐萌动生机？保有此道的人永不自满，正因为他从不自满，所以才能弃旧图新。

十六章

【题解】

　　本章老子论述如何体察道的运行规律,以及运用这种规律来治理国家,处理社会生活中各种方面的问题。本章一开始就提出"致虚极,守静笃","致虚"与"守静"都要达到极致,目的是什么的呢？是要从"万物并作"这一自然状态中进行观察,了解和认识其循环往复的过程,寻找出运动变化的规律。"致虚极"和"守静笃"是在"观复"之前必须进行的准备过程。在老子看来,要想真正了解"道"的运行过程,也就是事物发展变化的规律性的话,那就必须保持心灵的虚寂和宁静,使之不受外界的任何干扰,这样才能集中精力去察知并进而理解和掌握客观规律。道家体道的过程,所谓"心斋"、"坐忘",是人们经常谈到的。"心斋",《庄子·人间世》中写道:"若一志,无听之以耳而听之以心,无听之以心而听之以气。听止于耳,心止于符。气也者,虚而待物者也。唯道集虚。虚者,心斋也。"

　　为什么要"无听之以耳而听之以心,无听之以心而听之以气"呢？林希逸在《庄子口义·人间世》中云:"听之以耳则犹在我,听之以心则犹有我,听之以气则无物矣。"也就是说,要做到无我、无物,然后才能待物而至,这里所待的"物",便是"道",所以后面说"唯道集虚。虚者,心斋也"。郭象在《庄子注》中解释道:"虚此心则道集于怀也。"老子认为,应当尽量使心灵虚静,才能发现和认识事物发展变化的规律,他认为任何事物都有生长、发展、变化、回归的过程,是一种循环往复的运行规则,而归根的"静"是事物的本性,因而在治理国家、处理社会生活中的各种问题时,也应当遵循这一原则,这样就不会"妄作",也就可以避免导致危险和恶果。

过去许多注家将本章主旨概括为一个"静"字,并联系老子学说中的"贵柔"、"守雌"来说明。唯独林语堂在《老子的智慧》中将本章取名为"知常道"。他将本章中的"复命曰常,知常曰明,不知常,妄作凶。知常容,容乃公"这段话中的四处"常"解释为"常规"、"常道",他进一步解释:"这是万物变化的常规,所以'复命'叫作'常'。了解这个常道可称为明智。不了解这个常道而轻举妄为,那就要产生祸害了。了解常道的人无事不能,无所不包。无事不通、无所不包就能坦然大公。"林氏将本章主旨理解为"知常道",即是对道的体认,应当说是比较符合老子的本意的。

致虚极①,守静笃②。万物并作③,吾以观其复④。夫物芸芸,各复归其根⑤。归根曰静,是谓复命⑥。复命曰常⑦,知常曰明。不知常,妄作,凶⑧。知常容⑨,容乃公⑩,公乃全⑪,全乃天⑫,天乃道⑬,道乃久⑭,没身不殆⑮。

【注释】

①致虚极:努力使心灵达到空明的极致。致,帛书中作"至",可通。

②守静笃:坚守清静的最佳心态,不为外物所干扰。笃,与"极"意思同,皆指达到最高的境界。王弼注云:"言致虚,物之极笃;守静,物之真正也。"范应元云:"致虚、守静,非谓绝物离人也。万物无足以挠吾本心者,此真所谓虚极、静笃也。"(《老子道德经古

本集注》)冯友兰云:"《老子》所讲的'为学'的方法,主要的是'观',它说:'致虚极,守静笃。万物并作,吾以观复。'‘观’要照事物的本来面貌,不要受情感欲望的影响,所以说'致虚极,守静笃',这就是说,必须保持内心的安静,才能认识事物的真相。"(《中国哲学史新编》)

③万物并作:万物都蓬勃生长。王弼注云:"动作生长。"并作,一同发生、发展及变化。

④吾以观其复:我从中观察它的循环往复。今传王注本原作"吾以观复"。但西汉简帛本及今本多作"观其复",王弼注云:"以虚静观其反复。凡有起于虚,动起于静,故万物虽并动作,卒复归于虚静,是物之极笃也。"从王注可知,其古本当有"其"字。"吾以观其复"与下文"各复归其根"一样,意义表达准确。复,循环往复。吴澄云:"复,反还也。物生,由静而动,故反还其初之静为复;植物之生气下藏,动物之定心内寂也。"(《道德真经注》)张岱年云:"宇宙是动的,一切都在变化之中,但变化的规律为何? 既承认变中有常,此变中之常为何? 中国哲人所讲,变化的规律(即'常'),便是反复。认为一切都是依循反复的规律而变化。何谓反复? 就是:事物在一方向上演变,达到极度,无可再进,则必一变而为其反面,如是不已。事物由无有而发生,既发生乃渐充盈,进展以至于极盛,乃衰萎堕退而终于消亡;而终则有始,又有新事物发生。凡事物由成长而剥落,谓之反;而剥落之极,终而又始,则谓之复。反即是否定。复亦即反之反,或否定之否定。(但西洋哲学中所谓否定之否定,有正反之综合之意;中国哲学所谓复,则主要是更新再始之义,无综合意思,故与西洋哲学中所谓否定之否定不尽同。)一反一复,是事物变化之规律。"(《中国哲学大纲》)

⑤夫物芸芸,各复归其根:万物尽管纷繁众多,最终都回归其本根。

芸芸,事物繁杂、众多。复归其根,即下句之"归根",回归其本原。王弼注云:"各反其所始也。"范应元云:"归根者,反本心之虚静也。"(《老子道德经古本集注》)陈鼓应云:"此句郭店简本作'天道员员,各复其董(根)'。简文'天道员员'(按,指郭店简),言天道环周。"(《老子今注今译》)西汉三种简帛本均作"天物云云","天"当为"夫"之误。高明认为:"'夫物芸芸,各复归其根',这是在'致虚极,守静笃'的前提下,从'万物并作'中观到宇宙间循环往复之自然规律,从而体会到作为一定运动形态之物,虽纷然杂陈,但最终仍然是无一不复归其根,即复归于创造宇宙本体的道。"(《帛书老子校注》)刘信芳云:"'天道员员'即'天道圆圆',是《老子》已经认识到事物发展的周期性循环规律。"(《荆门郭店竹简老子解诂》)

⑥归根曰静,是谓复命:回归本根就称为清静,清静中孕育出新的生命。王弼注云:"归根则静,故曰静。静则复命,故曰复命也。"复命,复归其自然的本性。释德清云:"命,人之自性。"(《老子道德经解》)严灵峰云:"复其性命之本真,故曰复命。"张松如云:"老子是以'归根'一辞作为'静'的定义,又以'复命'一辞作为'静'的写状。如果说'并作'包含着'动'的意思,那么'归'、'复'便属于'静'的境界。正是在这'静'的境界中再孕育着新的生命,此即所谓'静曰复命'。"(《老子说解》)

⑦复命曰常:孕育新生命是正常的自然法则。常,自然法则。许多注者在此将"常"释为"常道"。王弼注云:"复命则得性命之常,故曰常也。"任继愈在《老子新译》中则认为"常"指"不变"。张松如在《老子说解》中认为:"老子于此章提出'复命曰常,知常曰明'。'常'字在老子书中,除此二章外,更见于五十二章'是谓袭常'。这些'常'字有常态、常理二谊,好比说自然状态或自然规律。"这个说法是合理的。张岱年云:"中国哲人都认为变化是一

根本的事实,然不止如此,更都认为变化是有条理的。变化不是
紊乱的,而有其不易之则。变化的不易之则,即所谓常。常即变
中之不变之义,而变自身也是一常。常的观念,初发自老子。"
(《中国哲学大纲》)

⑧知常曰明。不知常,妄作,凶:懂得这一法则便心灵澄明。不懂
得自然的法则,胡作非为必然导致凶险。王弼注云:"常之为物,
不偏不彰,无皦昧之状、温凉之象,故曰'知常曰明'也。唯此复,
乃能包通万物,无所不容。失此以往,则邪入乎分,则物离其分,
故曰不知常,则妄作凶也。"明,明智。不过这里讲的更是一种得
道者的心灵澄明状态。

⑨知常容:懂得自然法则就能包容。容,包容。王弼注云:"无所不
包通也。"

⑩容乃公:能包容就公正坦荡。公,公正。王弼注云:"无所不包
通,则乃至于荡然公平也。"

⑪公乃全:公正坦荡就能周全。全,王弼本作"公乃王",劳健认为
"王"为"全"的讹字。今人多从之。全,周遍。王弼注云:"荡然
公平,则乃至于无所不周普也。"据此注可知,王弼古本中不该有
"王"字,而"无所不周普",则周全之意。但出土简帛本均作
"王",高明认为不宜改,此处之"王"是《尚书·洪范》中"王道平
平"、"王道荡荡"之意,与王注意义相符(《帛书老子校注》)。

⑫全乃天:周全就能符合天理。天,指自然。王弼注云:"无所不周
普,则乃至于同乎天也。"

⑬天乃道:符合天理就合于道。王弼注云:"与天合德,体道大通,
则乃至于极虚无也。"

⑭道乃久:合于道便能长久存在。王弼注云:"穷极虚无,得道之
常,则乃至于不穷极也。"

⑮没身不殆:终生不会遭遇危险。没身,死亡。没,通"殁"。殆,危

险。王弼注云:"无之为物,水火不能害,金石不能残。用之于心,则虎兕无所投其爪角,兵戈无所容其锋刃,何危殆之有乎!"

【译文】

尽力达到心灵空明的极致,坚守清静的最佳状态。万物都蓬勃生长,我从中观察它们的循环往复。万物尽管纷繁众多,最终都回归其本根。回归本根就称为清静,清静中孕育出新的生命。孕育新生命是正常的自然法则,懂得这一法则便心灵澄明。不懂得自然的法则,胡作非为必然遭遇凶险。懂得自然法则就能包容,能包容就公正坦荡。公正坦荡就能周全,周全就能符合天理。符合天理就合于道,合于道便能长久存在,终生不会遭遇危险。

十七章

【题解】

　　本章是关于治国方略的说明，讲的是老子的治国理想。老子将古往今来的国家治理状态分为四类，指出应当诚实、诚信地对待民众，治理国家要少发号施令，让社会能够在自然无为的状态下得到治理。历来评论者均注意到本章对于社会政治形态四种状况的描述，指出老子推崇的是自然无为的治理方式，固然是对的。然而，对于其中强调的"诚信"问题，却关注得不够，其实这一问题最具现实意义。林语堂在《老子的智慧》中这样解释："最末一等的国君，以权术愚弄人民，以诡诈欺骗人民，法令不行，人民轻侮他。这是什么缘故呢？因为这种国君本身诚信不足，人民当然不相信他。"过去一般认为儒家提倡的仁义礼智信，是作为个人的道德修养提出来的，而在老子在这里，却将它作为治国的一个重要原则，指出应以诚信治国，才能得到百姓的信任，值得所有在位治国者深思。《老子》一书中，提到"信"的地方虽不多，但都极含深义。如"信言不美，美言不信"等，此处强调的以诚信治国，意义重大。书中有的地方虽未用"诚信"的字眼，但讲的也是同样的含义，如十九章贯穿的是反对奸诈、要求诚信的思想。五十七章还提出"以正治国，以奇用兵，以无事取天下"，与本章意义相同。正即诚信，即正道。《孙子兵法》中也提出"以正和，以奇胜"，这里很清楚地指出对内与对外、对己与对敌的不同处置方法,值得当政者深思。

太上,下知有之①;其次,亲而誉之②;其次,畏之③;其下,侮之④。信不足焉,安有不信⑤。悠兮其贵言,功成事遂,百姓皆谓我自然⑥。

【注释】

①太上,下知有之:最好的国君,百姓仅仅知道他的存在。太上,最好。有部分版本作"不知有之",意义大体相同,译作"百姓不知道他的存在",两者之间仅有程度的区别而已。但出土简帛本均作"太上,下知有之"。王弼注云:"太上,谓大人也。大人在上,故曰太上。大人在上,居无为之事,行不言之教,万物作焉而不为始,故下知有之而已,言从上也。"吴澄云:"太上,犹言最上,最上谓大道之世,相忘于无为。"(《道德真经注》)蒋锡昌云:"'太上'者,古有此语,乃最上或最好之谊。《魏策》:'故为王计:太上,伐秦;其次,宾秦;其次,坚约而详讲与国,无相离也。'谓最好,伐秦也。襄二十四年传:'太上,有立德;其次,有立功;其次,有立言。'谓最上,有立德者也……皆其证也。此文'太上'亦谓最好,系就世道升降之程度而言,犹谓最好之世也。王注:'太上谓大人也,大人在上,故曰太上。'河上公注:'太上,谓太古无名之君也。'自此二注出,后世解《老》者,即皆以'太上'为主,沿误至今。"(《老子校诂》)

②其次,亲而誉之:次一等的国君,有百姓亲近他赞扬他。王弼注云:"不能以无为居事,不言为教。立善行施,使下得亲而誉之也。"

③其次,畏之:再次一等的国君,百姓都畏惧他。王弼注云:"不能复能以恩仁令物,而赖威权也。"

④其下,侮之:最下等的国君,百姓敢于蔑视侮辱他。王弼注云:"不能以正齐民,而以智治国,下知避之,其令不从,故曰侮之

也。""其下，侮之"，王弼本原作"其次，侮之"，西汉简帛三种本均
作"其下，侮之"，与"太上，下知有之"对，故从而改之。

⑤信不足焉，安有不信：（统治者）缺乏诚信，也就得不到百姓的信
任。此两句原作"信不足焉，有不信焉"，据郭店楚简《老子》丙组
第一节改，帛书甲本、乙本、北大汉简本同此，但无"焉"字。"安"
作"于是"解。信，指诚信。王弼注云："夫御体失性则疾病生，辅
物失真则疵衅作。信不足焉，则有不信，此自然之道也。已处不
足，非智之所济也。"

⑥悠兮其贵言，功成事遂，百姓皆谓我自然：好的国君仿佛是那么
悠远，百姓很少听到他的说教。大功告成，万事顺意，百姓都说
是自然而然。王弼注云："自然，其端兆不可得而见也，其意趣不
可得而睹也，无物可以易其言，言必有应，故曰'悠兮其贵言'也。
居无为之事，行不言之教，不以形立物，故功成事遂，而百姓不知
其所以然也。"悠兮，任继愈《老子新译》译为"悠闲"，这里似解作
"悠远"为佳，由首句的"太上，下知有之"，可知他和民众并不那
么亲近，否则民众不会仅知其存在而已。贵言，一般均解为"少
言"，引申为不轻易发号施令。蒋锡昌云："'贵言'即二十三章
'希言'之谊。彼此二'言'，均指声教法令而言。"（《老子校诂》）
也有学者译为言必诚信，虽也可通，但从《老子》全书思想分析，
还是释为"少言"较合适，"稀言自然"正是他的主张，故下文云：
"功成事遂，百姓皆谓我自然。"

【译文】

最好的国君，百姓仅仅知道他的存在。次一等的国君，有百姓亲近
他赞扬他。再次一等的国君，百姓都畏惧他。最下等的国君，百姓敢于
蔑视侮辱他。所以，缺乏诚信的统治者，也就得不到百姓的信任。好的
国君仿佛是那么悠远，百姓很少听到他的说教。大功告成，万事顺意，
百姓都说是自然而然。

十八章

【题解】

　　本章即直接承上章而来,作者从理想社会的构想回到现实社会中来,他所看到的是大道的废弃、诚信的不足、奸诈虚伪的萌生、道德的缺失等等,正是这些丑恶的现象导致了社会混乱。他认为,出现这种现象,是不合"大道"的,并不是值得赞美的东西。由于当时以孔子为代表的儒家学派大力提倡"仁、义、礼、智、信",因此有些学者以为,作为中国最早出现的两个学派,道与儒在观念上是对立的,认为此章便是道家对儒学的一种批判,并以此作为《老子》晚于孔子儒学产生的证据。其实,作为道家的创始人,老子在这里只是从其学说出发,客观地评论和剖析当时社会的现状,未必是有意与儒家作对。因为儒学的思想所继承的,正是由西周著名政治家周公旦所制定的一系列礼乐制度和价值观念,而这种礼乐制度和价值观念,到了春秋时期已经行不通了,才会出现"礼崩乐坏"的社会现象。孔子希望能够通过恢复周礼,宣传"仁义"的学说,使这种现象得到纠正,社会秩序恢复正常;而老子则敏锐地洞察到以儒学这种办法救世,其实是行不通的,这在《史记·老子列传》有关孔子问礼于老子,老子教训他的一段话里已经表达得十分清楚。本书中,老子只是总结了历史发展的进程,从而否定西周以来实行的一套治国法则。本章虽只是短短的八句,却和二章一样,列举出了相互对应的四对矛盾,只不过这里着重强调的是社会生活中的客观现象,我们从中可以进一步体会到老子深刻的辩证思想。

　　大道废,有仁义①;智慧出,有大伪②;六亲不和,有孝慈;国家昏乱,有忠臣③。

【注释】

①大道废,有仁义:因为大道被废弃,才开始提倡"仁义"。王弼注云:"失无为之事,更以施慧立善,道进物也。"马王堆帛书甲、乙本及北大汉简本均在本章的四个"有"字前,有"安"(甲本安作"按",同安)字,即"安有仁义"、"安有大伪"、"安有孝慈"、"安有忠臣"。"安",为"乃"、"于是"之意。冯友兰云:"'大道废,有仁义',这并不是说人可以不仁不义,只是说在'大道'之中,人自然仁义,那是真仁义。至于由学习、训练得来的仁义,那就有模拟的成分,同自然而有的真仁义比较起来它就差一点,次一级了。《老子》说'上德不德,是以有德',就是这个意思。"(《中国哲学史新编》)

②智慧出,有大伪:由于智谋的产生,才出现狡诈和虚伪。王弼注云:"行术用明,以察奸伪;趣睹形见,物知避之。故智慧出则大伪生也。"陈鼓应云:"'大道废,有仁义'句下,帛书及通行本均衍'智慧出,有大伪'句,郭店简本无此句,当据删。'智慧出,有大伪'之衍出,当在战国中后期受到庄子后学中激烈派思想影响所致,妄增此句。则易使人将'仁义'与'大伪'并举,从而导致对仁义行为的否定。审察简本原义,却非贬抑'仁义'、'孝慈'、'忠臣'。反之,认为在最美好的原始情境发生变化,在人际关系中出现问题,这时仁义孝慈的美德及正臣的节操,显得难能可贵。郭店简本本章为三个对等句,下章亦同是三个对等句,从句型与

句义看,郭店简本较合祖本原貌。"(《老子今注今译》)但北大汉
简本也有"智惠出,安有大伪"句,今仍存之。

③六亲不和,有孝慈;国家昏乱,有忠臣:家庭六亲不和睦,才知道
是谁孝慈;国家陷于混乱,才看出所谓忠臣。王弼注云:"甚美之
名生于大恶,所谓美恶同门。六亲,父子、兄弟、夫妇也。若六亲
自和,国家自治,则孝慈、忠臣不知其所在矣。鱼相忘于江湖之
道,则相濡之德生也。"

【译文】

因为大道被废弃,才提倡起"仁义";由于智谋的产生,才出现狡诈
和虚伪;家庭六亲不和睦,才知道是谁孝慈;国家陷于混乱,才看出所谓
忠臣。

十九章

【题解】

本章内容与上一章联系密切。新近出版的北大《老子》汉简中,十七、十八、十九三章合为一章,是有道理的,因其内容联系紧密。上一章指出当时社会的病态,本章提出解决的方法,便是去除仁义、圣智、巧利,因为它们是在大道废弃了后才出现的。因此,恢复大道的最好办法,就是恢复原有的秩序,恢复到人类社会早期的那种没有个人私欲,没有权谋欺诈的平等的社会状态。老子在本章中连用三个"绝"、"弃",说明他对相关事类的极其厌恶的态度。他希望最后能够达到"见素抱朴,少私寡欲",也就是我们常说的返朴归真。关于文中所及的"圣"、"智"、"仁"、"义"、"巧"、"利"的概念及其内涵,詹剑峰在《老子其人其书及其道论》中认为,上述诸种概念,"其涵义绝不同于儒家或现代人脑中所有'圣'、'智'、'慧'、'学'等概念",而是统治者愚弄民众的宗教迷信、奸巧诈伪,以及卜筮、巫守、图谶、堪舆等的前识、术数之学。例如"圣智",《庄子·胠箧》篇中云:"妄意室中之藏,圣也。"可知此处的所谓"圣"即是属于前识的内容。何谓前识,有不同理解,但此处应指前意识,是一种先入为主的,带有主观臆测性质的东西,因而它并不是科学的预测,而是类同于巫卜、神算一类的带宗教迷信的东西。它并不是科学的预测,自然应当抛弃。章太炎云:"夫不事前识,则卜筮废、图谶断,建除堪舆、相人之道默矣。巫守既绝，智术穿凿，亦因以废。"（转引自张松如《老子说解》）由此可知，这里所提出的"圣"、"智"、"仁"、"义"、"学"等概念，皆是统治者设立的用以愚弄民众的工具，弃之可也。老子提出要废除这些东西，正是对于当时那套腐朽的意识形态的批判，而不能反过来说成老子意在推行愚民政策。因此要弄清老子书中提出问题的出发点及当时的语境，才不会得出老子有意识地要使文明倒退，恢复到蒙昧时期。此说可供参考。又郭店楚简《老子》中"绝圣弃智"和"绝仁弃义"写成"绝智弃辨"和"绝伪弃诈"，有学者怀疑今本中的文字改动或有可能是受庄子后学的影响而作的改动（《傅佩荣细说老子》），值得进一步研究与思考。

　　绝圣弃智①，民利百倍；绝仁弃义②，民复孝慈；绝巧弃利③，盗贼无有。此三者以为文不足④，故令有所属⑤：见素抱朴，少私寡欲⑥。绝学无忧⑦。

【注释】

①绝圣弃智：抛弃聪明与智巧。圣，自作聪明。智，智巧。郭店楚简《老子》作"绝智弃辨"，下文的"绝仁弃义"则作"绝伪弃诈"。北大汉简本作"绝圣弃智，民利百倍；绝民弃义，民复孝慈"。又陈鼓应云："通行本'绝圣弃智'，郭店简本作'绝智弃辨'，为祖本之旧，当据改正。通观《老子》全书，'圣人'一词共三十二见，老子以'圣'喻最高人格修养境界，而通行本'绝圣'之词，则与全书积极肯定'圣'之通例不合。'绝圣弃智'一词，见于庄子后学《胠箧》、《在宥》篇，传抄者据以妄改所致。"（《老子今注今译》）今仍其旧。

②绝仁弃义：抛弃仁与义的法则。陈鼓应云："通行本'绝仁弃义'，郭店简本作'绝伪弃诈'，为祖本之旧，当据改正。《老子》八章主

张人与人交往要尚仁（'与善仁'，可见老子并无弃绝（仁?）义之说，郭店简本出土，始知为人妄改。）《庄子·胠箧》有'攘弃仁义'之说，由此可窥见原本'绝伪弃诈'被臆改为'绝仁弃义'，可能受到庄子后学激烈派思想影响所致。"（《老子今注今译》）丁原植云："帛书甲、乙与王弼均作'绝仁弃义，民复孝慈'。简文并无'绝仁弃义'这种激烈反对人文价值的思想，就《老子》哲学的发展来说竹简《老子》似属较古文本。"（《郭店竹简老子释析与研究》）今仍其旧。

③绝巧弃利：抛弃工巧和货利。

④此三者以为文不足：以上的三种作为巧饰的东西，不足以治理天下。文，文饰。帛书中作"此三言，以为文未足，故令之有所属"。

⑤所属：有所归属。

⑥见素抱朴，少私寡欲：外表单纯而内心淳朴，少有私心降低欲望。见，显现。王弼注云："圣智，才之善也。仁义，行之善也。巧利，用之善也。而直云绝，文甚不足，不令之有所属，无以见其指，故曰，此三者以为文而未足，故令人有所属，属之于素朴寡欲。"少私寡欲，刘师培云："案'私'当作'思'。《韩非子·解老》篇曰：'凡德者以无为集，以无欲成，以不思安，以不用固。''思'、'欲'并言。又《文选》谢灵运《邻里相送方山》诗李注引《老子》曰：'少思寡欲'，此古本作'思'之证。《韩非子》之'不思'，即释此'少思'也。"（《老子斠补》）蒋锡昌云："按《庄子·山木》篇'其民愚而朴，少私而寡欲'，其言本此，可见《老子》自作'私'，不作'思'。若李注作'思'，则为'私'之误。《文选》嵇叔夜《幽愤诗》及谢灵运《田南树园激流植援》诗两注引并作'少私寡欲'，可证。至韩非所言，与此'少私'之谊无关。刘氏引以为证，不足为据。刘说非是。"（《老子校诂》）汉简帛本均作"少私寡欲"。

⑦绝学无忧：摒弃所谓的学问，就能无忧无虑。此句原在二十章之

首,研究者多认为应移至本章结尾,较为合适。北大汉简本则置
于二十章之首。

【译文】

抛弃聪明与智巧,民众才能获利百倍;抛弃仁与义的法则,民众才
能回归孝慈;抛弃机巧与货利的诱惑,盗贼才能消失。以上三种巧饰之
物,不足以治理天下,因此要让民心有所归属:外表单纯而内心淳朴,少
有私心降低欲望。摒弃所谓的学问,就能无忧无虑。

二十章

【题解】

本章如同一幅描摹春秋末期世态人情的风俗画:春光明媚的季节,熙熙攘攘的人群或涌向高台,眺望美景;或兴高采烈地呼朋聚友,参加盛宴。呼喊声、应诺声、斥责声交杂成一片;好人、坏人、善良、丑恶,似乎也难分彼此。生活自古以来就是如此,一天又一天,一年又一年。然而,在画中,我们看到一位老人孤独的身影,他神情疲惫,独自在发呆。他想了些什么? 他如何评价自己? 这是很有意思的一段描写,许多文字是作者的内心独白。作为这一时期的哲人,孤独感是非常正常的,二百年后的屈原,也在其诗中反复抒写他内心的孤独。在"我"与"众人"之间的这种难以融合的差异,让他在反思、在犹豫、在拷问自我。有学者以为,老子在本章中,"把众人看得鄙俗,把自己看得比谁都高明。而在表面上却故意说了些贬低自己的话,说自己无能糊涂,没有本领,其实是从反面抬高自己,贬低社会上的一般人"(任继愈《老子新译》)。其实读本章时,如果参读屈原的《卜居》可能会有所启发。《卜居》中,作者因流放三年不知所从,对太卜郑詹尹提出了一正一反八对问题,也是对比十分鲜明的,至于屈原作品中以自己和"众人"、"党人"作比,也所在皆是。老子在本章中所谓"众人"、"俗人",指的是那些上层的掌握一定权力的人,如同屈原作品中所说的"党人"一样,而非普通民众。

　　唯之与阿①，相去几何？美之与恶，相去何若②？人之所畏，不可不畏③。荒兮，其未央哉④！众人熙熙，如享太牢，如春登台⑤。我独泊兮，其未兆，如婴儿之未孩⑥；傈傈兮，若无所归⑦！众人皆有余，而我独若遗⑧。我愚人之心也哉⑨，沌沌兮⑩！俗人昭昭⑪，我独昏昏。俗人察察⑫，我独闷闷⑬。澹兮，其若海⑭；飂兮，若无止⑮。众人皆有以⑯，而我独顽似鄙⑰。我独异于人，而贵食母⑱。

【注释】

①唯之与阿：应诺与训斥。唯，应诺之声，古书回答时常有"唯唯"。阿，同"呵"，呵斥、责备之声。成玄英云："'唯'，敬诺也。'阿'，慢应也。"（《道德经开题序诀义疏》）

②美之与恶，相去何若：美德与丑恶，差别多少？王弼本原作"善之与恶，相去若何"，帛书本甲、乙两种及北大汉简本均作"美之与恶，相去何若"，既显句式变化，也符合韵律，据改。易顺鼎云："王本作'美之与恶，相去何若'，正与傅奕本同。王注'唯阿美恶，相去何若'是其证也。今本非王本之旧。"（《读老札记》）高亨云："易说是也。二章曰：'天下皆知美之为美，斯恶已。'亦'美'、'恶'对言，此'善'当作'美'之证。"（《老子正诂》）

③人之所畏，不可不畏：让别人感到畏惧，自己也不能不畏惧。王弼注云："下篇云，为学者日益，为道者日损。然则学求益所能，而进其智者也。若将无欲而足，何求于益？不知而中，何求于进？夫燕雀有匹，鸠鸽有仇，寒乡之民，必知旃裘。自然已足，益之则忧。故续凫之足，何异截鹤之颈？畏誉而进，何异畏刑？唯阿美恶，相去何若？故人之所畏，吾亦畏焉，未敢恃之以为用也。"北大汉简本作"人之所畏，不可以不畏人"，与帛书本"人之

所畏,亦不可以不畏人"近似。刘殿爵云:"今本作:'人之所畏,不可不畏。'帛书本作:'人之所畏,(甲本以上二字残缺)亦不可以不畏人。'(甲本'可'字以下残缺)下句句首多'亦'字,'可'下又多'以'字,而'畏'下多'人'字。今本的意思是,别人所畏惧的,自己也不可不畏惧。而帛书本的意思却是,为人所畏惧的——就是人君——亦应该畏惧怕他的人。两者意义很不同,前者是一般的道理,后者则是对人君者所说有关治术的道理。"(《马王堆汉墓帛书老子初探》)

④荒兮,其未央哉:自古如此,何时止息! 荒兮,荒远,久远。未央,未尽,没有终结。王弼注云:"叹与俗相反之远也。"高亨云:"荒兮其未央,犹云茫茫其无极耳。"

⑤众人熙熙,如享太牢,如春登台:众人都兴高采烈,就像要参加盛大宴席,又如春日登台览胜。王弼注云:"众人迷于美进,惑于荣利,欲进心竞,故熙熙如享太牢,如春登台也。"熙熙,快乐的样子。河上公注云:"熙熙,淫放多情欲也。"太牢,古代帝王祭祀社稷时隆重的祭典,使用了牛、羊、猪三牲,称为太牢,后也指丰盛的筵席。此句马王堆帛书作"若乡(飨)于太牢而春登台"。

⑥我独泊兮,其未兆,如婴儿之未孩:我却独自漂泊,不知向何处去,就像婴儿还不会欢笑。王弼注云:"言我廓然,无形之可名,无兆之可举,如婴儿之未能孩也。"泊,漂泊。未兆,没有预兆。兆,征兆。孩,同"咳",婴儿的笑声。《说文》:"咳,小儿笑也;从口,亥声;孩,古文咳。"

⑦儽儽(léi)兮,若无所归:疲惫不堪,无家可归。儽儽,同"磊磊",疲惫不堪的样子。无所归,没有归宿。陈鼓应云:"'磊磊兮',谓落落不群,无所依傍。"(《老子今注今译》)

⑧众人皆有余,而我独若遗:众人都感到满足,而我却一无所有。王弼注云:"众人无不有怀有志,盈溢胸心,故曰皆有余也。我独

廓然,无为无欲,若遗失之也。"遗,遗忘,不足。

⑨我愚人之心也哉:我真是愚人的心肠啊! 王弼注云:"绝愚之人,心无所别析,意无所美恶,犹然其情不可睹,我颓然若此也。"

⑩沌沌:混沌无知的样子。王弼注云:"无所别析,不可为名。"

⑪俗人昭昭:世俗的人都自我炫耀。昭昭,炫耀自己。王弼注云:"耀其光也。"

⑫俗人察察:世俗的人都工于算计。王弼注云:"分别别析也。"察察,精于算计。

⑬闷闷:义同昏昏,糊涂,不清楚。

⑭澹(dàn)兮,其若海:辽阔呵,就像大海无边无缘。王弼注云:"情不可睹。"澹,辽远。此处帛书本作"沕"、"物",即仿佛之意,似更可通。

⑮飂(liù)兮,若无止:思绪就像疾风劲吹,飘扬万里没有尽头。王弼注云:"无所系絷。"飂,急风。

⑯众人皆有以:众人都各有所用。王弼注云:"以,用也。皆欲有所施用也。"

⑰而我独顽似鄙:我独显得鄙劣无能。王弼注云:"无所欲为,闷闷昏昏,若无所识,故曰'顽且鄙'也。"鄙,鄙陋,浅陋。

⑱我独异于人,而贵食母:我是这样的与众不同,要去寻求道的滋养。王弼注云:"食母,生之本也。人皆弃生民之本,贵末饰之华,故曰我独欲异于人。"贵食母,"母"指"道"。《老子》二十五章对道的描述中以"可以为天下母"来喻道,此处"贵食母"即"贵食于母",代指从道那里获得营养。河上公注云:"食,用也。母,道也。"吴澄云:"我之所贵者,则大道之玄德也。玄德者,万物资之以养,所谓万物之母也。故曰'食母'。'食母'二字,见《礼记·内则篇》即是乳母也。"(《道德真经注》)

【译文】

应诺与训斥,相差几何? 美德与丑恶,差别几多? 让别人感到畏

惧，自己也不能不畏惧。盲从之风，自古如此，何时止息！众人都兴高
采烈，就像要参加盛大宴席，又如春日登台心旷神怡。我却独自漂泊，
不知向何处去。就像婴儿还不会欢笑，疲惫不堪，无家可归。众人都感
到满足，而我却一无所有。我真是愚人的心肠啊，终日混混沌沌。世人
都自我炫耀，我却糊里糊涂。世人都工于算计，我却茫然无知。心是那
样辽阔，就像大海无边无缘；思绪就像疾风劲吹，飘扬万里没有尽头。
众人都各有所用，我独显得鄙劣无能。我是这样的与众不同，看重寻求
道的滋养。

二十一章

【题解】

首句"孔德之容,惟道是从",将"道"与"德"的关系作了具体的界定:即在两者关系中,"道"与"德"是主从关系,即使是大德(孔即大),也须依从于道。在道家学说中,用"道德"一词,涵盖了"形上"和"形下"两个方面的问题,它们不是平行的关系,而是形上的"道"主宰、生成形下的"德";而道,则需通过德而得以显现。严灵峰在《老子研究》中说:"'德'就是'道'的形式,'道'就是'德'的内容;两者是互相依存的。若是没有'道',便不会有'德'的功用;没有'德',也不能显现'道'的力量。"接着本章比较具体地描述老子心目中关于"道"的问题。道家发现"道",然而"道"是什么? 却是不容易说清的问题。《老子》书中有七十多处写到了"道",不过,比较集中论述的却在几章里(一、四、十四、二十一、二十五、三十四、四十二、五十一章),它们在各章中出现时,意义并不相同,我们应将所有的论述放在一起,才能得到比较完整的有关道的印象及内涵。本章和十四、二十五章在描述"道"的形象方面应是最重要的也是最具体的。林语堂在《老子的智慧》一书中,将本章题目定为"道的显现",是比较切题的。那么,道是什么? 在本章作了这样的回答:"道之为物,惟恍惟惚,惚兮恍兮,其中有象;恍兮惚兮,其中有物。窈兮冥兮,其中有精。其精甚真,其中有信。""道"是形而上的,不是一种具体的物件,可以细致地描摹。老子对"道"的多次描述,我们都感觉得比较模糊,这是因为"道"本来就是难以说清的问题。当然对老子来说,他自己是可以体悟和感受得到的真实存在。过去认为老子是唯物主义的人,往往以本章之"有象"、"有物"、"有精"来加以说明;而认为老子哲学是唯心的人,则往往列举其描述中"道"的模糊性。但惟其模糊,才显现其认识的原始性。

　　孔德之容,惟道是从①。道之为物,惟恍惟惚②。惚兮恍兮,其中有象;恍兮惚兮,其中有物③;窈兮冥兮,其中有精④。其精甚真,其中有信⑤。自古及今,其名不去⑥,以阅众甫⑦。吾何以知众甫之状哉? 以此⑧。

【注释】

①孔德之容,惟道是从:大德的行动,遵从于道。王弼注云:"孔,空也,惟以空为德,然后乃能动作从道。"王注"孔"之义不确。河上公注云:"孔,大也。有大德之人,无所不容,能受垢浊处谦卑也。唯,独也。大德之人,不随世俗所行,独从于道也。"孔,大。德,道在具体事物中的体现。德者,得也。容,动。陈鼓应引《庄子·天地》:"物得以生,谓之德。"他认为,德乃指事物从道所得的特性。《管子·心术上》:"德者道之舍,物得以生生。"《韩非子·解老》:"'德'者,'道'之功也。"杨兴顺云:"'德'者是'道'的体现。'道'因'德'而得以显现于物的世界。"(《中国古代哲学家老子及其道论》)高明云:"'孔德之容,惟道是从',言大德者之动惟从乎道也。王注曰'动作从道',正以'动'释'容'……'容'本有'动'义,古'容'、'动'二字音义皆通。"(《帛书老子校注》)

②道之为物,惟恍惟惚:道的模样,模糊不清。王弼注云:"恍惚无

形,不系之叹。"惟恍惟惚,不清楚不固定之状。"道之为物",汉
简帛本均作"道之物",无"为"字。

③惚兮恍兮,其中有象;恍兮惚兮,其中有物:虽然迷离恍惚,其中
却有形象;尽管缥缈迷离,其中却有实物。王弼注云:"以无形始
物,不系成物,万物以始以成,而不知其所以然,故曰恍兮惚兮,
其中有象也。"吴澄云:"形之可见者,成物;气之可见者,成象。"
(《道德真经注》)

④窈兮冥兮,其中有精:那样的幽深昏暗,其中却有精气。王弼注
云:"窈、冥,深远之叹。深远不可得而见,然而万物由之,不可得
见,以定其真。故曰窈兮冥兮,其中有精也。"窈,指幽深。冥,指
昏暗不清。严灵峰云:"'窈',微不可见。'冥',深不可测。"(《老
子章句新编》)吴澄云:"窈冥则昏昏昧全不见矣,此'道'之'无'
也。"(《道德真经注》)精,精气。精气说为道家所发明。《管子·
内业》:"精,气之极也。精也者,气之精者也。"指极其微小的物
质。《庄子·秋水》:"夫精,小之微也。"即小而又小的原质。

⑤其精甚真,其中有信:这精气清晰可知,真实而又可信。王弼注
云:"信,信验也。物反窈冥,则真精之极得,万物之性定。故曰
'其精甚真,其中有信'也。"其精甚真,精气真实地存在。陈荣捷
云:"就哲学而言,本章是全书里面最重要的一章,'其精甚真'一
语形成周敦颐(周濂溪,1017—1073)《太极图说》的骨干——以
'无极之真,二五之精'为中心——而周敦颐的著作奠定了全部
新儒家形上学的根基。当然,新儒家的形上学的源头,可说更直
接来自《周易》,然而《周易》中'真'的概念与此篇所述,却极为相
似。"(《老子之道》)信,真实。

⑥自古及今,其名不去:从古到今,它的功用不变。王弼注云:"至
真之极,不可得名,无名则是其名也。自古及今,无不由此而成,
故曰自古及今,其名不去也。"其名,指道的功用。蒋锡昌云:"此

'其'字为上文'道'之代名词。名非空名,乃指其所以名之为道之功用而言。道名不去,犹言道之功用不绝。"(《老子校诂》)

⑦以阅众甫:依靠它来认识万物的本始。帛书甲、乙本作"以顺众父"。北大汉简本作"以说(悦)众父"。王弼注云:"众甫,物之始也。以无名说万物始也。"阅,查验,认识。说,即"悦",与"阅"音同而代。甫,本始。众甫,俞樾云:"按'甫'与父通。'众',众父也。四十二章:'我将以为教父。'河上公注:'父,始也。'而此注亦曰:'甫,始也。'然则'众甫'即'众父'矣。"(《老子平议》)张舜徽云:"《老子》所云'众父',以喻道也。言其为万事万物之本,故曰众父。以父喻道,犹以母喻道耳。"(《周秦道论发微·老子疏证》)

⑧吾何以知众甫之状哉? 以此:我怎能知晓万物本始的状态? 就是依据于"道"。王弼注云:"此,上之所云也。言吾何以知万物之始于无哉,以此知之也。"

【译文】

大德的行动,遵从于道。道的模样,模糊不清。虽然迷离恍惚,其中却有形象;尽管缥缈迷离,其中却有实物;那样的幽深昏暗,其中却有精气。这精气清晰可知,真实而又可信。从古到今,它的功用不变。依靠它来认识万物的本始。我怎能知晓万物本始的状态? 就是依据于道。

二十二章

【题解】

　　本章为老子的人生哲学,他以自己的智慧和对社会人生的观察,提出一系列待人处事的原则。本章从"曲则全"始,又以"诚全而归之"终。从正、反两面论述观察事物应当顾及全面,看到正、反双方的相互依存关系。本章起始的"曲则全,枉则直;洼则盈,敝则新;少则得,多则惑"应是引用古代的成语,从六个方面来阐明事物相互转化的道理,充满辩证的思想。继之以"不自见,故明;不自是,故彰;不自伐,故有功;不自矜,故长",证明"圣人"以守道不争处世,所以"天下莫能与之争"的道理。《老子》中有许多章写到辩证法的思想,既有我们先人在长期生活中所获得智慧的结晶,得以流传下来的部分,又有他通过自己的观察进一步加以补充和增益的内容,这使得他的辩证思维内涵十分丰富。如果说二章中,老子重在提出相互对立与相互依存是事物存在的普遍形式的话,那么此章则侧重于矛盾转化问题,为他的以不争达到天下莫能与之争的理论作依据。在处理人与社会、人与人之间关系的问题上,道家与儒、释的相关理论并无明显差别,但论述的方式则很不相同,儒、释两家都是从正面进行说教,而老子却采用逆向思维的形式,从反面提出问题,让人印象格外深刻。

曲则全①,枉则直②;洼则盈③,敝则新④;少则得,多则惑⑤。是以圣人抱一为天下式⑥。不自见,故明⑦;不自是,故彰⑧;不自伐,故有功⑨;不自矜,故长⑩。夫唯不争,故天下莫能与之争。古之所谓"曲则全"者,岂虚言哉?诚全而归之⑪。

【注释】

①曲则全:委屈反能保全。曲,委屈。

②枉则直:弯曲反能伸直。枉,弯曲。

③洼则盈:低洼容易充盈。洼,水洼,喻其处低。

④敝则新:陈旧反能更新。敝,破旧。

⑤少则得,多则惑:欠缺就能获得,贪多反而迷惑。王弼注云:"自然之道亦犹树也,转多转远其根,转少转得其本。多则远其真,故曰惑也;少则得其本,故曰得也。"

⑥是以圣人抱一为天下式:因此圣人守道,作为天下的楷模。王弼注云:"一,少之极也。式,犹则之也。"抱一,守道,指圣人体魄与精神的合一。一为道之数,道生一。式,范式,楷模。汉简帛本均作"是以圣人执一为天下牧",意为"所以圣人执一而天下治"。"执一"为道家的重要哲学概念。高明云:"'执'与'抱'虽皆有'守'、'持'之义,但彼此也有原则区分,'执一'不同于'抱一'。老子所谓'执一'即'执道',也即掌握对立统一之辩证法则……从而可见,《老子》原本作'圣人执一',不作'圣人抱一'。"(《帛书老子校注》)此说有一定道理,也可参。

⑦不自见,故明:不自我表现,所以是非分明。自见,自我表现。见,同"现"。王弼注云:"不自见,则其明全也。"吴澄云:"自见,犹云自炫。"(《道德真经注》)

⑧不自是，故彰：不自以为是，所以声名昭彰。王弼注云："不自是，则其是彰也。"

⑨不自伐，故有功：不自我夸耀，所以能建立功勋。自伐，自夸。伐，夸耀。王弼注云："不自伐，则其功有也。"

⑩不自矜（jīn），故长：不自高自大，所以能领导众人。矜，骄傲自大。长，领导者。王弼注云："不自矜，则其德长也。"

⑪诚全而归之：确实做到周全，就会回归于道。诚，确实。全，保全。归之，归于道。

【译文】

委屈反能保全，弯曲反能伸直；低洼容易充盈，陈旧反能更新；欠缺就能获得，贪多反而迷惑。因此圣人守道，作为天下的范式。不自我表现，所以是非分明；不自以为是，所以声名昭彰；不自我夸耀，所以能建立功勋；不自高自大，所以能领导众人。正因为他不与人争，所以天下没人能和他竞争。古人所说的"委曲反能保全"，难道说的是空话吗？确实做到周全，就会回归于道。

二十三章

【题解】

　　本章阐述有关治国的理念。首先便提出"希言自然",从字面上解释,"希言自然"是让人少说话,以符合自然的法则。但深层的意思很清楚,是说统治者应当少发号施令。因为道法自然,而自然是"希言"的,虽然也有飘风、骤雨这样的自然现象,但时间极短,难以持久。在大多数时间里,自然界总体还是处于相对平静的状态中。因此统治者也不要总在那里发号施令,应让社会保持平静的自然状态。《老子》书中有多次提到类似的观点。如二章的"是以圣人处无为之事,行不言之教",五章又告诫"多言数穷,不如守中",十七章"悠兮其贵言,功成事遂,百姓皆谓我自然",这里都将"贵言"、"不言"、"希言"与道、与自然的品格、与治世的法则相互联系在一起。所以许多研究者认为此章与十七章联系密切,因为十七章有关治国的四种层次中,其第三种是"畏之",第四种是"侮之"。之所以"畏",是法令的严苛;之所以"侮",是达到了"民不畏死,奈何以死惧之",因而有了反抗,结果是统治者走向自己的反面,反而受侮了。如商汤放桀于鸣条,周武王伐纣,商纣王自焚于鹿台,皆是其例。因此,本章结尾再一次写道:"信不足焉,有不信焉。"指明诚信治国的重要性,具有强烈的现实意义。文中有关自然界的"飘风"、"骤雨",是有所指的,是用以喻指和批判现实中的暴君们使用残酷的手段对待民众的反抗，也不可能是长久的。"天地尚不能久，而况于人乎？"说的便是这层意思。高亨在《老子注译》中云："老子指出：王侯用狂暴的政治手段压迫人民，就绝不会长久，只有效法于宇宙自然之道、自然之德、自然之天，使万民各得其生，各得其养，那就可以与道、德、天比美了。"

希言自然①。故飘风不终朝②，骤雨不终日③。孰为此者④？天地。天地尚不能久，而况于人乎？故从事于道者同于道⑤，德者同于德⑥，失者同于失⑦。故同于道者，道亦得之；同于失者，道亦失之⑧。信不足焉，有不信焉⑨。

【注释】

①希言自然：少发政令合于自然。希言，即少言，少说话。引申为少发政令。王弼注云："听之不闻名曰希。下章言，道之出言，淡兮其无味也，视之不足见，听之不足闻。然则无味不足听之言，乃是自然之至言也。"蒋锡昌云："'多言'者，多声教法令之治；'希言'者，少声教法令之治；故一即有为，一即无为也。"(《老子校诂》)

②飘风：强风。王淮云："'飘风'以喻暴政之号令天下，宪令法禁是也。"(《老子探义》)

③骤雨：暴雨。王弼注云："言暴兴不长也。"

④为此：指生成狂风暴雨的原因。

⑤故从事于道者同于道：所以寻求道的人要与道合一。此处原作"从事于道者，道者同于道"，第二个"道者"为衍文，应删。长沙马王堆帛书甲、乙本及北大汉简本均作"故从事而道者同于道，德者同于德"，语气顺畅。王弼注云："从事，谓举动从事于道者

也。道以无形无为成济万物,故从事于道者,以无为为君,不言为教,绵绵若存,而物得其真,与道同体,故曰'同于道'。"

⑥德者同于德:寻求德的人要与德合一。王弼注云:"德,得也。少则得,故曰德也。行得则与德同体,故曰'同于德'也。"

⑦失者同于失:失道与失德的人与失合一。王弼注云:"失,累多也。累多则失,故曰失也。行失则与失同体,故曰'同于失'也。"失,指失道,失德者。严复云:"道者同道,德者同德,失者同失,皆主客观之同物相感者。"(《老子道德经评点》)

⑧故同于道者,道亦得之;同于失者,道亦失之:与道合一的人,道也得到他;与失合一的人,道也抛弃他。此处原王注本作"同于道者,道亦乐得之;同于德者,德亦乐得之;同于失者,失亦乐得之",王弼注云:"言随其所行,故同而应之。"这段文字歧义甚多,陈鼓应《老子今注今译》等据西汉帛书《老子》作"同于德者,道亦德之;同于失者,道亦失之"。但北大汉简本作"故同于道者,道亦得之;同于失者,道亦失之",与上文衔接更好,今从之。

⑨信不足焉,有不信焉:诚信缺失了,民众就不会信从他。王弼注云:"忠信不足于下,焉有不信也。"卢育三云:"马叙伦、奚侗说:此句已见十七章,这里重出,盖错简所致,且与上文不相应,当删。陈柱、高亨、朱谦之从其说。帛书《老子》甲、乙本均无此句,然它本均有,细究此章旨义,有此一句亦可说通。谓'信不足',指失于道,违背'希言自然',实行'多言'、'有为'的政治,这与人事之飘风骤雨不能长久正相应。"(《老子释义》)北大汉简本作"信不足,安(焉)有不信"。可知汉代时亦有此种版本。

【译文】

少发政令合于自然。狂风刮不了一早晨,暴雨下不了一整天。谁让它们这样的呢?是天地。天地况且不能持久,何况人呢?所以寻求道的人要与道合一,寻求德的人要与德合一,失道与失德的人与失合一。与道合一的人,道也得到他;与失合一的人,道也抛弃他。诚信缺失了,民众就不会信从他。

二十四章

【题解】

　　本章和二十二章在内容上相互关联，同属人生哲学的重要内容。二十二章中正面肯定不自见、不自是、不自伐、不自矜的品德与功用。本章则从反面提出自见、自是、自伐、自矜的害处，因而"有道者不处"。无论在历史长河中，还是在现实社会里，总是有那么一些人，自作聪明，自以为是，不听取民众的意见与建议，独断专行，目空一切，不切实际地提出超越现实可能的任务，其结果，不仅自己身败名裂，而且给国家、给社会、给无辜的民众带来深重的苦难，这种历史的教训是相当惨重的。所以老子不厌其烦特别从正反两面来论述，用心可谓良苦！这里所阐述的道理，是品格修养十分重要的方面。它不仅对一般人可用，更重要的是对执掌国柄的当权者敲响的警钟。因为他们所处的地位，可能造成的恶果和影响，远在常人之上，读者切不可以平常之意视之。在长沙马王堆帛书中，甲、乙两种都将这两章排列在一起，而二十四章置于二十二章之前，应当更为合理。（但北大汉简本的排列次序同今本）而且两章不仅内容相互关联，所说的道理也是一致的，同时阐述了矛盾相互转化的道理，使其中蕴含的辩证思想愈加突出。

　　企者不立①，跨者不行②，自见者不明③，自是者不彰④，自伐者无功⑤，自矜者不长⑥。其在道也，曰余食赘行⑦，物或恶之⑧，故有道者不处⑨。

【注释】

①企者不立：踮起脚跟站不稳。王弼注云："物尚进则失安，故曰企者不立。"企，同"跂"，抬起脚跟。《说文·人部》："企，举踵也。"

②跨：超常迈大步。

③自见者不明：表现自我的不高明。

④自是者不彰：自以为是的丧失名声。

⑤自伐者无功：大吹大擂的难有功勋。

⑥自矜者不长：抬高自我的领导不了众人。

⑦余食赘行：王弼注云："其唯于道而论之，若却至之行、盛馔之余也。本虽美，更可秽也。本虽有功而自伐之，故更为肬赘者也。"余食，剩饭。赘行，即赘形，长赘肉肿瘤，古行、形通用。赘，多余的。吴澄云："或曰'行'读如'形'，古字通用。司马氏曰：'弃余之食，适使人恶；附赘之形，适使人丑。'苏氏曰：'饮食有余则病，四体有赘则累。'"（《道德真经注》）

⑧物：此处指人。天地万物，人为其一。

⑨故有道者不处：所以有道的人不做这种事情。不处，不为，不做。

【译文】

踮起脚跟站不稳，超常迈步走不成，表现自我的不高明，自以为是的丧失名声，大吹大擂的难有功勋，抬高自我的领导不了众人。从"道"的观点看来，他们就像残羹和赘瘤，人人都深感厌烦恶心，所以有道的人不做这种事情。

二十五章

【题解】

在老子的"道"论中,此章关系重大,内容丰富,它从多个方面对"道"作了明确的界定,因而研究者一向十分关注。本章中认为,在未有天地之前,已有道的存在。道是浑然的"物",即处于一种混朴的状态中。我们的祖先对天地万物起源的认识,与今日先进的科学理论有异曲同工之处,例如,我们祖先认为,天地未形成之前,宇宙间处于混沌状态,而后轻清者上升而为天,重浊者下降而为地。当今科学界盛行的宇宙生成论认为,早期宇宙是一大片由微观粒子构成的均匀气体,称为气态物质,而后发生宇宙大爆炸,这些气态物质的凝聚,慢慢生成了今日的宇宙恒星和行星体系。这些现代科学的观察和认识,和《老子》中有关道对天地生成的思考,有着类似之处。本章中的道,先天地而生,独立而不改,周行而不殆,这给"道"一个客观的规定性:一是没有任何其他的东西先于道,"道"是万物的本源,从而使老子的"道"论和西方的神学思想彻底地区分开来,同时也与古代华夏文化中的天命观、尊天敬鬼的传统作了彻底的切割;二是"道"是不受其他任何东西干扰的客观实在,因而它"独立而不改",永恒地存在;三是"道"始终处于运动的状态中,即所谓"周行而不殆",《老子》一章的"非常道",也说明了道的恒动性。而下面提到的"大曰逝,逝曰远,远曰反"是描述道的运行过程与轨迹。从这三个方面来认识"道",是特别重要的。我们还应当特别关注后文的四大——即"道大,天大,地大,王亦大"。把四者并列称为四大,并强调指出:"域中有四大,而王居其一焉。"有的学者据个别版本将"王亦大"改作"人亦大",认为这样才能和下文的"人法地,地法天,天法道,道法自然"衔接。但西汉简帛本和早期多数版本此处均作"王亦大"。其实这并不矛盾,因为这里的"王"是作为"人"的代表出现的,王弼注谓"天地之性,人为贵,而王是人之主也",已清楚地解答了这个问题,因此与下文"人法地,地法天,天法道,道法自然"并不矛盾。它反映出老子和先秦诸子中的儒、墨都十分重视人在自然、在社会中的重要地位,可见中华文化中自古以来十分关注人的地位,具有深厚的人文精神,是十分宝贵的。它和西方文化中的上帝创造一切的神话是那样的不同,更和封建迷信直接区别开来。虽然由于时代局限,老子的道论带有直观性和朴素性,但它在哲学上,在认识论方面仍然具有十分重要的意义与价值。

　　有物混成,先天地生①。寂兮寥兮!独立而不改②,周行而不殆,可以为天地母③。吾不知其名④,字之曰道⑤,强为之名曰大⑥。大曰逝⑦,逝曰远,远曰反⑧。故道大,天大,地大,王亦大⑨。域中有四大⑩,而王居其一焉。人法地,地法天,天法道,道法自然⑪。

【注释】

①有物混成,先天地生:有物浑然一体,先于天地而生。物,指道。混成,混然而成。王弼注云:"混然不可得而知,而万物由之以成,故曰'混成'也。不知其谁之子,故先天地生。"张岱年云:"认天为一切之最高主宰的概念,为老子所打破。老子年代本先于

孟子,但孟子仍承受传统观念而修正发挥之,老子却作了一次彻底的思想革命。老子以为天并不是最根本的,尚有为天之根本者。老子说:'有物混成,先天地生。'最根本的乃是道,道才是最先的。"(《中国哲学大纲》)

②寂兮寥(liáo)兮,独立而不改:无声而又无形,独立长存从不改变。王弼注云:"寂寥,无形体也。无物匹之,故曰'独立'也。返化终始,不失其常,故曰'不改'也。"河上公注云:"'寂'者,无声音。'寥'者,空无形。"寂,寂静,安静。寥,无形,空虚。严复云:"不生灭,无增减,万物皆对待,而此独立;万物皆迁流,而此不改。"(《老子道德经评点》)

③周行而不殆,可以为天地母:循环运行永不停,可以说是天地之根。王弼注云:"周行,无所不至而不危殆,能生全大形也,故可以为天下母也。"周行,循环运动。殆,停止。母,根本。帛书本无"周行而不殆"句,高明在《帛书老子校注》中认为是魏晋六朝盛行的骈体偶文时所加,不确。北大汉简本便作"独立而不改,偏行而不殆"。"可以为天地母"句,王注本原作"可以为天下母",帛书本及北大汉简本均作"可以为天地母","天地母"即天地之本根,更好,可据改。

④吾不知其名:我不知它的本名。王弼注云:"名以定形,混成无形,不可得而定,故曰'不知其名'也。"

⑤字之曰道:给它取号叫"道"。王弼注云:"夫名以定形,字以称可,言道取于无物而不由也。是混成之中,可言之称最大也。"陈鼓应在《老子新注新译》中认为,"字之曰道","字"上通行本缺"强"字。傅奕本、李约本、范应元本有"强"字,应补上。但汉简帛本均无"强"字。

⑥强为之名曰大:勉强取名叫"大"。强,勉强。大,与道同义。王弼注云:"吾所以字之曰道者,取其可言之称最大也。责其字定

之所由,则系于大。夫有系则必有分,有分则失其极矣。故曰'强为之名曰大'。"

⑦大曰逝:大到无边又无所不至。王弼注云:"逝,行也。不守一大体而已周行无所不至,故曰'逝'也。"张岱年云:"'大'即道,是所以逝之理,由大而有逝,由逝而愈远,宇宙乃是逝逝不已的无穷的历程。"(《中国哲学大纲》)

⑧逝曰远,远曰反:无所不至而运行遥远,运行遥远又回归本原。远,伸展遥远。反,同"返"。王弼注云:"远,极也。周行无所不穷极,不偏于一逝,故曰'远'也;不随于所适,其体独立,故曰'反'也。"车载云:"'反'有两个涵义,对立相反是'反'的一个涵义,复命归根是'反'的另一个涵义,《老子》书对于'反'的这两个涵义,都是加以重视的。"(《论老子》)陈荣捷云:"返本的思想在《老子》里相当浓厚,它对普见于中国人的循环观念,影响不可谓不大。依据此种观念,道与历史的运行,都是依照循环的方式。"(《老子之道》)

⑨故道大,天大,地大,王亦大:所以说道大,天大,地大,王也大。王弼注云:"天地之性,人为贵,而王是人之主也。虽不职大,亦复为大,与三匹,故曰'王亦大'也。"王弼本作"王亦大";傅奕本作"人亦大",两处"王"字均改为"人"字。范应元云:"'人'字傅奕同古本。河上公本作'王',观河上公之意,以为王者,人中之尊,固有尊君之义。然按后文'人法地',则古本文义相贯。况人为万物之灵,与天地并立而为三才,身任斯道,则人实亦大矣。"(《老子道德经古本集注》)奚侗云:"两'人'字各皆作'王'。《淮南·道应训》引亦作'王',盖古之尊君者妄改之,非《老子》本文也。"(《老子集解》)今各本多从之。但汉简帛本均作"王亦大"。张松如认为:老子书屡以"天"、"地"、"侯王"与"道"并言,"盖以三者皆为道所生,而得其一体故也"(《老子说解》)。张说有理。

此处虽作"王亦大",但这里的"王"是作为"人"的代表出现的,王弼注谓"天地之性,人为贵,而王是人之主也"已解答了这个问题,因此与下文"人法地,地法天,天法道,道法自然"并不矛盾。

⑩ 域中有四大:宇宙间有四大。域中,宇宙间。帛书本作"国中",北大汉简本作"或(即'域'字)中"。王弼注云:"四大,道、天、地、王也。凡物有称有名则非其极也。言道则有所由,有所由然后谓之为道,然则道是称中之大也,不若无称之大也。无称,不可得而名,故曰'域'也。道、天、地、王皆在乎无称之内,故曰'域中有四大'者也。"汤一介云:"老子讲的道是先于天地存在,只是说在时间上先于天地存在,而不是在逻辑上先于天地存在。老子讲的'道'虽是无形无象,但不是超空间的,而是没有固定的具体的形象,这样的'道'才可以变化成为有固定具体形象的天地万物。"(转引自陈鼓应《老子今注今译》)

⑪ 人法地,地法天,天法道,道法自然:人取法于地,地取法于天,天取法于道,道本性自然。王弼注云:"法,谓法则也。人不违地,乃得全安,法地也。地不违天,乃得全载,法天也。天不违道,乃得全覆,法道也。道不违自然,乃得其性,法自然也。法自然者,在方而法方,在圆而法圆,于自然无所违也。自然者,无称之言,穷极之辞也。用智不及无知,而形魄不及精象,精象不及无形,有仪不及无仪,故转相法也。道顺自然,天故资焉。天法于道,地故则焉。地法于天,人故象焉。王所以为主,其主之者,一也。"河上公注云:"'道'性自然,无所法也。"吴澄云:"'道'之所以大,以其自然,故曰'法自然'。非'道'之外别有自然也。"(《道德真经注》)冯友兰云:"'人法地,地法天,天法道,道法自然'(《老子》二十五章)。这并不是说,于道之上,还有一个'自然',为'道'所取法。上文说'域中有四大',即'人'、'地'、'天'、'道','自然'只是形容'道'生万物的无目的、无意识的程序。

'自然'是一个形容词，并不是另外一种东西，所以上文只说'四大'，没有说'五大'。老子的'道法自然'的思想跟目的论的说法鲜明地对立起来。"（《中国哲学史新编》）

【译文】

有物浑然一体，先于天地生成。无声而又无形，独立长存从不改变，循环运行永不停，可以说是天地之本根。我不知它的本名，给它取号叫"道"，勉强取名叫"大"。大到无边又无所不至，无所不至而运行遥远，运行遥远又回归本原。所以说道大，天大，地大，王也大。宇宙间有四大，王居其中之一。人取法于地，地取法于天，天取法于道，道本性自然。

二十六章

【题解】

本章列举重与轻、静与躁这两对矛盾并进行深入分析。老子认为，其中的重是轻的根基，而静是躁的主导。因此提出应当关注其根本，不尚轻浮，不可躁动，只有这样来治理天下，才能够使天下大治。作为春秋时期的老子，亲眼目睹众多诸侯国的国君们贪图享受，轻举妄动，缺少治理国家的本领，有感而发，从评论社会现象出发提高到哲学的层次加以剖析，再引申出治国之道，使其辩证法为现实的社会政治服务。当然，关于重与轻、静与躁两对矛盾何者为主导，研究者各有不同看法，可以讨论。例如任继愈在《老子新译》中就认为："这可以看出老子的辩证法是不彻底的。动与静的矛盾，应当把动看作是绝对的，起决定作用的，是矛盾的主要方面。老子虽然也接触到动静的关系，但他把矛盾的主要方面弄颠倒了，也就是把事物的性质弄颠倒了。因此他把静看作起主要作用的方面，所以老子的辩证法是消极的，有形而上学因素。"但老子在本章中虽由轻重和躁静两对矛盾写起，却不着眼于哲学层面的论述，更多涉及人物品格修养的相关问题。"躁"，在先秦时期也主要是喻人的性情。《论语·季氏》："言未及之而言，谓之躁。"即指其性情急躁，不冷静。也可指用心不专，浮躁。《荀子·劝学》："蟹六跪而二螯，非蛇鳝之穴无可寄托者，用心躁也。"本章中也主要就人的性格而言。

河上本在注"以身轻天下"时云："王者至尊,而以身行轻躁乎? 疾时王者奢恣轻淫也。"可知都是从国君的性情人格着眼的。那么,主张为人稳重,反对举止轻浮;要求国君处事冷静,反对草率、莽动,就是理所当然的。持重、守静是老子哲学思想的重要组成部分,应用于人事与社会政治,也不例外。

　　重为轻根,静为躁君①。是以君子终日行,不离辎重②。虽有荣观③,燕处超然④。奈何万乘之主,而以身轻天下? 轻则失本,躁则失君⑤。

【注释】

①重为轻根,静为躁君:稳重是轻浮的根基,安静是躁动的主宰。王弼注云:"凡物,轻不能载重,小不能镇大。不行者使行,不动者制动,是以重必为轻根,静必为躁君也。"躁,躁动。这是楚语词,楚人称动为躁。君,主,主宰。

②是以君子终日行,不离辎(zī)重:所以君子终日行进,从不离开粮草辎重。王弼注云:"以重为本,故不离。"君子,原王弼本为"圣人",马王堆帛书本作"君子",北大汉简本及多数传本均作"君子",因据改为"君子"。辎重,行军时所带的粮草、装备等。奚侗云:"'君子',谓卿大夫、士也,说见《礼记·乡饮酒义》注,对下'万乘之主'言。"(《老子集解》)蒋锡昌云:"'圣人'乃理想之主,应深居简出,以'无为'化民,不当终日行道,常在军中管理辎重之事,谊作'君子'为是,当据诸本改正。"(《老子校诂》)

③虽有荣观:虽有美景奇观。荣观,美好的景观。

④燕处超然:安居乐处,不为外物所动。燕处,安居乐处。超然,不受外界的影响,不为外物所动。王弼注云:"不以经心也。"林希逸注云:"'燕',安也。'处',居也。"

⑤奈何万乘（shèng）之主，而以身轻天下？轻则失本，躁则失君：为何大国的君主，轻率治国不自重其身？轻举就会丧失根本，躁动就会丧失主宰。万乘之主，大国国君。万乘，指拥有万辆以上战车，古代战车一车四马称为一乘。王弼注云："轻不镇重也。失本，为丧身也。失君，为失君位也。"河上公注云："王者至尊，而以身行轻躁乎？疾时王者奢恣轻淫也。"吴澄云："以身轻天下，谓以其身轻动于天下之上也。"（《道德真经注》）蒋锡昌云："'轻则失根，躁则失君'，言人君纵欲自轻，则失治身之根；急功好事，则失为君之道也。"（《老子校诂》）

【译文】

稳重是轻浮的根基，安静是躁动的主宰。所以君子终日行进，从不离开粮草辎重。虽有美景奇观，却能安居超然。为何万乘之国的君主，轻率治国不自重其身？轻举就会丧失根本，躁动就会丧失主宰。

二十七章

【题解】

　　以眼前人们所熟知的事物作譬喻,引申出发人深省的道理,用之于人际关系,用之于社会的治理,是本章阐述的道理。老子是位具有仁人之心的古代哲人,他的学说,用之于人类社会,希望构建一个人人向善的社会环境。有学者认为:"本章集中阐述美德的主要内涵'善'之特征及其价值,从'道'的高层次揭示'善'的本质属性。老子认为真正的'善'不是人为的,而是自然本色,不留任何刀刻斧凿的痕迹,它完全可以应用于社会政治生活领域,这就是自然无为以治天下。"(黄朴民《道德经讲解》)这个看法是不错的。"善"是《老子》书中使用频率特别高的词语,达五十几次之多。书中从二章起在列举的几对矛盾对立统一时,就举出了美、善等。而他赞美水的品德,连用"水善利万物而不争,居善地,心善渊,与善仁,言善信,正善治,事善能,动善时"来加以拟人化。这里的水,喻指道、喻指得道之人、喻指能以道治国的圣人。这是老子所期盼的具有完美理想人格的典范。文中从"善行"、"善言"、"善数"、"善闭"、"善结"五类事写起,说明社会的治理、应当是非曲直顺乎自然的天性。圣人善于教育人,使用人,使人人各有所用,社会也因之达到和谐安宁。尤其在论述善人和恶人这两种类别时,老子以辩证的观念来看待和分析善恶,认为两者之间也同样存在着一种相辅相成的关系,因而提出了"善人者善人之师,不善人者善人之资",因此,"圣人常善救人,故无弃人",应当贵其师而爱惜其资。不仅本章如此,四十九章论圣人之心时,他又提出:"善者吾善之,不善者吾亦善之,德善。信者吾信之,不信者吾亦信之,德信。"六十二章更直接写道:"人之不善,何弃之有?"我们可以从他的系列论述中体会出其宽大博爱的胸怀。本章中所讲的道理过去被有的学者认为是讲"权术"的。其实,对于我们今日提倡建立和谐社会,转变头脑中的形而上学与片面性,是大有益处的。

　　善行无辙迹①;善言无瑕谪②;善数不用筹策③;善闭,无关楗而不可开;善结,无绳约而不可解④。是以圣人常善救人,故无弃人⑤;常善救物,故无弃物,是谓袭明⑥。故善人者,善人之师⑦;不善人者,善人之资⑧。不贵其师,不爱其资,虽智大迷⑨。是谓要妙⑩。

【注释】

①善行无辙迹:善于行走的不留痕迹。辙迹,车轮行走时在地上留下的痕迹。王弼注云:"顺自然而行,不造不施,故物得至,而无辙迹也。"

②善言无瑕谪(zhé):善于言谈的不留瑕疵。瑕谪,缺点,过失。王弼注云:"顺物之性,不别不析,故无瑕谪可得其门也。"

③善数不用筹策:善于计算的不需筹策。数,计算。筹策,古代计算时使用的筹码。王弼注云:"因物之数,不假形也。"

④善闭,无关楗(jiàn)而不可开;善结,无绳约而不可解:善于关闭的,不用栓锁却坚固难启;善于打结的,不用绳索而无法松解。关楗,关门时用的门栓。绳约,绳索。王弼注云:"因物自然,不设不施,故不用'关楗'、'绳约'而不可开解也。此五者,皆言不

造不施，因物之性，不以形制物也。"吴澄云："绳约，索也。合之成体曰'绳'，用之而束物曰'约'。"(《道德真经注》)

⑤是以圣人常善救人，故无弃人：因此圣人善于挽救人，从不遗弃人。王弼注云："圣人不立形名以检于物，不造进向以殊弃不肖，辅万物之自然而不为始，故曰无弃人也。不尚贤能，则民不争；不贵难得之货，则民不为盗；不见可欲，则民心不乱。常使民心无欲无惑，则无弃人矣。"

⑥常善救物，故无弃物，是谓袭明：善于物尽其用，没有物被废弃，这就叫"袭明"。袭明，内敛聪明。袭，掩藏的，不外露的。释德清云："承其本明，因之以通其蔽，故曰袭明。袭，承也，犹因也。"(《老子道德经解》)

⑦故善人者，善人之师：因此善人是善人的老师。王注本作"故善人者，不善人之师"，王弼注云："举善以齐不善，故谓之师矣。"但汉简帛本均作"故善人者，善人之师"，河上公注云："人之行善者，圣人即以为人师。"高明《老子帛书校注》并引《韩非子·喻老》篇中韩非子用文王举姜太公为师以释之，证实汉帛书本为《老子》原文，可据改。

⑧不善人者，善人之资：不善人是善人的一种财富。资，财富。王弼注云："资，取也。善人以善齐不善，以善弃不善，故不善人，善人之所取也。"

⑨不贵其师，不爱其资，虽智大迷：不尊重老师，不珍惜其借鉴的对象，再聪明的人也会陷入糊涂。王弼注云："虽有其智，自任其智，不因物，于其道必失。故曰'虽智大迷'。"

⑩要妙：精妙。河上公注云："能通此意是谓知微妙要道也。"吴澄云："'要'犹云至极也。'妙'者玄不可测。妙不可测之至极，曰'要妙'。"(《道德真经注》)福永光司云："要妙，与窈眇同义，即深奥的真理。"(《老子》)

【译文】

　　善于行走的不留痕迹；善于言谈的不留瑕疵；善于计算的不需筹策；善于关闭的，不用栓锁却坚固难启；善于打结的，不用绳索而无法松解。因此圣人善于挽救人，从不遗弃人；善于物尽其用，没有物被废弃，这就叫"袭明"。因此善人是善人之师，不善人是善人之资。不尊重老师，不珍惜其借鉴的对象，再聪明也会陷于糊涂。这是最奥妙的道理。

二十八章

【题解】

本章老子集中阐述他"知雄守雌"的观点,以此作为处世、治国的原则。文中通过知雄守雌、知白守黑、知荣守辱三组文字,层层深入,强调通过这样的办法达到返朴归真、天下大治的目的。因此,文字虽短,但始终紧扣着他全书的主旨,说他是政治学的理论基础,也是不错的。关于老子守柔的理论,《老子》一书中多处写到,如"专气致柔"(十章),"柔弱胜刚强"(三十六章),"天下之至柔,驰骋天下之至坚"(四十三章)。在《德经》中更多,如五十二、五十五、七十六、七十八章,等等,可说这是他一以贯之的理论。本章虽无一字写到"柔",但通篇贯彻了"柔"的思想。因此,很多人要在"守雌"的"雌"字加上一"柔"字,称为"雌柔"。作为一种思维的方式和理论,老子的"雌柔"理论和儒家的"阳刚"理论互为补充,体现了中华民族思维的成熟,也是中华文化能在几千年间延绵不断的重要原因。

值得注意的是本章中有关"复归"的提法,文中有三处提到复归:"复归于婴儿"、"复归于无极"、"复归于朴"。这三处复归,实际上讲的是人性的复归。他认为作为圣人,应当有异于众人的品性,所以他能够"知雄守雌"、"知白守黑"、"知荣守辱",这是圣人过于常人之处。然而他却必须采取"守雌"、"守黑"和"守辱"这种态势。老子认为这种态势是取得主动权和获取胜利的保证。但他要求圣人必须是一个纯粹的人，这段话中的三处"复归"，都指向同一个境界，即摒弃一切杂念，服从于真理，更具体地说就是遵从大道。所谓"复归于婴儿"，即没有任何私欲污染的赤子之心。老子在十章中已有"专气致柔，能婴儿乎"的提法，本章中"复归于婴儿"，也是同等的意义。有些地方他不用"婴儿"，而用"孩"，如四十九章有"圣人皆孩之"，"孩"也是"婴儿"的代名词。有的地方则用"赤子"，如五十五章"含德之厚，比于赤子"，这里的"赤子"之心，不正是指圣人无私欲、甘心奉献一切的美好品德吗？至于"复归于无极"，"复归于朴"，都是与"道"紧密相联系的。本章中有许多词，如"谿"、"谷"、"雌"、"常德"、"婴儿"、"朴"等，均是道家学说中专有名词，具有特殊的含义，须细加体会。

　　知其雄，守其雌，为天下谿。为天下谿，常德不离，复归于婴儿①。知其白，守其黑，为天下式②。为天下式，常德不忒③，复归于无极④。知其荣，守其辱，为天下谷。为天下谷，常德乃足，复归于朴⑤。朴散则为器，圣人用之，则为官长⑥。故大制不割⑦。

【注释】

①知其雄，守其雌，为天下谿(xī)。为天下谿，常德不离，复归于婴儿：深知雄强重要，却甘居雌柔的地位，愿做天下的河溪。愿做天下的河溪，美德永不相离，复归如纯真的婴儿。谿，溪流。老子书中以溪流的意象，代表甘居低下的地位且能万川归之。常德，常保美德。王弼注云："雄，先之属；雌，后之属也。知为天下之先也，必后也，是以圣人后其身而身先也。谿不求物，而物自归之。婴儿不用智，而合自然之智。"陈鼓应在《老子今注今译》

中认为，"谿"同"徯"，释为"徯径"，"言默守雌静，当为天下所遵
循之蹊径"。朱谦之《老子校释》据敦煌丁本作"奚"，认为"'奚'
乃古奴仆之称……'为天下奚'，犹今言公仆，与知雄守雌之旨正
合"。

②知其白，守其黑，为天下式：深知光明的显赫，却甘居幽暗的位
置，愿做天下的榜样。白，光亮，代指地位的显赫。黑，暗，指居
于暗处。式，榜样。王弼注云："式，模则也。"

③为天下式，常德不忒(tè)：愿做天下的榜样，美德永不失去。忒，
差错。王弼注云："忒，差也。"

④复归于无极：复归到无尽的真理。无极，无穷。王弼注云："不可
穷也。"

⑤知其荣，守其辱，为天下谷。为天下谷，常德乃足，复归于朴：深
知荣耀的尊贵，却安守卑下的位置，愿做天下的山谷。愿做天下
的山谷，美德就永远充足，复归到自然的真朴。谷，山谷，虚空的
山谷可包容万物，所以有虚怀若谷的成语，比喻永不满足。王弼
注云："此三者，言常反终，后乃德全其所处也。下章云'反者道
之动也'，功不可取，常处其母也。"易顺鼎云："按此章有后人窜
入之语，非尽《老子》原文。《庄子·天下》篇引老聃曰：'知其雄，
守其雌，为天下谿。知其白，守其辱，为天下谷。'此《老子》原文
也。盖本以'雌'对'雄'，以'辱'对'白'。'辱'有黑义，《仪礼》
注：'以白造缁曰辱。'此古义之可证者。后人不知'辱'与'白'
对，以为必'黑'始可对'白'，必'荣'始可对'辱'。如是，加'守其
黑'一句于'知其白'之下，加'知其荣'一句于'守其辱'之上，又
加'为天下式，为天下式，常德不忒，复归于无极'四句，以叶'黑'
韵，而窜改之迹显然矣。以'辱'对'白'，此自周至汉古义，而彼
竟不知，其显然者，一也。'为天下谿'，'为天下谷'，'谿'、'谷'
同义，皆水所归。'为天下式'，则与'谿'、'谷'不伦，凑合成韵；

其显然者,二也。王弼已为'式'字等句作注,则窜改即在魏晋之初,幸赖《庄子》所引,可以考见原文,函当订正,以存真面。"(《读老札记》)马叙伦云:"易说是也……古书'荣'、'辱'字皆'宠'、'辱'之借。本书上文'宠辱若惊',不作'荣辱';此作'荣'、'辱',亦妄增之证。然《淮南·道应训》已引.'知其荣,守其辱,为天下谷',则自汉初已然矣。"(《老子校诂》)高亨、张松如均表赞同。对以上争论,高明则认为,上述说法是一种"伪说",不可信。他据帛书订正为三段文:"知其雄,守其雌,为天下谿。为天下谿,恒德不离。恒德不离,复归于婴儿。知其荣,守其辱,为天下谷。为天下谷,恒德乃足。恒德乃足,复归于朴。知其白,守其黑,为天下式。为天下式,恒德不忒,复归于无极。"然据北大汉简本,此段文为:"知其雄,守其雌,为天下谿。为天下谿,恒德不离,复归于婴儿。知其荣,守其辱,为天下谷。为天下谷,恒德乃足,复归于朴。知其白,守其黑,为天下式。为天下式,恒德不忒,复归于无极。"从句式上更近于王注本,惟字的先后出现顺序有所不同而已,此三、三句式应更合理。

⑥朴散则为器,圣人用之,则为官长:真朴分散制成器物,圣人利用它们,成为众人的领袖。朴,未加工的材料,此处指道的原始之真朴状态。官长,管理者。王弼注云:"朴,真也。真散则百行出,殊类生,若器也。圣人因其分散,故为之立官长。以善为师,不善为资,移风易俗,复使归于一也。"

⑦大制不割:完美的体制浑然如一。大制,完美的制度。不割,不割裂事理。王弼注云:"制者,以天下之心为心,故无割也。"释德清云:"不割者,不分彼此界限之意。"(《老子道德经解》)高亨云:"大制因物之自然,故不割,各抱其朴而已。"(《老子正诂》)蒋锡昌云:"'大制'犹云大治,'无割'犹云无治。盖无治,可以使朴散以后之天下复归于朴,正乃圣人之大治也。"(《老子校诂》)

【译文】

深知雄强重要，却甘居雌柔的地位，愿做天下的河溪。愿做天下的河溪，美德永不相离，复归如纯真的婴儿。深知光明的显赫，却甘居幽暗的位置，愿做天下的榜样。愿做天下的榜样，美德永不失去，复归到无尽的真理。深知荣耀的尊贵，却安守卑下的位置，愿做天下的山谷。愿做天下的山谷，美德就永远充足，复归到自然的真朴。真朴分散制成器物，圣人利用它们，成为众人的领袖。所以，完美的体制浑然如一。

二十九章

【题解】

本章也是老子的治国论,他再一次强调以"无为"治国,反对贪欲和胡作非为,所以林语堂的《老子的智慧》将此章名之为"戒干涉"。"无为"的思想,是老子反复强调的治国的准则。在《道经》中,从二章就提出"圣人处无为之事,行不言之教",三章"为无为,则无不治",十章"明白四达,能无为乎?"三十七章"道常无为而无不为",至于《德经》中就更多了,如三十八章、四十三章、四十八章、五十七章、六十三章、六十四章等等,都不断地论述这一思想。但本章并未出现"无为"的词语,而讲的是"有为"的害处,是从另一个侧面来加深对"无为"的认识,明白"无为"才是正道。老子的无为思想,主要是讲给统治者听的。这一章其实是警告那些贪心不足的统治者,别轻举妄动,别欲壑难填,做出极端的举动,因为"天下神器,不可为也。为者败之,执者失之"。当然,他并非固守"无为",如有些人所理解的那样消极,而是要做到"无为而无不为",所以"无为"是手段,"无不为"是目的。他认为,应当通过合乎道、合乎自然的手段来达到目的。

将欲取天下而为之^①,吾见其不得已^②。天下神器^③,不可为也。为者败之,执者失之^④。故物或行或随^⑤,或嘘或吹⑥,或强或羸⑦,或挫或隳⑧。是以圣人去甚,去奢,去泰⑨。

【注释】

①取天下:治理国家。天下代指国家。《广雅·释诂》:"取,为也。"河上本四十章注云:"取,治也。"

②不得已:得不到。高明云:"'不得已',河上公谓为'不得天道人心',甚得其旨,犹今言无所得或无所获。有人释作'迫不得已',失之远矣。"(《帛书老子校注》)

③神器:神圣的东西。王弼注云:"神,无形无方也。器,合成也。无形以合,故谓之神器也。"河上公注云:"器,物也。人乃天下之神物也,神物好安静,不可以有为治。"严灵峰云:"神器,犹神物也。言其至贵重者也。"(《老子达解》)

④不可为也。为者败之,执者失之:不能用强力去求取。任意作为必然失败,想要把持必定失去。王弼注云:"万物以自然为性,故可因而不可为也,可通而不可执也。物有常性,而造为之,故必败也。物有往来,而执之,故必失矣。"刘师培云:"案,据王注观之,则本文'不可为也'下当有'不可为也。为者败之,执者失之。'"(《老子斠补》)

⑤或行或随:有的积极前行,有的消极尾随。行,前行者。随,跟随者。

⑥或嘘或吹:有的性情和缓,有的性格急躁。嘘,缓吹为嘘。吹,急吹。喻人性格之缓急。易顺鼎云:"下文'或强或羸','强'与'羸'反,则'嘘'与'吹'反。《玉篇》引《声类》云:'出气急曰吹,缓曰嘘。'此'吹'、'嘘'之别,即《老子》古义也。"(《读老札记》)

⑦羸(léi):瘦弱。

⑧或挫或隳(huī):有的小受挫折,有的全部毁伤。挫,小的损坏。隳,毁坏。王弼本作"或挫或隳",河上本作"或载或隳"(河上公

注:"'载',安也。'隳',危也。")傅奕本、范应元本作"或培或堕",帛书本同。高明云:"王本误'培'字为'挫'……甲、乙(帛书)本末句作'或培或堕',与傅、范本同,《老子》原本当如是。兹据前举古今各本勘校,此文当作:'故物或行或随,或嘘或吹,或强或羸,或培或堕。'"(《帛书老子校注》)但北大汉简本作"物或行或随,或热或炊,或强或槰,或怀或隋",可知当时存有不同版本,今仍其旧。

⑨去甚,去奢,去泰:去除过度,去除奢靡,去除极端。甚,极端。泰,过分。王弼注云:"凡此诸'或',言物事逆顺反复,不施为执割也。圣人达自然之性,畅万物之情,故因而不为,顺而不施。除其所以迷,去其所以惑,故心不乱而物性自得之也。"河上公注云:"甚,谓贪淫声色;奢,谓服饰饮食;泰,谓宫室台榭。去此三者,处中和,行无为,则天下自化。"薛蕙云:"物各有自然之性,岂可作为,以反害之邪!是以圣人去甚,去奢,去泰,惟因其自然而已……《汉书·黄霸传》曰:'凡治道,去其泰甚者耳。'其言盖本于此,而意实不同。事有太过者去之,若夫小而无害者,则因循不必改作,此汉儒之意也。物有固然,不可强为;事有适当,不可复过。此老子之本意也。"(《老子集解》)

【译文】

想治理天下而任意作为,我断定他达不到目的。天下是神圣的宝物,不能用强力去求取。任意作为必然失败,想要把持必定失去。所以世间众生,有的积极前行,有的消极尾随;有的性情和缓,有的性格急躁;有的身强力壮,有的瘦弱不堪;有的小受挫折,有的全部毁伤。所以圣人去除过度,去除奢靡,去除极端。

三十章

【题解】

　　"春秋无义战",这一时期所发生的多数战争都是因统治者的贪婪而发动的,如楚国在春秋时期就灭国四十二个,从而成为南方的大国。老子的祖国陈国,就是被楚所灭的。他亲眼目睹这一社会现实,看到民众因战争而遭受的痛苦与不安,出于人道的立场,写下这些篇章。尽管在《老子》的八十一章中,写战争的仅占四章,即本章和三十一、六十八、六十九章,但他反对战争的态度十分明确。我们不能因兼并战争导致统一的局面而为之欢呼,把反对战争者说成是反对统一。有学者指出,有些历史学家在研究中国历史时,喜欢用抽象的所谓历史观来评论,而不关注在战争中民众所受到的灾难,这样的历史研究实在是不值得提倡。其实,中国历史上虽产生过许多学术流派,但对战争均采取特别慎重的态度,即使兵家的著述中也是如此。被称为兵家之祖的孙子,他在其《孙子兵法》中也是要求对战争采取格外慎重的态度,十三篇中的首篇《计篇》一开头就写道:"兵者,国之大事,死生之地,存亡之道,不可不察也。"他又在《用间篇》中指出:"凡兴师十万,出征千里,百姓之费,公家之奉,日费千金。内外骚动,怠于道路,不得操事者,七十万家。相守数年,以争一日之胜,而爱爵禄百金,不知敌之情者,不仁之至也!"这"不仁之至也"几个字,同样显示出他的人道主义精神,也是对好战者的强烈抨击。实际上，先秦的儒、墨、道三家显学尽管出发点有所不同，但在反对战争、关注民间疾苦这一基本点上，都是一致的。道家认为战争是违反"道"的基本原则，是胡作非为，因而是不道的。墨家认为战争违背了"兼爱"的精神，因而加以抨击。儒家则以为战争破坏了仁爱的原则。这些都体现了先秦诸子的"人道"的精神，林语堂为本章取篇题为"戒用兵"，甚合章旨。

以道佐人主者，不以兵强天下①，其事好还②。师之所处，荆棘生焉；大军之后，必有凶年③。善有果而已，不敢以取强④。果而勿矜，果而勿伐，果而勿骄⑤，果而不得已，果而勿强⑥。物壮则老，是谓不道。不道早已⑦。

【注释】

①以道佐人主者，不以兵强天下：以道辅佐国君者，不可以用军队来称霸天下。佐，辅佐。王弼注云："以道佐人主，尚不可以兵强于天下，况人主躬于道者乎？"

②其事好还：这件事很快就会得到报应。好还，很快得到报应。王弼注云："为始者务欲立功生事，而有道者务欲还反无为，故云其事好还也。"林希逸云："我以害人，人亦将以害我，故曰其事好还。"（《老子口义》）朱谦之云："'还'，《释文》：'音旋。''其事好还'谓兵凶战危，反自为祸也。"（《老子校释》）

③师之所处，荆棘生焉；大军之后，必有凶年：军队驻扎的地方，就会荆棘丛生。大战之后，必定有荒年。大军，代指大战。西汉简帛本皆无"大军之后，必有凶年"句。王弼注云："言师，凶害之物也。无有所济，必有所伤。贼害人民，残荒田亩。故曰'荆棘生焉'。"

④善有果而已,不敢以取强:善用兵者能够取得胜利就行了,切不可以此来逞强。果,胜利,成功。《尔雅·释诂》:"果,胜也。"取强,逞强。王弼注云:"果,犹济也。言善用师者,趣以济难而已矣,不以兵力取强于天下也。"河上公注云:"不以果敢取强大之名也。"

⑤果而勿矜,果而勿伐,果而勿骄:战胜了不要自满,战胜了不要自夸,战胜了不要骄傲。王弼注云:"吾不以师道为尚,不得已而用,何矜骄之有也。"司马光云:"果,犹成也。大抵禁暴除乱,不过事济功成则止。"(《道德真经论》)王安石云:"'果'者,胜之辞。"(《老子注》)高亨云:"《尔雅·释诂》:'果,胜也。''果而已'犹胜而止。"(《老子正诂》)

⑥果而不得已,果而勿强:战胜了也是出于不得已,战胜了千万不能逞强。王弼注云:"言用兵虽趣功,果济难,然时故不得已后用者,但当以除暴乱,不遂用果以为强也。"

⑦物壮则老,是谓不道。不道早已:过于强大就会走向衰亡,因为它不合于"道"。不合于道,就会加速死亡。物壮则老,事物壮大以后就要走向衰亡。早已,很快走向死亡。已,停止。王弼注云:"壮,武力暴兴,喻以兵强于天下者也。飘风不终朝,骤雨不终日,故暴兴必不道,早已也。"

【译文】

以道辅佐国君的人,不靠兵力强行天下,发动战争很快就会遭报应。军队驻扎的地方,就会荆棘丛生;打了大仗之后,必定有荒年。善用兵者达到目的就行,不敢用兵力来逞强。战胜了不要自满,战胜了不要自夸,战胜了不要骄傲,战胜了也是出于不得已,战胜了千万不能逞强。过于强大就会走向衰亡,因为它不合于道。不合于道,就会加速死亡。

三十一章

【题解】

　　本章与上一章内容合在一起，充分表明老子对当时发生的战争所持的鲜明的态度。他因为反对战争，所以对兵器也感到厌恶，把兵器说成是"不祥之器"，是人人都讨厌的东西，"非君子之器"。而打了胜仗呢，不要以为是美事，那些把打胜仗看成是好事的人，"是乐杀人！"他认为这种"乐杀人"的人，是没有办法得志于天下的。最让人感到震撼的是文中将战争作为"凶事"，"战胜，以丧礼处之"。这让人想起《左传》中的一段记载：鲁宣公十二年，发生了晋楚邲之战，楚军大败晋军，尸横遍野，楚国大臣潘党建议在战场筑"京观"，以纪念这次楚军的胜利。楚庄王拒绝了，他从文字的角度解释了"止戈为武"，讲了"武"的七德："禁暴、戢兵、保大、定功、安民、和众、丰财"。还说："今我使二国暴骨，暴矣！"意即如今因为这场战争而使两国的将士暴骨于战场，这已是残忍的行为了。这么说，正因为他认为战争是残暴的行为，不值得炫耀。我们讲中华文化中历来是反对战争、热爱和平的，这段话和老子对战争的态度，可以拿来做最好的注脚。当然，老子也不是反对一切战争，他尽管认为"兵者，不祥之器"，但也承认有"不得已而用之"的情况，例如除暴安民时，也不得不用兵，但他明确指出即使战胜了，也要"以悲哀泣之"，"以丧礼处之"。这样的战争观令人肃然起敬。

夫唯兵者①，不祥之器，物或恶之②，故有道者不处③。君子居则贵左④，用兵则贵右。兵者不祥之器，非君子之器，不得已而用之，恬淡为上⑤。胜而不美，而美之者，是乐杀人。夫乐杀人者，则不可得志于天下矣。吉事尚左⑥，凶事尚右；偏将军居左⑦，上将军居右⑧，言以丧礼处之。杀人之众，以悲哀泣之⑨；战胜，以丧礼处之。

【注释】

①夫唯兵者：原王弼本作"夫佳兵者"，王念孙《老子杂志》据唐碑本校订作"夫唯兵者"，"夫唯"，楚语中常用的发语词，金文中"佳"常释作"唯"、"惟"。但马王堆帛书甲、乙本中无"唯"字，同作"夫兵者"，高明《帛书老子校注》认为应从帛书本。但北大本有"佳"字。

②恶（wù）：厌恶。

③不处：不用。

④居则贵左：平常居处以左为贵。古人认为左阳右阴，阳代表生，阴代表杀，所以平时以左为贵，战争时以右为贵。

⑤恬淡：淡漠。吴澄云："'恬'者不欢愉，'淡'者不浓厚。谓非其心之所喜好也。"（《道德真经注》）

⑥尚：崇尚。

⑦偏将军：副将。

⑧上将军：主将。

⑨以悲哀泣之：意为以悲伤的心情参与。泣，读为莅（lì），同"莅"、"蒞"，参加，莅临。今本作"以哀悲泣之"，据其他传本及简帛本订正。

【译文】

兵器是不吉祥的东西，所有人都憎恶它，所以有道的人不用它。君子平时居处以左为上,打仗时就要以右为上。兵器是不吉祥的东西,不是君子使用的器具,不得已才使用它,应当淡然处之。打了胜仗也不要得意,得意了就是喜欢杀人。喜欢杀人的人,不能使天下人拥护他。所以吉庆的事以左为上,凶丧的事以右为上。偏将军居于左侧,上将军居于右侧,是说打仗应以丧礼处置。打仗杀人众多,要以悲哀追悼阵亡的死者;打胜仗也要照丧礼来处置。

三十二章

这是老子道论中的一章,对"道"的无名与始制的有名之间关系问题提出讨论。林语堂在《老子的智慧》中认为:"本章重述二十八章的主题,保守本性。与三十七章对照阅读,其义将更为明显。"在二十八章里,老子在前半部分讲的是"守雌"的观点,而后半部写到"为天下谷,常德乃足,复归于朴。朴散则为器,圣人用之,则为官长。故大制不割"。本章的内容是对后面这几句话的进一步阐述和发挥,而三十七章的内容主要讲述"道常无为",与本章的"道常无名"密切相关。两章也都反对贪欲,要求做到"知止可以不殆"。本章中的"无名"、"有名"、"朴"、"道"之间的关系要区分清楚,这些都是道家理论的专有名词,且各有具体的含义,只有区分清楚,才能明白章中所要表达的思想。诸如本章一开头就提出的"无名"、"朴"。"朴",究竟是什么?这个概念在本书中多次被提及,如十五章"敦兮其若朴",十九章"见素抱朴",二十八章"复归于朴"、"朴散则为器",三十七章"吾将镇之以无名之朴",五十七章"我无欲而民自朴"等,可以看到,这个概念在道经中使用得最多,这是因为它本来就和"道"这个概念紧密相连。前面我们已经讲到,老子在探讨天地形成时使用的诸如"混沌"、"恍惚"、"物"、"精"、"象"等概念,这些概念和"朴"均有直接的关联性。是否可以这样理解,在天地未形成前,宇宙中存在着被称为"混沌"的气体(这是东西方神话传说中一致公认的概念),"朴"是"混沌"中存在的最小的原始物,它成为后来所形成的万物的基础,"朴散则为器",所表达的便是这种意思。而在二十八章谈到"复归"时,三个复归中,"复归于婴儿",是指心灵的复归,淳朴的境界;"复归于无极",是指无终止的永恒的运动状态;"复归于朴",即回归到万物的本始状态。冯友兰认为老子哲学具有朴素唯物主义倾向是不错的。当然,本书中所使用的"朴"的涵义,另有指人性中"淳朴"的意义在,如"敦兮其若朴"(十五章)、"我无欲而民自朴"(五十七章)等,均属此义。

道常无名,朴虽小,天下莫能臣也。侯王若能守之,万物将自宾①。天地相合,以降甘露②,民莫之令而自均③。始制有名。名亦既有,夫亦将知止。知止可以不殆④。譬道之在天下,犹川谷之于江海⑤。

【注释】

①道常无名,朴虽小,天下莫能臣也。侯王若能守之,万物将自宾:道总是无名的,是"朴";"朴"虽然细小,天下却没有谁能支配。侯王如能保有它,万物自然会宾服。朴,原意为未加工的木材,这里代指道的原初混沌状态,称为真朴。臣,臣服,服从。自宾,宾服,顺从。王弼注云:"道,无形不系,常不可名,以无名为常。故曰'道常无名'也。朴之为物,以无为心也,亦无名。故将得道,莫若守朴。夫智者,可以能臣也;勇者,可以武使也;巧者,可以事役也;力者,可以重任也。朴之为物,愦然不偏,近于无有,故曰'莫能臣'也。抱朴无为,不以物累其真,不以欲害其神,则物自宾而道自得也。"河上公注云:"道能阴能阳,能施能张,能存

能亡，故无常名也。道朴虽小，微妙无形，天下不敢有臣使道者也。侯王若能守道无为，万物将自宾服从于道也。"范应元云："'道'常无名，固不可以小、大言之，圣人因见其大无不包，故强为之名曰'大'，复以其细无不入，故曰'小'也。"（《老子道德经古本集注》）张默生云："'小'字，指'无名朴'说，亦即指道体而言。道体是至精无形的，故可说是'小'。但此'小'字，不是普通大小之'小'，因有时从另一方面看，此'小'字又可说是'大'了。下章有云：'常无欲，可名于小，万物归焉而不为主，可名为大。'这都是形容道体的。《庄子》上说的'其大无外'，是就'大'一方面来说；'其小无内'，是就'小'一方面来说。"（《老子章句新释》）

② 天地相合，以降甘露：天为阳，地为阴，天地之气相合则阴阳相互融通，所以就降下甘露。王弼注云："言天地相合，则甘露不求而自降；我守其真性无为，则民不令而自均也。"

③ 民莫之令：民众并未要求它这样做。

④ 始制有名。名亦既有，夫亦将知止。知止可以不殆：万物开始制作就有了名。既然已经有名，就应知道有个限度。知道这个限度，就能避免危险发生。始制，指开始制作各种物品。王弼注云："'始制'，谓朴散始为官长之时也。始制官长，不可不立名分以定尊卑，故'始制有名'也。过此以往，将争锥刀之末，故曰'名亦既有，夫亦将知止'也。遂任名以号物，则失治之母也，故'知止所以不殆'也。"王弼以"始制官长，不可不立名分以定尊卑，故始制有名也"来作解释，虽也可通，但似与老子原意不合，是泛政治化的解释。此处重在说明体现"道"之"朴"与万物之关系，即形成万物的过程。

⑤ 譬（pì）道之在天下，犹川谷之于江海："道"为天下所归，如同河川流入江海。王弼注云："川谷之与江海，非江海召之，不召不求而自归者也。行道于天下者，不令而自均，不求而自得，故曰'犹川

谷之与江海'也。"譬,犹如。蒋锡昌云:"此句倒文,正文当作:
'道之在天下,譬犹江海之与川谷。'盖正文以江海譬道,以川谷
譬天下万物。"(《老子校诂》)

【译文】

　　道总是无名的,是"朴"。"朴"虽然细小,天下却没有谁能支配。侯
王如能保有它,万物自然会宾服。天地之气阴阳交合,就会有甘露降
下。民众不曾给它指令,却自然分布均匀。万物开始制作就有了名。
既然已经有名,就应知道有个限度。知道这个限度,就能避免危险发
生。"道"为天下所归,如同河川流入江海。

三十三章

【题解】

本章仅八句,却句句是人格修养的至理名言,常为后世所引用。八句的内涵极其丰富,广泛涉及知识、学习、力量、财富、志向和长寿等方面的问题。当然,老子的思想离不开对"道"的传播,所以,本章中虽未一字提及"道",却句句不离于道,难怪北大汉简本将三十二、三十三两章合为一章,并在开头加了一"故"字,成"故知人者智"。

有学者指出,虽然本章开头写到"知人者智,自知者明;胜人者有力,自胜者强"都是肯定的语气,但老子的侧重点则在强调自我修养,即"自知"、"自胜"、"知足"、"强行"。所谓"自胜",即今人常说的战胜自己,超越自己,这一点尤其不容易做到。中国古代士人十分注重自身的品格修养,将自己在社会生活中感悟出来的充满智慧的人生哲理加以总结,成为所谓"格言",用以律己、治家、诲人,它们是中华文化中一笔可贵的精神财富。

林语堂特别赞赏最后一句的"死而不亡者寿",认为是"非常接近他的'不朽'观"。这句话陈鼓应翻译成"身死而不被遗忘的是真正的长寿"(《老子注译及评介》)。王弼注的是"身没而道犹存"。所谓"道犹存",指的仍是关于道的学说犹存。马王堆帛书乙本作"死而不忘者寿也",则更准确地指"死而不被遗忘"了。

　　知人者智,自知者明^①;胜人者有力,自胜者强^②;知足者富^③,强行者有志^④;不失其所者久^⑤,死而不亡者寿^⑥。

【注释】

①知人者智,自知者明:善于知人是理智,能够知己是心明。王弼注云:"知人者,智而已矣,未若自知者,超智之上也。"《韩非子·喻老》:"自见之谓明。"

②胜人者有力,自胜者强:战胜别人叫有力,战胜自己是坚强。王弼注云:"胜人者,有力而已矣,未若自胜者,无物以损其力。用其智于人,未若用其智于己也;用其力于人,未若用其力于己也。明用于己,则物无避焉;力用于己,则物无改焉。"

③知足者富:知道满足是富有。王弼注云:"知足者自不失,故富也。"

④强行者有志:坚持不懈有志气。强行,坚持力行。王弼注云:"勤能行之,其志必获,故曰'强行者有志'矣。"严灵峰云:"……'强',疑有误。王注云:'勤能行之,其志必获。'四十一章:'上士闻道,勤而行之。'王注云:'有志也。'《庄子·大宗师篇》云:'而真人以为"勤行"也。'是当作'勤',盖'勤'、'强'音近,并涉上文'自胜者强'句而误也。又疑'强'、'勤'二字,古相通假。陈景元云:'强行者,谓"勤而行之"也。'"(《老子达解》)汉简帛本均作"强行者有志"。

⑤不失其所者久:不失根基就能长久。王弼注云:"以明自察,量力而行,不失其所,必获久长矣。"

⑥死而不亡者寿:死后不被遗忘叫长寿。王弼注云:"虽死而以为生之,道不亡乃得全其寿,身没而道犹存,况身存而道不卒乎。"高明云:"'身没而道犹存',体魄虽朽而精神在,是谓'死而不亡者寿也'。"(《帛书老子校注》)

【译文】

善于知人是理智,能够知己是心明。战胜别人叫有力,战胜自己是坚强。知道满足是富有,坚持不懈有志气。不失根基能长久,死后不被遗忘叫长寿。

三十四章

【题解】

本章和三十五章像两首对"道"的赞美诗,但侧重点各有不同。本章重点在颂扬"道"的作用:"道"是万物产生的根源,但它却不将万物据为己有;它滋养了万物,却又不充当它们的主宰,它自身并无任何欲求。这是以拟人化的手法来歌颂"道"的无私的品格。而后半部分用辩证的观念来解释有关"道"的"大"与"小",老子赞赏"道"的终不自为大,说明这才是"成其大"(使它成为伟大)的原因。章中的拟人写法,背后隐含着老子对出现能以"道"治天下的"圣人"的期待。马王堆帛书《老子》甲、乙本及北大汉简本最后一段均作"是以圣人之能成大也,以其不为大也,故能成大",增加了"是以圣人之能成大也"一句,不知是否为后人所加或原来就有的,但放在这里可谓点题。"大"和"小"本是一对矛盾,但它又统一于"道",何为"大"? 因为"万物归焉而不为主",是其所以为大的原因。而"常无欲",则是其所以为小的原因。历来诸家对文本的解释似大有可商榷之处。如诸多解释将"衣养万物而不为主,常无欲,可名于小"连在一起解释,如王弼注云:"万物皆由'道'而生,既生而不知其所由。万物各得其所,若'道'无施于物,故名于小矣。"更有甚者,主张删去"常无欲"三字,以为是衍文。恐未细读本文。本章开头"大道泛兮,其可左右",已将"道"的气势宏大之象展示无遗,以下三句:"万物恃之而生而不辞,功成不名有,衣养万物而不为主",正是对"大道泛兮"所作的说明,是谓其"大"。而唯有它的"常无欲",才是可名于小。许多学者认为删去"常无欲",则"衣养万物而不为主,可名于小;万物归焉而不为主,可名为大"恰成对文(陈鼓应《老子注译及评介》)。可是,"对文"形成了,文意如何解释? 为什么"衣养万物而不为主"和"万物归焉而不为主"就有"小"和"大"的区分呢? 高亨在《老子注译》中译为"它永远没有私欲,其实也没有形体,可以称为小"。注中又云:"无欲,无私欲,指'功成不名有'而言。按无欲原于无心,无心原于无形,故言小。"这一解释比较符合本意。

大道泛兮,其可左右①。万物恃之而生而不辞,功成不名有②,衣养万物而不为主③。常无欲,可名于小④;万物归焉而不为主,可名为大⑤。是以圣人之能成大也,以其不为大也,故能成大⑥。

【注释】

①大道泛兮,其可左右:大道像江河泛滥,汹涌澎湃无边无缘。泛,广泛。许多注家释为泛滥,是一种形象性的比喻。左右,泛指无处不在。王弼注云:"言道泛滥,无所不适,可左右上下周旋而用,则无所不至也。"

②万物恃之而生而不辞,功成不名有:万物依它而生,它从不推脱责任;大功告成,却不求取美名。不辞,不拒绝,不推辞,指生的责任。名有,占有。此句帛书仅作"成功遂事而弗名有也",高明《帛书老子校注》认为当据改。但北大汉简本作"万物作而生弗辞,成功而弗名有",正与王本意同。故今仍其旧。易顺鼎云:"《辨命论》注引作'功成而不有,爱养万物而不为主'。按下又连

引王注,则所引为王本无疑矣。今王本'功成不名有'当作'功成不有','名'字衍。"(《读老札记》)蒋锡昌云:"按'不有'二字见二章、十章、五十一章,可知二字为老子习用之词。'功成不名有'当作'功成而不有',易说是也。"(《老子校诂》)但汉简帛本均作"弗名有"。

③衣养万物而不为主:护养着万物,却不充当它们的主人。衣养,养护。陈鼓应认为:"'衣养'犹五十一章的'养之覆之'。'衣'与'覆',皆是护持之义。'衣养万物'即'护养万物'。"(《老子今注今译》)

④可名于小:可称为渺小。王弼注云:"万物皆由道而生,既生而不知所由。故天下常无欲之时,万物各得其所,若道无施于物,故'名于小'矣。"

⑤万物归焉而不为主,可名为大:万物都归附于它,它却不当万物的主宰,可以说真是很伟大。王弼注云:"万物皆归之以生,而力使不知其所由,此不为小,故复可名于大矣。"

⑥是以圣人之能成大也,以其不为大也,故能成大:原王注本作"以其终不自为大,故能成其大",此据汉简帛本改,意为圣人之所以能成就伟大,是因为他不认为自己伟大,所以才成为真正的伟大。自为大,自以为伟大。王弼注云:"为大于其细,图难于其易。"

【译文】

大道像江河泛滥,汹涌澎湃无边无缘。万物依它而生,它从不推脱责任;大功告成,却不求取美名;护养着万物,却不充当它们的主人。它从没有任何欲望,可以说是很渺小;万物都归附于它,它却不当万物的主宰,可以说真是很伟大。所以圣人之所以能成就伟大,是因为他不认为自己伟大,所以才成为真正的伟大。

三十五章

【题解】

本章阐说道的作用和人们对道的依归，赞美道能给民众带来和平安定的生活。"大象"即大道，蒋锡昌在《老子校诂》中说："'大象'即指大道而言。盖以道有法象，可为人君之法则，故谓大道为'大象'也。四十一章'大象无形'，言大道无形也。'执大道，天下往'，谓圣人守大道，'则天下万民归往也'。河上公注：'执，守也。象，道也。圣人守大道，则天下万物移心归往之也。'"这一解释是比较准确的。关于"乐与饵，过客止"两句，蒋锡昌认为指的是在十二章中老子写到的"'五音令人耳聋，五味令人口爽'。'乐'即五音，'饵'即五味。此言五音与五味，虽使过客止而贪之，然其结果必至耳聋口爽，故终不若守道之可以久也。此谊须与十二章及下文合看，方能全明"。而陈鼓应《老子今注今译》则认为："仁义礼法之治有如'乐与饵'，不如行守自然无为的大'道'——虽然无形无迹，但能使人民平居安泰。"这属联想发挥，可备一说。后四句是对道的描述，它"淡乎无味"，又"不足见"、"不足闻"，但是其作用却极大——"不足既"，用也用不完。读此章，仿佛使我们穿越时空，回到两千多年前，在聆听老子这位布道者满含深情的歌唱。《老子》八十一章，十分注意用韵，在古代，它应当是考虑适合于吟唱的，为的是便于传播，这就是《老子》所以选用韵文的体式，来宣传其哲理的原因吧！

执大象,天下往①。往而不害,安平太②。乐与饵,过客止。道之出口,淡乎其无味,视之不足见,听之不足闻,用之不足既③。

【注释】

①执大象,天下往:谁奉行了大道,天下都会来归附。执大象,指奉行大道。执,执守,奉行。大象,代指道,道是"大象无形"(四十一章)的,是"无象之象"。王弼注云:"大象,天象之母也,不寒不温不凉,故能包统万物,无所犯伤。主若执之,则天下往也。"河上公注云:"'执',守也。'象',道也。圣人守大道,则天下万民移心归往之也。"成玄英云:"大象,犹大道之法象也。"(《道德经开题序诀义疏》)林希逸云:"大象者,无象之象也。"(《老子口义》)

②往而不害,安平太:相互不会伤害,安静而又和睦。安平太,平静而祥和。安,于是。太,同"泰",安宁。王弼注云:"无形无识,不偏不彰,故万物得往而不害妨也。"蒋锡昌云:"奚侗云:'安宁、平和、通泰皆申言不害谊。'训'安'为安宁,非是。严复《老子道德经评点》云:'安,自繇;平,平等;太,合群也。'以今人人所习用之新名词,强合之老子,更非。"(《老子校诂》)

③乐与饵,过客止。道之出口,淡乎其无味,视之不足见,听之不足闻,用之不足既:音乐、美食的感官诱惑,会让人停下求道的脚步。传道的各种表述,又那样平淡无奇,想看看不到,想听听不清,它的用途却无穷无尽。饵,美食。不足,不能。既,尽,完。不足既,简帛本均作"不可既",与"不足既"意同。王弼注云:"言道之深大。人闻道之言,乃更不如乐与饵,应时感悦人心也。乐与饵则能令过客止,而道之出言,淡然无味。视之不足见,则不足以悦其目;听之不足闻,则不足以娱其耳;若无所中然,乃用之

不可穷极也。"裘锡圭云:"简文本句与他本(包括帛书本)有一个
重要的不同之处,即开头无'用之'二字(今本有的无'之'字),而
有'而'字。这也许合乎《老子》原貌。'不可既'指道之内蕴不可
穷尽。"(《郭店〈老子〉初探》)

【译文】

　　谁奉行了大道,天下都会来归附。相互不会伤害,安静而又和睦。
音乐、美食的感官诱惑,会让人停下求道的脚步。传道的各种表述,又
那样平淡无奇,想看看不到,想听听不清,它的用途却无穷无尽。

三十六章

【题解】

辩证思维是道家学说的精华,老子在五千言里,用了不少篇章来论述他的辩证思想,本章即是如此。本章开始便以排比句式,提出歙与张、强与弱、废与兴、夺与与四对矛盾,并观察了其相互转化的原因。他想说明的是"物极必反"的道理。当然,这种"反"是需要具备一定条件的。老子哲学常采用以退为进的思维方式,在一般人想象不到的关节点上着力,让人大彻大悟。他由转化的关系而联系到"柔弱胜刚强"的道理。本章中提到了"微明",何谓"微明"? 范应元在《老子道德经古本集注》中云:"张之、强之、兴之、与之之时,已有歙之、弱之、废之、取之之几伏在其中。几虽幽微,而事已显明也。故曰'微明'。"也就是说,事物在转化过程中都有细微的先兆可寻,那么,能否通过细心的观察,及早地发现这种先兆,从而采取对应的策略,也应是老子希望提醒当政者注意的方面。林语堂在《老子的智慧》中认为:"从本章我们看到完整的'复归为始说'。"这个所谓"复归为始"说,是林氏从老庄学说中总结出来的,即是说事物发展到一定的程度就要循环复归,然后从头开始。不过老子在这里并未指出这种变化需要一定的条件。老子的学说,可为治国者提供思想依据,本章亦然。因此,结尾处特别指出:"鱼不可脱于渊,国之利器不可以示人。"以此对当政者进行警告。有人或认为此章是权术之论,但权术往往也含有谋略在内,只是各人认识不同罢了。

　　将欲歙之[①],必固张之[②];将欲弱之,必固强之;将欲废之,必固举之;将欲取之,必固予之[③]。是谓微明[④]。柔弱胜刚强。鱼不可脱于渊,国之利器不可以示人[⑤]。

【注释】

①歙(xī):收缩,闭合。

②固:同"姑",暂且,姑且。马叙伦云:"固,读为姑且之姑,韩非《说林上》,周书曰'将欲取之,必姑予之',是其证。下同。"(《老子校诂》)

③将欲废之,必固举之;将欲取之,必固予之:要想让它废弃,必先使它兴举;要想将它夺取,必先设法给与。王注本原作"将欲废之,必固兴之;将欲夺之,必固与之"。据汉简帛本,"兴"当作"举"。"夺"当作"取","与"当作"予"。据改。卢育三云:"这段话表明老子看到了歙张、弱强、废举、夺与之间的对立转化。但在对待转化的态度上却因人因事而异,对待自己,则防止事物发展到极端向对立方面转化,守虚、守柔、守辱、守雌等则是防止事物向对立方面转化的办法;对待敌人,则促使事物发展到极端向对立方面转化。这里讲的则是促使事物发展到极端向对立方面转化的事例。"(《老子释义》)释德清云:"此言物势之自然,而人不能察。天下之物,势极则反。譬夫日之将昃,必盛赫;月之将缺,必极盈;灯之将灭,必炽明。斯皆物势之自然也。故固张者,翕之象也;固强者,弱之萌也;固兴者,废之机也;固与者,夺之兆也。天时人事,物理自然,第人所遇而不测识,故曰微明。"(《老子道德经解》)

④微明:指在事物发展中能及早发现变化的细小征兆,从而作正确

的判断。微,细微的先兆,征兆。明,洞明,明察。王弼注云:"将欲除强梁、去暴乱,当以此四者。因物之性,令其自戮,不假刑为大,以除将物也,故曰'微明'也。足其张,令之足,而又求其张,则众所歙也。与其张之不足而改其求张者,愈益而己反危。"范应元云:"张之、强之、兴之、与之之时,已有翕之、弱之、废之、取之之几,伏往其中矣。几虽幽微,而事已显明也。故曰:'是谓微明。'或者以此数句为权谋之术,非也。圣人见造化消息盈虚之运如此,乃知常胜之道,是柔弱也。盖物壮至于壮则老矣。"(《老子道德经古本集注》)高亨云:"此诸句言天道也。或据此斥老子为阴谋家,非也。老子戒人勿以张为可久,勿以强为可恃,勿以举为可喜,勿以与为可贪耳。故下文曰'柔弱胜刚强'也。"(《老子正诂》)

⑤国之利器:治国的法宝。有不同解释,一种认为是武器,一种认为是刑法禁令,还有认为是谋略等。此处应是泛称治国的法宝。王弼注云:"利器,利国之器也。唯因物之性,不假刑以理物。器不可睹,而物各得其所,则国之利器也。示人者,任刑也。刑以利国,则失矣。鱼脱于渊,则必见失矣。利国之器而立刑以示人,亦必失也。"薛蕙云:"利器者,喻国之威武权势之属。示,观也,犹《春秋传》所云观兵黩武也。刚强者,危亡之道也;柔弱者,安存之道也。有国家者岂可以强大而自恃乎?今夫鱼能深潜则常活,不可躁动而脱于渊,不尔则为人所制,而灾害及之矣。譬国能守柔则常安,不可矜其威力以观示于天下,不尔则势穷力屈,而国家不可保矣。"(《老子集解》)

【译文】

要想让它收缩,必先使它扩张;要想让它削弱,必先使它加强;要想让它废弃,必先使它兴举;要想将它夺取,必先设法给与。从细微中发现变化,柔弱就能战胜刚强。游鱼不能脱离深渊,治国的法宝不能轻易出示于别人。

三十七章

【题解】

本章是"道经"中的最后一章,也是关于"道"的进一步论说。这样从一章到结束,老子都在不停地阐释有关"道"的理论,只不过有的讲的具体些,有的抽象些,有的虽未直接写到"道",却都以其观念渗透其中。

本章以"道常无为而无不为"开头,紧接着就是"侯王若能守之,万物将自化"。他希望的是治国者能够采纳他的理论,这样就能达到"天下将自定"的结果。本章中的"化而欲作,吾将镇之以无名之朴",颇引起后人争议,甚至解释为老子要以武力来镇压民众。这实在是一种曲解。"无名之朴"指的是道,所以他的意思是用道的理念来化解其贪欲之念。"镇"不可解释为镇压,而是镇服之,使之镇定,与武力镇压毫不相干。林语堂在《老子的智慧》中对这句话作如是翻译:"在万物生长繁衍的过程中,难免有欲心邪念,这时惟有以道的本质'无名之朴',来克服这种情形的发生。"这是比较符合老子本意的。本章的内容,与三十二章有许多相通之处,不过三十二章开头是以"道常无名"起始,本章则从"道常无为"写起。但马王堆帛书甲、乙两本,此章的开头也都是"道恒无名",结尾则是"不辱以静,天地将自正",中间部分的内容却几乎相一致。有人曾以为此处为后人所更改,但郭店竹简本的此章开头也作"道恒无为也",结尾则作"万物将自定",显示出郭店竹简本与今本的相同之处反较帛书本为多。这应是传抄中所依据原抄本的不同所致。

道常无为①,而无不为②。侯王若能守之,万物将自化③。化而欲作,吾将镇之以无名之朴④。无名之朴,夫亦将无欲⑤。不欲以静,天下将自定⑥。

【注释】

①道常无为:道经常不作为。王弼注云:"顺自然也。"帛书作"道恒无名",高明认为应据改之。但郭店简本与北大汉简本均作"道恒无为",而王弼注云:"顺自然也。"正是对"道恒无为"所作之注。

②而无不为:却又无所不为。简帛本中无此四字。王弼注云:"万物无不由为,以治以成也。"陶鸿庆认为:"此注之文实有错乱。原文当云:'无不为,万物由之以始以成也。'乃先叠文,而后释其义。"(《读老子札记附王弼注勘误》)范应元云:"虚静恬淡,'无为'也。天、地、人、物得之以运行生育者,无不为也。"(《老子道德经古本集注》)冯友兰云:"老子认为,从道分出万物,并不是由于'道'的有目的、有意识的作为;道是无目的、无意识的。他称这样的程序为'无为',他说:'道常无为而无不为。'(《老子·三十七章》)就其生万物说,'道'是'无不为',就其无目的、无意识说,'道'是'无为'。"(《中国哲学史新编》)

③自化:自我变化孕育成长。

④化而欲作,吾将镇之以无名之朴:意为化育成长会产生贪欲,我将用道的真朴来镇服。欲作,贪欲产生。镇,使安定。王弼注云:"化而欲作,作,欲成也。吾将镇之无名之朴,不为主也。"

⑤无名之朴,夫亦将无欲:这个道的无名真朴,就能根绝这种贪欲。无名,指道。朴,指真朴,是道的初始状态。王弼注云:"无欲竟

也。"丁原植云:"'镇'字的含意恐非指约束性的'压制'。《广雅·释诂一》:'镇,安也。'"(《郭店竹简老子释析与研究》)

⑥天下将自定:天下将会自然安定。简帛本均作"天地将自正"。

【译文】

道经常不作为,却又无所不为。侯王如能得到它,万物将自然化育成长。化育成长会产生贪欲,我将用道的真朴来镇服。这个道的无名真朴,就能根绝这种贪欲。根绝贪欲就能安静,天下将会自然安定。

三十八章

【题解】

《老子》一书分为上下两篇,传世本上篇一章至三十七章为"道经",下篇三十八章至八十一章为"德经"。旧说以为上篇阐述道的本旨,所以称为道经,下篇说明道的作用,所以称为德经。然而《老子》一书原本浑然一体,贯穿了尊道贵德的思想,以"道经"、"德经"强分为上下篇,应是出于后人的编辑,与实际情况并不相符。

本章是德经的第一章,在传世本中列为第三十八章,而在帛书本中则列于卷首,相当于第一章。本章主题恰如河上公《老子章句》所题,是"论德"。老子所崇尚的是"上德",这是最高的德,是不以德为德、不自居有德的德。这样的德是道之德,是天道自然无为的精神的体现,也就是十章所描述的"生而不有,为而不恃,长而不宰"的"玄德"。老子所反对的是"下德",这"下德"是世俗所崇尚的德,具体表现为仁、义、礼,也包括本章中所说的"失道而后德"的"德"。"上德不德",是无为之德,不自知有德,不自居有德,却成就了德的最高境界;"下德不失德",是有为之德,以德自居,孜孜以求,却终归于"无德"。仁、义、礼本身是世俗所崇奉的道德价值,但在老子看来,它们都是失道之后的产物,由于背弃了最高的德,于是每况愈下,丧失了德的精神。

老子反对仁、义、礼,首先是基于他对自然之道的体认上的。从天道自然无为的原则出发,老子主张"无为"的政治,反对仁、义、礼等一切"有为"的政治和价值。作为仁、义、礼的反面,老子标举"无为而无以为"的"上德"。这"上德"之德,正是作为本体的道的显现和作用。其次,老子反对仁、义、礼,乃是出于他对春秋后期社会政治现实的认识,以及他对殷周以来政治文化传统的反思。老子生逢乱世,面对春秋末期诸侯纷争、礼崩乐坏的动荡混乱的政治局面,面对残暴横行、民不堪命的黑暗现实,他反对战争和暴力,反对一切凌驾于人民之上的统治意志,反对掠夺和压迫,反对一切束缚人民的法令和教条,并带着反思与批判的目光审视与社会堕落密切相关而日趋败坏的人文传统。这一殷周以来逐渐形成的以仁、义、礼为核心价值的人文传统,为孔子所代表的儒家所继承和弘扬,成为儒家"德治"的基本内容。孔子以仁和礼来规范德,老子以自然无为的道来规范德,从而超脱于世俗的政治伦理价值之外,显示出深远的思想境界。再次,老子反对仁、义、礼是与他对事物相反相成、对立统一的辩证关系的认识密切相关的。老子对仁、义、礼的反对也是一种辩证的否定。十八章所谓"大道废,有仁义;智慧出,有大伪;六亲不和,有孝慈;国家昏乱,有忠臣",正是在突出事物辩证关系的表述中,揭示"仁义"、"智慧"、"孝慈"、"忠臣"的反面意义。这种表述本身突出事物的辩证关系,是否定中包含了肯定,是辩证的否定。本章说"失道而后德,失德而后仁,失仁而后义,失义而后礼",与"大道废,有仁义"的表述是一致的。在这里道与德、德与仁、仁与义、义与礼既依次相差,又互相包含,接续而生。《韩非子·解老》引述"失道"一节文字,作"失道而后失德,失德而后失仁,失仁而后失礼,失礼而后失义",在每一句中加了一个"失"字。韩非的引述也许是由于传抄的失误,但这一字之差确实改变了老子的本意,抹杀了老子语言和思想固有的特征,把错综交互、递相差次的句式一改而为并列联串的句式,使语言表述连同思想一并丧失了张力。传世的各本《老子》,以及新近出土的帛书《老子》,在这一段话中都没有这个"失"字。有人以为韩非的时代在前，与老子相近，当从韩非所引改正各本，给每一个句子添一个"失"字（如刘师培《老子斠补》、陈鼓应《老子今注今译》等）。其实《庄子·知北游》所引正与各本相同，也没有多出一个"失"字，而《庄子·知北游》的写作年代应更在《韩非子》之前。其所以有这种错误的看法，正是因为对老子的思想和语言风格的认识有所不足的缘故。

上德不德①，是以有德；下德不失德②，是以无德。上德无为而无以为③，上仁为之而无以为，上义为之而有以为，上礼为之而莫之应④，则攘臂而扔之⑤。故失道而后德，失德而后仁，失仁而后义，失义而后礼。夫礼者，忠信之薄而乱之首⑥。前识者⑦，道之华而愚之始⑧。是以大丈夫处其厚，不居其薄，处其实，不居其华。故去彼取此⑨。

【注释】

①不德：不以德为德，不自居有德。王弼注云："是以上德之人，唯道是用，不德其德，无执无用，故能有德而无不为。不求而得，不为而成，故虽有德而无德名也。"

②不失德：不失去德，意指拘执于德，即自居有德。林希逸云："不失德者，执而未化也。"（《老子口义》）

③上德无为而无以为：上德无所作为而又无心作为。无以为，薛蕙云："无以为，谓无所为而为之。"（《老子集解》）"无所为而为之"即无心作为，没有作为的目的和意图。下文"上义为之而有以为"的"有以为"，与"无以为"正好相反，指有心作为。按，"上德无为而无以为"一句，《韩非子·解老》引作"上德无为而无不为"，严遵《老子指归》、傅奕《道德经古本》、范应元《老子道德经古本集注》与《韩非子·解老》所引相同。但从韩非子解释老子

原文的意思看，其引文本当作"无以为"。本节专说"无以为"、"有以为"，所论的是"为"与"无为"的动机而非效果，当从帛书、河上公《老子章句》、王弼《老子注》等各本作"无以为"，与下文"无以为"、"有以为"相应（参见刘笑敢《老子古今：五种对勘与析评引论》上卷）。又按，"上德无为而无以为"句下，河上公《老子章句》、王弼《老子注》诸本有"下德为之而有以为"一句，傅奕《道德经古本》、范应元《老子道德经古本集注》则作"下德为之而无以为"，唯帛书本"上德无为而无以为"句下无此一句，《韩非子·解老》所引亦无此一句。高明《帛书老子校注》认为当依帛书本删去"下德"一句。从这一节的内容和行文上看，无此"下德"一句，则文意清晰，行文有序，"上德"、"上仁"、"上义"、"上礼"依次排列，显示道德之渐衰与层次的逐步下降，多此"下德"一句，与"上德"一句对偶，则句义重复（若如王弼本作"下德为之而有以为"，则与"上义"句重复，若如傅奕本作"下德为之而无以为"，则与"上德"句重复），行文混乱，致使各家注解，众说纷纭，莫衷一是。而且，本章第一节"上德不德，是以有德；下德不失德，是以无德"乃是总论"上德"、"下德"，而此所谓"下德"，实即包括下文所谓的"上仁"、"上义"、"上礼"。若在"上德无为而无以为"之下增加"下德为之而有以为"或"下德为之而无以为"一句，则"下德不失德，是以无德"云云便非总括"上仁"、"上义"、"上礼"而言，而是专指"下德为之而有以为"（或"下德为之而无以为"）而言，如此则上下文意乖谬难通，与"上德"相对应的、作为"下德"具体表现的"上仁"、"上义"、"上礼"，在逻辑上便被排除在"下德"之外。传世各本衍此一句，盖因仿上节"上德"、"下德"之对文而误增。

④莫之应：没有人回应。

⑤攘臂而扔之：伸出手臂来加以牵扯。攘臂，伸出手臂。扔，牵引。

⑥薄：衰薄。

⑦前识：预先有所认识，也就是成见。这里指礼义之类的观念。范
　应元云："前识犹言先见也。谓制礼之人，自谓有先见，故为节
　文，以为人事之仪则也，然使人离质尚文。"（《老子道德经古本集
　注》）

⑧华：花。与实相对，喻指虚浮不切实的东西。

⑨去彼取此：指去彼"薄"（浇薄）、"华"（虚华）而取此"厚"（敦厚）、
　"实"（朴实）。

【译文】

　　上德不自居有德，所以有德；下德拘守于德，所以没有德。上德自
然无为而又无心作为，上仁有所施为而出于无心，上义有所施为而出于
有意，上礼有所施为而得不到回应，于是奋臂出袖，加以牵引，强人就
范。所以说，丧失了道然后就有了德，丧失了德然后就有了仁，丧失了
仁然后就有了义，丧失了义然后就有了礼。这礼真是忠信衰薄的体现，
是祸乱的开头。礼义之类的观念是道的皮毛，是愚昧的开始。因此大
丈夫立身处世，应当自处于厚实的道与德的境地，而远离浇薄与虚华。
所以舍弃那浇薄与虚华而选取这敦厚与朴实。

三十九章

【题解】

"一"是数的开始，老子有时用"一"来指称作为万物统一根源的道。

本章第一节说明道的作用，它是万物存在的根据，它是天地、神明、溪谷以至于"侯王"赖以保全的依据。第二节转而提出告诫，指出物极必反、盛极而衰，天地、神明、溪谷以至于"侯王"应当深藏若虚，如果一意自逞，就会走向毁灭。第三节上承第二节，说明事物的存在是相反相成的，高以下为基础，贵以贱为根本，而体道之人应当处贱而取下，自立于根本之上，体现了老子重视事物反面价值的基本思想。

本章三节所言都不离于"侯王"，而且落实于"侯王"。可见老子虽言天地虚无之道，却颇重于人事。老子认为，"侯王"在位应体察大道无为谦虚的精神，自甘于处贱取下，要"珞珞如石"，具有石头一般质朴厚实的品格。

本章从天地、神明、溪谷说起，然后归结到"侯王"，人事的得失成败确是老子属意之所在。然而，从天地、神明、溪谷说起，然后才归结到"侯王"，在不经意间，就把人事和天地、神明、溪谷贯通起来，却也体现了道家苞括宇宙、混同万物的博大情怀。

昔之得一者①：天得一以清，地得一以宁，神得一以灵，

谷得一以盈,侯王得一以为天下正②。其至也③,谓:天毋已
清将恐裂④,地毋已宁将恐发⑤,神毋已灵将恐歇⑥,谷毋已
盈将恐竭,侯王毋已贵以高将恐蹶⑦。故必贵而以贱为本,
必高矣而以下为基。夫是以侯王自谓孤、寡、不穀⑧。此其
贱之本与⑨,非也? 故致数与无与⑩。是故不欲禄禄如玉⑪,
珞珞如石⑫。

【注释】

①得一:相当于说得道。

②正:准则。按,"正"字,王弼本等或作"贞","贞"字与"正"义通。
　但河上本及帛书甲、乙本皆作"正","正"应为本字。又"侯王得
　一以为天下正"前,王弼本及其他传世各本多有"万物得一以生"
　一句,且下文亦相应有"万物无以生将恐灭"一句,但帛书无此二
　句,严遵《老子指归》亦无此二句,今据以删去。今世注家或以为
　应据帛书本删此两句,但仍有不少人(如任继愈、张松如等)认为
　应予保留。高明云:"帛书甲、乙本无'万物得一以生'与下文'万
　物无以生将恐灭'二句对文;王弼、河上公及世传诸本多有此二
　句。此乃本章经文之一大差异,其中必有一误。河上公本'其致
　之'三字之注文云:'致,诚也。谓下五事也。''下五事',显然是
　指以下'天'、'地'、'神'、'谷'、'万物'、'侯王'而言。但是,如依
　帛书甲、乙本将'万物'一事删去,则正与河上公所讲'五事'相
　合,否则就为六事,而非五事。由此可见,河上公注《老子》时,经
　文只有'天'、'地'、'神'、'谷'、'侯王'五事,而无'万物'一事,足
　以说明'万物得一以生'与下文'万物无以生将恐灭'二句对文,
　是在河上公注释之后增入的。再就严遵、敦煌戊本以及《文选·
　江文通杂体诗注》引《老子》皆无此二句,足可证明'万物'二句绝

非《老子》原文,乃为后人妄增,当据帛书甲、乙本删去。"(《帛书老子校注》)刘笑敢云:"与上段没有'万物得一以生'一句相对应,本段帛书本没有'万物无以生将恐灭'一句,帛书甲、乙本相当一致,说明不是抄写之误。根据河上公注释,高明力辩传世本这两句是后人铺排增衍的结果,高说可从。"(《老子古今:五种对勘与析评引论》)实际上"万物"开头两句本身是有问题的,而一向不为注家论者所注意。原文"天"、"地"、"神"、"谷"、"侯王"都是指具体的事物,插入泛指一切的"万物"一词显然不相协调;而"以清"、"以宁"、"以灵"、"以盈"之"清"、"宁"、"灵"、"盈"都是形容词,分别形容"天"、"地"、"神"、"谷""得一"的状态,而"万物得一以生"的"生"则是动词,与上下文亦有不合(唯"侯王得一以为天下正"一句例外,"正"在句中作名词,故其文不可作"以正"而作"以为天下正")。下文因"万物得一以生"一句,又衍"万物无以生将恐灭"一句,则更不成文,"生"与"灭"为反义词,说不能活就会死,语甚无谓。再说,"无以"原本当作"毋已"(见注④),则此句应作"万物毋已生将恐灭",意思是"万物无休止地生长下去就会灭亡",这等于说"万物无休止地活下去就会死",显然更不成话。本章王弼本及其他传世本原文与帛书本相较多有异文,而以帛书本最为可取。为求一章之内行文一致,故原文悉依帛书为准(以甲本为主,参校乙本)。

③ 其至也:就其极端的情况而言。至,极,极端。按,此句王弼本作"其致之",傅奕本及多种古本则作"其致之一也";帛书甲本作"其致之也",乙本作"其至也",今从乙本作"其至也"。各家解说此句多有分歧。王弼注云:"各以其一致此清、宁、灵、盈、生、贞。"(按,王弼本有"万物得一以生"句,又"正"作"贞"。)蒋锡昌《老子校诂》、马叙伦《老子校诂》等认为,据王注则王注本原文亦当有"一也"二字,是承接上文作一总结。但高亨《老子正诂》则

云："致犹推也，推而言之如下文也。"则此句为启下之文，而不当有"一"字。帛书甲、乙本皆无"一"字，且乙本"其至也"下有一"谓"字，则当从乙本为启下之文。苏辙《老子解》释"致"字云："致之言极也。"其意正与乙本作"其至也"相合，而甲本字作"致"，与乙本字作"至"亦自相通。今世注本多释"致"为"推"，而"其致之"为"推而言之"，实误。

④毋已：不止，不停。按，"毋已"，传世各本作"无以"，今世注本又多从之，而解释"无以"为"不能"或"不得"，如陈鼓应《老子今注今译》译"天无以清将恐裂"为"天不能保持清明难免要崩裂"，张松如《老子说解》则译为"天不得清明就怕要破裂"。帛书甲、乙本皆作"毋已"，于义较胜，今据改。高明《帛书老子校注》认为应从帛书本作"毋已"，"即无休止，无节制之义"，传世本作"无以"则经义全非。高说引河上公注说明河上本"无以"原当作"无已"，其说合理可信。河上公注本在传世本中较为古老，与帛书本文多相近。河上公注以"无已时"解释句意，如注"谷毋已盈将恐竭"一句云"言谷当有盈缩虚实，不可但欲盈满无已时，将恐枯竭不为谷"，其说与帛书本之作"毋已"亦大致相合。疑河上公注本原文或亦作"毋已"或"无已"，后人为求与通行本一致乃改作"无以"。依高明所说，这一节说的正是物极必反的道理，体现老子固有的辩证思想，且与下文"故必贵而以贱为本，必高矣而以下为基"一意贯通。若依传世本解释，则上下文意不相连贯，"故必贵而以贱为本，必高矣而以下为基"云云，便成了与上文毫不相干的话。实际上，若作"无以"，则"天无以清将恐裂"诸句，是无节制地强调了"清"、"宁"、"灵"、"盈"、"贵以高"的作用，与老子保守折中、反对极端的思想相违背；说"谷无以盈将恐竭"、"侯王无以贵以高将恐蹶"，显然与老子尚虚恶满、居卑处下的基本思想相背离。从老子思想的基本倾向来看，他认为这种极致的

状态是不能一味地"保持"下去的,否则就会自取灭亡——这也正是本章的思想内容。王弼注云:"用一以致清耳,非用清以清也。守一则清不失,用清则恐裂也。故为功之母不可舍也。是以皆无用其功,恐丧其本也。清不能为清,盈不能为盈,皆有其母,以存其形。故清不足贵,盈不足多,贵在其母,而母无贵形(王注原文如此,此'母'字疑衍)。""清"、"宁"、"灵"、"盈"、"贵以高"都是正面的状态,但无休止地"清"、"宁"、"灵"、"盈"、"贵以高"下去,则必然走向反面,走向毁灭。王注大意与河上公注相同,也符合帛书本经文的原意。从王注来看,王弼所见的《老子》原文似应不作"无以",作"无以"则不可如王弼所解。

⑤发:发散,分散,分裂。按,此"发"字近现代注家基本上都以为应读为"废",其说盖倡自刘师培、奚侗,各家从之,几成定说。奚侗云:"'发'借作'废',谓废毁也。《庄子·列御寇》篇'曾不发药乎',《释文》:'"发",司马本作"废"。'即其证。"(《老子集解》)刘师培云:"'发'读为'废'。《说文》:'废,屋顿也。'《淮南子·览冥训》:'四极废。'高注:'废,顿也。'……'恐发'者犹言将崩圮也,即地倾之义。'发'为'废'之省形。"(《老子斠补》)蒋锡昌赞同刘师培的观点,其说云:"刘说是。《庄子·列御寇》:'先生既来,曾不发药乎?'《释文》:'发,司马本作废',《列子·黄帝篇》引作'废'。又《缮性》:'非藏其智而不发也',《御览·逸民部》引作'废'。《左传·哀公十一年》疏引《竹书纪年》云:'梁惠王废逢忌之薮以赐民',《汉书·地理志》引作'发'。均其证也。'发'、'废'双声,故可通用。此言天无以清,将恐裂;地无以宁,将恐废也。"(《老子校诂》)严灵峰《老子章句新编》亦云:"刘说是也。惟《老子》文作'废'不作'发',如十八章:'大道"废"',三十六章'将欲"废"之'。作'发'者,因'废'字阙坏,失去'广'旁致误也。《吕氏春秋·恃君览篇》云:'天固有衰嗛废伏。'是天固有'废'矣。

因改'发'为'废',以复其旧。"今按,诸说皆以为"发"当读为"废",但对于为什么要读为"废"却有不同的看法,奚说以为是假借,刘说以为是省形,蒋说以为是双声通假,严说以为是字形阙坏(陈鼓应据此径将原文改作"废"),各家主张读"发"为"废"实际上是各自为说,而所说都带有主观随意性。蒋、严都说"刘说是",但又不同意刘氏省形之说,所见与刘氏实有本质的不同,从根本上说是不能以"刘说是"表示赞同的。按,本章原文"裂"、"发"、"歇"、"竭"为韵,押"月"部韵,读"废"则失韵,从押韵的角度看,便不可读"发"为"废",则省形、阙坏、假借之说便不能成立。但这种误解显然还有更深层的原因,那就是"发"字似乎不好解释,而用"废"字来解释句意却显得十分顺当。"发"有"开启"、"发散"之义,此谓"地毋已宁将恐发","发"可解释为"发散"、"分散"、"分裂",说地"恐发",就是说地恐怕要分裂塌陷,这里的"发"与上文的"裂"意思相近。河上公注"地毋以宁将恐发"一句云:"言地当有高下刚柔,气节五行,不可但欲安静无已时,将恐发泄不为地。"其说释"发"为"发泄",意谓阴阳之气发散泄漏,则地不能聚气成形,即不复成其为地,所说大意近是,而过于曲折。近见北大所藏汉简《老子》其字亦作"发"。故不必作"废"字解。

⑥歇:消歇,止息。

⑦侯王毋已贵以高将恐蹶:侯王无休止地高贵下去就恐怕会覆亡。蹶,颠仆,跌倒,颠覆。此句传世各本颇多异文,此处及以下正文依帛书本。

⑧孤、寡、不穀:古代君主自谦之词。孤,本义为孤儿。寡,本义为无夫或无妻之人。不穀,本义为不养,指父母亡故而不能终养,君主自谦,借以为称。

⑨与(yú):同"欤",疑问语气词。

⑩致数（shuò）与：招致繁多的声誉。数，频繁。与，帛书乙本及王弼本作"舆"，皆通"誉"。

⑪禄禄：亦作"琭琭"、"碌碌"，形容玉的精美。

⑫珞珞（luò）：亦作"硌硌"，形容石的质朴。

【译文】

从前得到一的情形是这样的：天得到一而清明，地得到一而宁静，神得到一而灵妙，溪谷得到一而充实，侯王得到一而成为天下的准则。然而，就其极端的情况来说：天无休止地清明下去就难免会崩裂，地无休止地宁静下去就难免会塌陷，神无休止地显灵下去就难免会消歇，溪谷无休止地充实下去就难免会枯竭，侯王无休止地高贵下去就难免会倾覆。所以想要贵就得以贱为根本，想要高就得以下为基础。所以侯王自己谦称孤、寡、不毅。这就是以贱为本吧？所以追求过多的声誉就会失去声誉。所以有道之士不愿像玉那么精美，而宁可像石头一样朴实。

四十章

【题解】

本章只有短短的两句话，却不妨说是老子思想的要领。"反者道之动"，指出作为本体的道，其运动的基本特征是回环往复的。这个"反"字，有人说是相反、正反的"反"，有人说是返回的"返"。钱锺书则说："反有两义。一者正反之反，违反也；二者往反之反，回反也……老子之反融贯两义，即正反两合"（《管锥编》第二册），其说符合《老子》的本义。道的运动原本是相反和复归的统一，事物的运动既有朝着相反一面发展的规律，又有返本复初、循环运转的规律，当事物朝着相反的方向一直运行，它便踏上了复归的道路，就像一个人一直朝东走，他最后就会回到西。所以老子在说明道的运行时又说："大曰逝，逝曰远，远曰反。"（二十五章）《易传》："无平不陂，无往不复。"（《泰·象》）说的也正是天地万物相反相合、往复循环的道理，可与老子的论点互相印证。

"弱者道之用"，指出道的作用是柔弱的。道本清静无为，故能"绵绵若存，用之不勤"（六章）——它作用于万物永无穷竭，却并不声张；它自隐于万物之中，若有若无，虽有造化之功却不显现它的意志和力量。道的作用，也就是"德"。老子曰："生而畜之，生而不有，为而不恃，长而不宰，是谓玄德。"（十章）这就是大道深广无私的德性——万物自化于道，如游鱼之在水中，只有自由，没有束缚。

　　"天下万物生于有,有生于无",这句话指出生成万物的本源是"有"和"无"。就此而言,也可以说"有"和"无"是"同出而异名",都是生成万物的根源。然而老子这句话的意思,不但说明了"有"和"无"的同一,也指出了"有"和"无"的差别。所以分而言之,先说"天下万物生于有",后说"有生于无",可见"有"和"无"有品位、次序上的差别。

　　"天下万物生于有",这"有"自然不是现象界的"有",而是超越于万物(万有)之上、化生万物的"有"。但这"有"尚不足以为"天下万物"终极的本源。它源出于"无",生于"无",只有这个"无"才是真正原始的存在,是绝对、终极的本源。"天下万物生于有,有生于无",这"有"是最初的"有",是化生"万有"的"一有"。但在这里它处于"无"和"天下万物"之间,只是宇宙本体化生万物、作用于万物的中间环节。也许在老子看来,既名为"有"便有了某种规定性,是有限的,而有限的事物是不能成为绝对的本源的。所以"有"不能自生而源出于"无"。这"无"之所以名为"无",不止是因为它"视之不见"、"听之不闻"、"搏之不得"(十四章),是无形无影、无声无息的"虚无",而且更因为它是无限的,无可名状,超越于一切概念和规定性之上。不过老子并不以"无"来抹杀"有",相反的是,他肯定万物的"实有"("天下万物生于有"),而且认为"有"内在于"无"("有生于无")——由此也可见"无"并非"纯无",而是"其中有象"、"其中有物"、"其中有精"、"其中有信"(二十一章),充满了生生不息的生命力——只是(重要的是)这"其中"的"有",是"恍兮惚兮"(二十一章),是若有若无的"有",是"湛兮似或存"(四章)。

　　从经验的角度来看,天下万物的生成也是从无到有的。一棵树在它是一棵树之前是"无",一朵花在它是一朵花之前是"无",但这"无"也并非空无一物的"无",它可以是一颗种子或一朵花的"因子"。在经验的基础上沉思世界的本质,这原本是东方古老智慧的特质,与源出于逻辑推理的西方智慧有所不同。"天下万物生于有,有生于无",在这悖论式的表述中,包含了老子对于宇宙本体、万物起源的深微的体悟和玄妙的冥思。他的体悟和冥思与经验世界密切相关,他的"道"是从经验世界抽象出来的。所以在老子的思想中,道超越于万物又落实于万物,现身于万物之中,与万物混而为一。

　　反者道之动①,弱者道之用②。天下万物生于有③,有生于无④。

【注释】

　　①反:返回,相反。王弼注云:"高以下为基,贵以贱为本,有以无为用,此其反也。"

　　②弱:柔弱。

　　③天下万物生于有:"万物"一词,王弼本、河上本作"万物",郭店竹简本、帛书本皆作"之物",傅奕本接近古本,亦作"之物",又王弼注云"天下之物皆以有为生",可知王注本原文可能亦作"之物",由此可见,古本原文当作"之物"。"之物"、"万物"在文中差别不大,今暂依通行本作"万物"。王弼注云:"天下之物皆以有为生。有之所始,以无为本。将欲全有,必反于无也。"

　　④有生于无:与帛书本及传世本不同的是,郭店竹简此句无"有"字,连上句作"天下之物生于有,生于无(原文"有"字作"又","无"字作"亡")",但不少人以为竹简本"有(又)"字后可能抄漏一重文号,其原文应与传世本相同。实际上"天下之物生于有,有生于无"与"天下之物生于有,生于无",并不一定有那么重要的差别。从表面上看,少一个"有"字,说的是"天下之物"既"生于有"又"生于无",多一个"有"字,说的是"天下之物生于有"而"有生于无",两者似乎大不相同,但老子说"有无相生"(二章),说"无名天地之始,有名万物之母"(一章),又说"天下有始,以为天下母"(五十二章),可见"有"、"无"也可以说是"同出而异名",

从"有无相生"的角度来看，说"天下之物生于有，生于无"与说"天下之物生于有，有生于无"本质上是相通的，而且说"天下之物生于有，有生于无"，实际上也包含了"天下之物生于无"的意思，两者的差别仅仅在于传世本多一"有"字，突出了"有"、"无"在品位、次序上的差别。今从通行本。又近见北大所藏汉简《老子》，此句与各本相同，亦有"有"字。

【译文】

道的运动是反复的，道的作用是柔弱的。天下万物生于有，有生于无。

四十一章

【题解】

本章主旨在于说明"道隐无名"而不为世人所知,并对大道幽隐微妙、深广无限的境界作了一番描述。老子说有上中下三种不同层次的人,他们对道的态度各不相同。其中只有"上士"勉强能修道行德,"中士"听了道,感觉若有若无,"下士"听了道,不但不信,反而加以嘲笑。这后两种态度,却正是一般人对于真理的态度。但是老子的态度并不消极,他说"不笑不足以为道",言辞间充满得道者所具有的源出于真理的自信。在他看来,那种能让全场鼓掌、让大家一拍即合的东西一般是不能称作道的。道的高明和可贵正在于它超越于世俗的成见之上;世人对道的无知和嘲笑非但无损于道,反而更显示出了道的尊贵与光荣。

老子借前人的话对"道隐无名"的情形作了一番描述。从"明道若昧"至"质真若渝"一节,主要形容"道德"深藏不露的特征。深藏不露到了极点,就表现得与"道德"的本性仿佛相反。"道德"之所以能深藏不露,那是因为它原本深不可测,具有化育万物、含藏天地的伟大器量。从"大方无隅"至"大象无形"一节,更进一步描述大道超越于现象世界以及一切规定性之上的特征。这些话看似不能成立、违背常识,既说"方"就是有"隅",既说"器"就必有所成,既说"音"就是有"声",既说"象"就是有"形",这里却说"无隅"、"免成"、"希声"、"无形"。历来对于这几句话的理解值得商榷，如"大方无隅"一句，有人译作"最方正的好似没有棱角"（陈鼓应《老子今注今译》），正是力求从常识的角度，甚至从社会伦理道德的角度加以解释，好像老子说的是"外圆内方"之类的处世准则。但是，"方"不是"方正"，"隅"并非"棱角"。这句译文更增添了"好似"一词，使老子的话看起来变得接近"常识"而易于理解。但老子的本意并不是要告诉人们一条"常识"，而是恰恰相反，要打破常识对于人们的局限。老子这几句话谈论的是纯粹的道，甚至也可以说是物理学意义上的"宇宙论"，与世俗人伦价值无关，"大方无隅"云云，也许还与现代物理学的见解不谋而合。实际上，老子这里说的"大方"、"大器"、"大音"、"大象"，已非寻常的"方"、"器"、"音"、"象"，而是大道的"化身"。在老子看来，"大"正是道的本质特征，他常常以"大"来指示"道"，而且给"道"取了个别名叫作"大"——"强字之曰道，强为之名曰大"（二十五章），所谓"大方无隅"、"大器免成"、"大音希声"、"大象无形"，正是对大道无限性的一种表述。

　　荀子曾批评庄子曰："蔽于天而不知人。"（《荀子·解蔽》）此话是非自当别论，但确实指出了道家对"天"的重视。老庄所言，往往超脱于日常生活的现实之外，包含着对天道自然以及存在本身的沉思冥想。借佛教的话说，道家是以"天眼"观物，故所见自非"俗谛"，而既非"俗谛"，自不可以"常识"求之。这是读老庄应有的态度。这里所谓的"俗谛"主要指的正是"常识"，而所谓"天眼"，正是指超越于"常识"之上，而且不为社会现实所局限的眼光。庄子说"井蛙不可语于海者，拘于虚也；夏虫不可语于冰者，笃于时也；曲士不可语于道者，束于教也"（《庄子·秋水》），这里的"拘于虚"、"笃于时"、"束于教"，正是指局限于"常识"，被世俗的知见所束缚。对于"井蛙"来说，"海"是它"常识"之外的事物；对于"夏虫"来说，"冰"是它"常识"之外的事物；对于"曲士"来说，"道"是他"常识"之外的事物。可见只有打破"常识"，才能超越认知的局限。当然"常识"也并非不重要，比如说它使我们避免把手伸到沸水中。但是一种哲学思想,如果仅仅停留在"常识"的水平上,那就只能称为"生活小百科"。

实际上人类思想的进步,正是不断突破"常识"、超越"常识"的过程。然而时至今日,人类也并未真正彻底超越古人的智慧,中西方古老的智慧仍然是人类文明的重要源泉。甚至当我们回顾历史时,我们会发现,古人伟大的思想有时仍然超越于我们的"常识"之外——正如在经历了将近一百年之后的今天,爱因斯坦的相对论对于我们大多数人来说,仍然是"常识"之外不可思议的东西。

上士闻道,仅能行之①;中士闻道,若存若亡;下士闻道,大笑之——不笑不足以为道。故建言有之②:明道若昧,进道若退,夷道若纇③,上德若谷,大白若辱④,广德若不足,建德若偷⑤,质真若渝⑥,大方无隅⑦,大器免成⑧,大音希声⑨,大象无形。道隐无名⑩。夫唯道,善始且善成⑪。

【注释】

①仅能行之:仅仅能够实行。此句传世本多作"勤而行之",或又作"而勤行之"。帛书乙本作"董能行之"(其中"董"字残缺,据文意及帛书用字惯例补足),而竹简本作"董能行于其中",与帛书文近意同。"董"字当读作"僅"(仅),通行解读因受传世本影响,仍读作"勤","勤能行之"、"勤能行于其中"文意不通,实误,今世学者已有所辨析,兹不烦引。"仅能行之"或"仅能行于其中",于义为长,而且竹简、帛书版本较古,故从帛书本改作"仅能行之"。参见刘笑敢《老子古今:五种对勘与析评引论》上卷。又近见北大所藏汉简《老子》此句作"董能行",亦与帛书文近而意同。

②建言:即立言,指前人的言论。王弼注云:"建犹立也。"

③纇(lèi)：丝线上的结。丝线有结则不平顺，故引申为不平之意。

④大白若辱：极度的白好似受了玷污。辱，污黑。王弼注云："知其白，守其黑，大白然后乃得。"按，此句原文位于"上德"、"广德"、"建德"之间，有人以为是错简，应移至"质真若渝"之后，如此则上文是"明道"、"夷道"、"进道"，中间是"上德"、"广德"、"建德"，下文是"大白"、"大方"、"大音"、"大象"，诸句句式一致，排列整齐。高亨、古棣、张松如等主其说。张松如云："'大白若辱'句，自帛书起，就似有错简，敦煌本露出了一点消息，但文义仍凌乱不畅，今移置'质直'句后，则'明道'、'进道'、'夷道'与'上德'、'广德'、'建德'，各为三句连续，且'若辱'上韵'若渝'，又'大白'下接'大方'、'大器'、'大音'、'大象'诸句，读起来就顺当多了。"（《老子说解》）高、古、张诸家不见及郭店竹书与北大汉简本《老子》之问世，否则他们看到这些"古本"句序皆如帛书，看法也许会改变。实际上，"大白若辱"一句置于"上德"、"广德"、"建德"诸句之间，句意原来是一致的，都是说完美的品质、德性看上去却显得有所欠缺，诸句中皆有"若"字相连接，句式也大体相近；若移至下文与"大方"、"大器"、"大音"、"大象"诸句相并列，则句意、句式反而显得更不一致。张松如说"'若辱'上韵'若渝'"，实误。按此章韵脚很密，"昧"、"退"、"纇"为韵，"谷"、"辱"、"足"为韵，"偷"、"渝"、"隅"为韵，"成"、"声"、"形"、"名"、"成"为韵，"谷"、"辱"、"足"为韵，不与"渝"为韵。

⑤建德若偷：刚健的德好像懈怠。建，通"健"。偷，偷惰，懈怠。按，句中"偷"字各本多有异文，给句意解读造成困难。王弼本作"偷"，河上本作"揄"，傅奕本作"媮"，范应元本作"输"，北大汉简本《老子》作"榆"。王弼注云："偷匹也。建德者，因物自然，不立不施，故若偷匹。"其文意义不明，恐有误。各家解释句意也多有歧义。奚侗云："建，立也；偷，苟且也。此谓为若无为。"（《老子

集解》)蒋锡昌云:"建,立也。'偷'为'愉'之假……《说文》:'愉,薄也。''建德若偷',言立德之人若薄而不立也。"(《老子校诂》)俞樾云:"今按'建'当读为'健',《释名•释言语》曰:'健,建也,能有所建为也。'是建、健音同而义亦得通。'建德若偷',言刚健之德,反若偷惰也。正与上句'广德若不足'一律。"(《老子平议》)上举诸说,俞说解释句意颇为通顺,最为流行,今世注家多取其说。奚说简明扼要,似较诸说为胜,而不为注家所重。俞说释"建"为"健",与上文"上德"、"广德"句式一致,(释"建"为"健",则与"上"、"广"同为形容词)似较奚说可取,然《老子》原文固不必如此一律。今注文暂且从众,依俞说作解。

⑥质真若渝:本质纯真却似受污染变质。渝,变质。王弼注云:"质真者,不矜其真,故若渝。"《说文》云:"渝,变污也。"《玉篇》云:"渝,变也,污也。"是"渝"字之义,本有污染使之变质之意。又《集韵》云:"渝,色染也",是"渝"有染色之义,其义与所谓"变"、"污"相通。马叙伦云:"'渝',古书多用为变义,此'渝'字当作'污'解则通",其说稍近其义,然又云"'渝'借为'谀',言质厚之德,不立质异,反若谄谀也"(《老子校诂》),其说游移不定。按,《淮南子•本经训》"质真而素朴",高诱注云:"真,不变也","质真"指的正是"本质真实不变","本质真实不变"而"若渝",是至正若反,是老子在本章中所强调的"高尚之德"的重要特征。王弼注云:"质真者,不矜其真,故若渝。"苏辙云:"体性抱神,随物变化,而不失其真者,外若渝也。"(《老子解》)所说皆能得其大意。

⑦大方无隅:最大的方形没有边角。隅,边角。王弼注云:"方而不割,故无隅也。"又五十八章,王弼注云:"以方导物,令去其邪,不以方割物,所谓大方无隅。"其说以为"大方无隅"的意思是虽方正有棱而不割物,故于物无所伤害。其说将"大方无隅"与五十

八章所谓"圣人方而不割，廉而不刿"相混，所说似是而非，失其
本旨。

⑧大器免成：即大器无成。此句传世本皆作"大器晚成"，流传既
久，已深入人心。但是帛书本此句作"大器免成"，竹简本作"大
器曼成"。通行解读因受传世本影响，仍解读"免成"、"曼成"为
"晚成"，实则"免成"即免于成，即无成之意，"免"即免去之意，应
读如本字，不可读作为"晚"之借字。"曼成"亦即"无成"，"曼"可
解释为"无"。《小尔雅・广诂》云："曼，无也。"《广雅・释言》亦
云："曼、莫，无也。"此句解释为"大器无成"于义较传世本为可
取。就常识而言，既说方就有隅，既说音就有声，既说象就有形，
说"大方无隅"、"大音希声"、"大象无形"，加一"大"字，则"方"变
成"无隅"、"音"变成"希声"、"象"变成"无形"，其义皆前后相反，
这正是在否定的表述中肯定"大方"、"大音"、"大象"的"大"，肯
定其超越于规定性之上的非凡的特质。"大器免成"一句解释为
"大器无成"则恰与上下文意相符。"大器"与"大方"、"大音"、"大
象"一样，都是道的化身，道不成不坏，大器也无所谓成与不成，故
曰无成。若作"大器晚成"，则既与上下句例、文意不合，亦颇失其
思想之本义。今人于此已有所辨析，可参考楼宇烈《老子道德经
校释》、高明《帛书老子校注》。又北大汉简本《老子》此句作"大器
勉成"，"勉"与"免"同音通假。今从帛书本作"大器免成"。

⑨希声：无声。王弼注云："听之不闻曰希。大音，不可得闻之音
也。有声则有分，有分则不宫而商矣。分则不能统众，故有声者
非大音也。"

⑩道隐无名：大道深广而没有名称。隐，通"殷"，意为盛大，深广。
北大汉简本《老子》此句即作"道殷无名"。朱骏声《说文通训定
声》云："隐，假借为殷。"又，《楚辞・九叹・远逝》："佩苍龙之蚴
虬兮，带隐虹之逶蛇"，王逸注云："隐，大也。"按，王注谓"隐"为

"大"，亦当是"殷"之借字。又《诗经·邶风·柏舟》"耿耿不寐，如有隐忧"，王先谦《诗三家义集疏》云："'隐'亦作'殷'，齐韩作'殷'。鲁说曰：隐，幽也。齐说曰：殷，大也。韩说曰：殷，深也。"此亦"隐"、"殷"通假之例，而齐、韩旧说释义正兼"大"、"深"之义。又按，传世各本此句皆作"道隐无名"，而一般解释为"大道幽隐而没有名称"。王弼注云："物以之成，而不见其形，故隐而无名也。"蒋锡昌云："此'无名'，非一章'无名，万物之母'之'无名'，乃包括上文'若昧'、'若退'、'若纇'、'若谷'、'若辱'、'若不足'、'若偷'、'若渝'、'无隅'、'晚成'、'希声'、'无形'等意义而言。此句总结上文，非与'大象'句为偶也。《老子列传》：'老子修道德，其学以自隐无名为务'。盖即据此文而言。'道隐无名'，言大道隐于无名也。"（《老子校诂》）其说皆畅然可通（唯蒋氏谓"'道隐无名'，言大道隐于无名也"，则有不妥；就原文句法言，应谓"大道隐而无名也"）。帛书本独异众本，作"道襃无名"，帛书整理研究组注云："襃义为大为盛，严遵《老子指归》释此句云：'是知道盛无号，德丰无谥'，盖其经文本作襃，与乙本同，经后人改作隐。隐，蔽也。'道隐'犹言道小，与上文'大方无隅'四句意正相反，疑是误字。"其说大体可从，唯谓"'隐道'犹言道小，与'大方无隅'四句意正相反，疑是误字"，则未妥。"道隐"与"道小"意思不同，故与"大方无隅"四句亦并无相反之意；又如上所述，"隐"借作"殷"，就此而言则是通假字，而非误字。北大汉简本作"殷"，与帛书词异而意近，对于理解句意应有助益。

⑪ 善始且善成：即善始善终，善于开始而且善于完成。道能创始又能成全万物，故云"善始且善成"。此句王弼本作"善贷且成"，传世本如河上本、傅奕本等，多同于王注本。但王弼注文云："无物而不济其形，故曰'善成'。"是王弼所见原文"成"前亦有"善"字。范应元所见古本即作"善贷且善成"，并注云："严遵、王弼同古

本。河上公作'善贷且成'。今从古本。"是范应元所见王弼本正作"善贷且善成"。又景龙碑本作"善贷且善",下当脱一"成"字,是其原文亦当作"善贷且善成"。"成"前有此"善"字,文法、句义较完整。又敦煌本此句或作"善始且成",与帛书乙本(甲本残)作"善始且善成"相近,帛书本于义较胜,应从之。于省吾《双剑誃老子新证》早在帛书出土之前,已倡"贷"当作"始"之说。高明云:"世传今本多同王本,景龙碑作'善贷且善';敦煌戊本'贷'字作'始',谓'善始且成',与帛书接近;范应元本作'善贷且善成'。帛书甲本甚残,乙本保存完好,可据补甲本。与今本勘校,帛书'善始'之'始'字,除敦煌戊本与之同外,世传本皆作'贷',同王本作'善贷且成'。因'贷'字于经义不谋,则古今注释多望文生训。如河上公注:'成就也。言道善禀贷人精气,且成就之也。'王弼注:'"贷"之非唯供其乏而已,一贷之则足以永终其德,故曰"善贷"也。"成"之不加机匠之裁,无物而不济其形,故曰"善成"。'高亨将其译为:'只有道善于施予万物,而且善于成就万物。'可见古今注释多不着边际,与老子本义大相径庭。于省吾云:'敦煌"贷"作"始",乃声之转。《周语》"纯明则终",注:"终,成也。"又"故高明令终",注"终,犹成也。"《尚书·皋陶谟·箫韶九成》,郑注:"成,犹终也。"是"成"、"终"互训,义同。然则"善始且成"即善始且终也。'于氏之说至确。帛书乙本作'善始且善成',即善始且善终也,而为于说得一确证。王本经文'善贷且成'夺一'善'字,但注文不夺。"(《帛书老子校注》)按,"始"、"成"对文,句义明晰,传世各本作"贷",当是同音假借。古书"始"、"殆"、"贷"音近可通。又北大汉简本《老子》此句作"善貣且成","貣"与"贷"音同义通,亦为"始"之借字。

【译文】

上士听了道,仅仅能有所实行;中士听了道,感觉若有若无;下士听了道,就放声大笑——不被人笑话也就不足以称作道了。所以从前有人说过:光明的道像是昏暗的,前进的道像是后退的,平坦的道像是曲折不平的,高尚的德性像是溪谷,极度的白像是受了玷污,广大的德性像是有所不足,刚健的德性像是松弛懈怠,本质纯真像是受污染变质,最大的方形没有边角,最大的器具无所合成,最大的乐音没有声响,最大的形象却不见踪迹。大道深广而没有名称。只有这大道,善于开始而且善于完成。

四十二章

【题解】

本章上一节先是说万物的生成有一个从无到有、由简而繁的过程，接着说万物都包含着阴和阳，阴阳之气交相作用而达于和谐平衡。这和谐平衡，在老子看来，是万物存在的根本状态。下一节由上文万物负阴抱阳的自然之道推及于人事，重申贵柔守雌的道理，主张在损益之间保持平衡，反对逞强和自满。

"一"、"二"、"三"只是以三个数字代表道化生万物从无到有、由简而繁的过程，是对万物生成过程的抽象表述。前人多以一些后起的观念来作解释，如以"太极"、"元气"解释"一"，以"天地"、"阴阳"解释"二"（但往往找不到与"三"相对应的事物），恐与老子以数字作抽象描述的本意相违。"道生一，一生二，二生三，三生万物"，与四十章所谓"天下万物生于有，有生于无"的意思并无不同。"道生一"就是"有生于无"，"三生万物"就是"天下万物生于有"。只是就万物生成由简而繁、从少到多的角度来说，则"有"可以分为"一"、"二"、"三"；而只就万物生成从无到有的情形来说，则"一"、"二"、"三"又可合而为"一有"。

道生一，一生二，二生三，三生万物。万物负阴而抱阳①，冲气以为和②。人之所恶，唯孤、寡、不穀③，而王公以为称。故物或损之而益，或益之而损。人之所教，亦我而教人④:强梁者不得其死⑤——吾将以为教父⑥。

【注释】

①负阴而抱阳:背负着阴而怀抱着阳。

②冲:摇荡。蒋锡昌云:"四章'道冲而用之或不盈'之'冲'当作'盅',此'冲'当从本字。《说文》:'盅,器虚也','冲,涌摇也。'二谊不同。道之盈虚,譬之以器,故用'盅';阴阳精气,涌摇为和,故用'冲',此其别也。"(《老子校诂》)

③孤、寡、不穀:都是古代君主的自谦之词。

④人之所教,亦我而教人:别人所教的,我也拿来教人。据下文所引为古语,则此所谓"人之所教"之"人",指的是"古人",这里解释句意只依字面,译作"别人"。各本此句多有异文,高明云:"王本'人之所教,我亦教人'(按,当作"人之所教,我亦教之",高明所引有误),世传今本有多种句型,异于王本者,如易玄、邢玄、磻溪、楼正、敦煌己、遂州、苏、彭等诸本作'人之所教,亦我义教之';顾欢、邵若愚二本作'人之所教,我亦义教之';严遵、司马二本作'人之所教,亦我教之';宋吕知常《道德经讲义》作'人之所教,而我义教之';傅奕本作'人之所以教我,亦我之所以教人';范应元作'人之所以教我,而亦我之所以教人'。综合分析世传本之句型,基本上可划分为两类:一类下句无'义'字,如王弼本'人之所教,我亦教人';另一类如诸唐本作"人之所教,亦我义教之",句中多一'义'字。两类句型并行千有余载,是非终无结论。历代注释亦各持一说,令人无可适从。如王弼注云:'我之教人,非强使从之也,而用夫自然。举其至理,顺之必吉,违之必凶。故人相教,违之必自取其凶也。亦如我之教人,勿违之也。'唐人成玄英注'人之所教,亦我义教之'云:'言俗人儒教亦尚谦柔,我

之法门本崇静退。然儒俗谦柔犹怀封执，我之静退贵在虚忘，所以为异也。'成氏将'义'字释为'法门'。帛书乙本已全部残坏，甲本虽亦有残缺，但为解决今本经文此一争议，而得一确证。甲本'故人之所教，夕议而教人'，'故'、'夕'、'议'三字皆为假借字。'故'字当假为'古'，'故人'应读作'古人'。'夕'字当假为'亦'，'夕'古为邪纽铎部字，'亦'为喻纽铎部字，声近韵同，可互相假用。'议'字乃'我'之假借字，'议'从'义'从'我'得声，古读音相同，皆为疑纽歌部字，均属双声叠韵，故而在此'议'字当读作'我'。如将借字恢复为本字，那么甲本经文当读作：'古人之所教，亦我而教人。'不难想象，诸唐本中之'义'字，犹若甲本中的'议'字，因后人不理解'义'乃'我'之借字，故衍入经文，踵讹袭谬传至如今，幸得帛书才真相大白。今据帛书甲本'古人之所教，亦我而教人'，'而'在此作'以'用。王引之《经传释词》卷七："家大人曰：'而犹以也。'"正如奚侗《老子集解》所云：'上"人"字谓古人。凡古人流传之善言以教我者，我亦以之教人，述而不作也。'奚氏之释，似较他说切合经义。"（《帛书老子校注》）又奚侗云："今王弼本作'人之所教，我亦教之'，河上本或作'人之所教，我亦义教之'，谊皆不明。"确如所言，王弼本此句，句义实欠完整明白。严格说来，高明引奚氏云"凡古人流传之善言"，亦有不妥，据老子原文，"人之所教，亦我而教人"者，非泛言古人之教言，而是专指下文"强梁者不得其死"一语。傅奕本、范应元本此句只差一"而"字，文字相近，句义相同，两本文字较诸本为繁多，而句意最明确；范应元注云"'人之所以教我，而亦我之所以教人'，王弼、严遵同古本"，是其所见王本、严本皆异于今本。傅本、范本虽句意明确，但句子独长，疑为后人所增，非古本旧貌。他本此句又或多有一"义"（"義"）字，句意皆不可解，确如高明所言，显系因不明"义"（"義"）、"我"通假而误衍。帛书甲本此句作

"故人之所教,夕议而教人",确如高明所言,"夕"、"议"为"亦"、"我"之假借字,但"故"字恐非假借字。帛书句子开头多"故"字,往往从上下文意看有不必用"故"而用"故"者,此句亦不必有"故"字,而且各本多无"故"字,或可删去。如此则此句当作"人之所教,亦我而教人",文句简古而意义通顺。北大汉简本此句正作"人之所教,亦我而教人"。

⑤强梁者不得其死:强暴的人不得善终。强梁,强暴。不得其死,指不得其所而死,不得善终。卢育三云:"不得其死,不得其所而死,或不得寿终。"(《老子释义》)按,《说苑·敬慎》引《金人铭》文,有"强梁者不得其死,好胜者必遇其敌"之语,可知此为上古流传的格言遗教,故云"人之所教"。焦竑云:"木绝水曰'梁',木负栋亦曰'梁',取其力之强也,故曰'强梁'……《金人铭》曰:'强梁者不得其死,好胜者必遇其敌。'盖古人常以此为教,而我亦教之,但老子独尊之。'教父'者,如言'万物之母'之谓。母主养,父主教,故言生则曰'母',言教则曰'父'。"(《老子翼》)其说可参。王弼注云:"强梁则必不得其死。人相教为强梁,则必如我之教人不当为强梁也。举其强梁不得其死以教邪,若云顺吾教之必吉也。故得其违教之徒,适可以为教父也。"所说令人费解。

⑥教父:教人的根本,教学的根本。父,根本,原始。"教父",他本或作"学父",傅奕本、帛书甲本(乙本残)、北大汉简本皆作"学父"。"学父"即"教父",然古本原文或应作"学父",今暂从通行本作"教父"。高明云:"敦煌己、傅奕、范应元诸本'教'字作'学',谓'强梁者不得其死,吾将以为学父'。范应元云:'《音辩》云:"古本作'学父',河上公作'教父'。"按《尚书》"惟敩学半",古本并作"学"字,则"学"宜音"敩",亦"教"也,义同。父,始也。今并从古本。'马叙伦云:'范、罗卷及《弘明集》六释慧通《驳顾士夷夏论》并作"学父"。'成疏曰:'将为学道之先,"父"亦"本"也。'是

成亦作'学父'。臧疏引顾欢曰:'其教学之本父也。'则顾本作
'敩','学'为'敩'省。《说文》曰:"敩,觉悟也。"各本亦作"教
父"。朱谦之云:"'教父'即'学父',犹今言师傅。《方言》六:'凡
尊老南楚谓之父。'"帛书乙本残,甲本作'学父'。"(《帛书老子校
注》)按,"学父"之"学"字乃"敩(xiào)"省文。"敩"即"教"之本
字,《说文·教部》:"敩,觉悟也。"《集韵·效韵》:"敩,教也。"《尚
书·说命》"惟敩学半",孔传:"敩,教也。"故应如范应元、马叙伦
所言,"学父"实即"教父"。又,"敩"亦"学"之本字。《说文》:"学
篆文教省。"《广韵》:"敩,学也。"是"学"字可读为"教",亦可读为
"学"。然而"学"字虽可两读,但"教"、"学"之义有别,不可混同。
此章"学父"只可解释为"教育的根本",而不可解释为"学习的根
本"。奚侗云:"'教父',范应元据古本及王弼、严遵本作'学父',
其谊亦通。盖自授者言之曰'教',自受者言之曰'学'。《尔雅·
释诂四》:'学,教也。'"(《老子集解》)其说似是而非,但颇有影
响。"学父"同于"教父",是因为"学"即"教"之本字,并非因为
"教"与"学"在教学活动中是相通的,我们是在训诂学的意义上
讨论词义,而不是在教育学的意义讨论教与学的问题。高明引
朱谦之之言谓"'教父'即'学父',犹今言师傅",亦如奚说有含混
不清之嫌,照朱氏的意思看,"教父"、"学父"之所以相同,是因为
"教"之"父"与"学"之"父"都可以解释为"师傅"。其说更利用了语
法、词义的模糊性助成其说。而且,"教父"、"学父"从词法上说亦
绝不可解释为"师傅",周秦古语言及师傅未见有类似的称谓;再
从上下文看,说把古人的格言遗教当作"师傅",也显然不如说当
作"教人的根本"更为通顺。老氏之学崇尚柔弱,反对刚强,故以
其言为"教父"。高说所引诸家注,皆释"父"为"本"、为"始",甚是。

【译文】

道生一,一生二,二生三,三生万物。万物包含着阴和阳,阴阳之气

交相激荡而达成和谐。人们所厌恶的,是孤、寡、不穀,而王公却用来称呼自己。所以对于事物而言,有时减损它却反而使它得到增益,有时增益它却反而使它受到减损。别人教导我的,我也拿来教导人:"强暴的人不得善终"——我把这样的话当作教人的根本。

四十三章

【题解】

本章重申了"柔弱胜刚强"(三十六章)的道理,并推而言及人事,指出无为的益处,感叹世人不能知"不言之教,无为之益"。"至柔"能"驰骋于至坚"、"无有"能入于"无间",正是无为之为,是大道"无为而无不为"的力量的体现。

柔弱虚无是道的基本德性,柔弱而至于"至柔",虚无而至于"无有",正是道的显现。"至柔"与"无有"本质相通,"至坚"与"无间"实质相同,"天下之至柔,驰骋于天下之至坚"与"无有入无间"两句话,大意相近而互相发明。在老子看来,只有无形无影的道才具有这样穿透万物的无形的力量。这无形的力量也许会让我们想起现代物理学的一些"新名词",想起宇宙间无所不在的无形的能量,比如:波、射线,或者场。

"天下之至柔,驰骋天下之至坚",与七十八章所谓"天下莫柔弱于水,而攻坚强者莫之能胜"的大意差不多,所以有人说,"天下之至柔"其实指的就是"水"。老子虽然喜欢以有形的水来比喻无形的道,但这里所谓的"至柔"(以及下文的"无有")只是对道抽象的指称,不宜落实为具体的"水",把不同语境中的表述混淆在一起,况且能"驰骋于天下之至坚",而又能入于"无间"的"至柔"、"无有"之物,也显然不是指有形质的水。

天下之至柔，驰骋于天下之至坚①，无有入于无间②，吾是以知无为之有益。不言之教，无为之益，天下希及之③。

【注释】

①驰骋于天下之至坚：奔驰出入于天下最坚硬的东西。王弼本此句无"于"字，帛书甲本"驰骋"后有一"于"字，乙本"驰骋"后有一"乎"字，"乎"、"于"相通，按句法句中应有介词，今从帛书甲本补一"于"字。驰骋，驰马，奔驰。

②无有入于无间：无形的东西穿过没有间隙的东西。此句王注本无"于"字，帛书本有"于"字，今据以补上。此句傅奕本、范应元本句首多"出于"二字，今人注本对于此句文字的校订，因此有不同的意见。张松如云："刘师培曰：'案《淮南·原道训》引作"出于无有，入于无间"，此《老子》古本也。王注本亦有"出于"二字，王弼上文注云："气无所不入，水无所不出于经。"注文"无所不出于经"，当作"无所不经"，与上"无所不入"对文。"出于"二字，必系"无有"上之正文。盖王注本亦作"出于无有，入于无间"，而"出于"二字误入注文也。'易顺鼎说略同。近人马、高、劳、蒋均从之。如按：刘、易所说固辩，而极烦琐；仅凭文字考证，未及义理训诂。且即使王弼亦冠'出于'二字，仍不得概括古本尽然也。帛书就是反证。原'无有'不等于'无间'，义可解作'至柔'，不得称为'至坚'。此句'无有入于无间'，实即上文'天下之至柔，驰骋于天下之至坚'的申说。如云'出于无有，入于无间'，便不知所云为何物矣。蒋锡昌强为之解曰：'"至柔"即谓水也'，'此二句承上文就水言之。'如此增字解经，可谓无中生有。莫若仍以帛书及唐宋诸本为是，'无有'者无形之道也；'无间'者有形之物也。道至柔，物至坚，故曰'无有入于无间'，正是'天下之至柔驰骋于天下之至坚'的意思。河上注：'无有，谓道也。道无形质，

故能出入无间,通神明,济群生也。'得老旨矣。蒋谓'非是',恐非是也。"(《老子说解》)张氏此言大体近是,但仍有含混不清之处。刘笑敢云:"第一句前傅奕本增'出于'二字,于是句义为'至柔''出于无有,入于无间'。范应元本同之,《淮南子·原道》亦明引为'出于无有,入于无间'。严遵《指归》中有'出无间,入无孔',似严遵本原亦同于傅奕本。帛书甲本与通行本同,作'无有入无间'。帛书乙本残缺严重,整理者据傅奕本补。如果整理者的判断准确,则帛书甲、乙本已经不同。但高明所补乙本同于甲本。总之,汉代已经有两个版本,其句义略有不同。依通行本,'至柔'本身就'无有',可以驰骋于'至坚'之固,'入于无间'之实,句义通顺可解,陈鼓应、古棣等皆从之。而傅奕本则是'至柔'本身既'出于无有',又'入于无间',句义似乎也可以接受,从之者亦众。笔者倾向于采用帛书本和通行本的句式,因为'至柔'是'无有',可以'入于无间'的说法,是连贯地形容'至柔'之力量,和上文连读是继续讲'至柔'的力量,和下句连读则是通过'至柔'之神妙作用认识到'无为'之益,文思顺畅无碍。按照傅奕本,'至柔''出于无有'是交待'至柔'之出处及神秘莫测,而不是强调'至柔'的作用效果,那么与下文认识到'无为'之益就没有直接联系,文词支蔓,文气稍滞。此外,帛书甲本是此节最早且未经后人加工过的版本,我们不妨取帛书本为最早原貌。"(《老子古今:五种对勘与析评引论》)其说较为合理,可从。北大汉简本亦作"无有入于无间"。刘师培《老子斠补》引王弼注云"气无所不入,水无所不出于经",这是王弼对"天下之至柔,驰骋天下之至坚"二句的注文。刘说注文多出"出于"二字,固是,但说此"出于"二字是正文"误入注文"则证据不足。王弼注"无有入无间"云:"虚无柔弱,无所不通。无有不可穷,至柔不可折",其原文应无"出于"二字。

③希:同"稀",稀少。

【译文】

天下最柔弱的东西,纵横出入于天下最坚硬的东西,无形的力量穿透没有间隙的东西,我因此知道无为是有益的。不言的教化,无为的益处,天下人很少能够达到。

四十四章

【题解】

本章指出贪求名利的弊害,告诫世人只有知足知止,方能免受屈辱,避祸全生。《庄子·盗跖》:"小人殉财,君子殉名。"名声与货利二者,确实是人情之大欲。名利不但绊住人的身心,而且让人着魔,使人为之颠倒痴狂、喜怒失常,甚至不惜以身相殉。也许是出于对人生世相的体察和悲悯,老子的意思倒并不是要人彻底断绝名利的欲求,而只是教人要"知止"、"知足",不可贪多务得,以至于奋不顾身。

世间得失相因,祸福相生,贪求名利,而不免转眼落空,正是常有的事。至于欲壑难填,就更是人生祸患的根源:轻则取辱,重则亡身。"知足不辱,知止不殆",确是"醒世恒言",值得记取。老子说话所针对的对象常常是"侯王"一类的人物。他这番话对于那些贪得无厌的统治者来说,可以说是点到了要害。

本章"得与亡孰病"一句,自王弼注谓"得名利而亡其身,何者为病也"之后,各家注释多承王注之误,而以为"得"指得到名利,"亡"指失去生命,所以有人把这个句子翻译为:"得到名利和丧失生命哪一样为害"(陈鼓应《老子今注今译》)。其实这话本身在逻辑上是不通的:"得到名利和丧失生命",二者之间不存在"哪一样为害"的可比性。如果一定要拿名利和生命来作比较而提出"何者为害"的问题,也只能说"失去名利与失去生命哪一样为害",而这个问题与"身与货孰多"实际上是同一个问题,老子在上一句刚刚提出。而且照他的意思说,过分追求名利有时甚至会自取灭亡,得到名利与失去生命有时甚至是连在一起的,是一回事,不存在"哪一样为害"的问题。王弼注所谓"得名利而亡其身"也是把两者连在一起,看作直接相关联的"一回事",实际上并不存在"何者为病"的问题。这里的"得与亡",就是"得与失"(下文"厚亡"的"亡"也是失去的意思),而一般所谓的得失乃是指名利而言,老子在这里谈论的也正是与名利相关的得失问题。老子说"得与亡孰病"的意思是教人不可贪多务得,因为得失相因,有时候得到也许比失去更有害。

名与身孰亲[①]？身与货孰多[②]？得与亡孰病[③]？甚爱必大费[④],厚藏必多亡[⑤]。故知足不辱,知止不殆[⑥],可以长久。

【注释】

①亲:亲近,重要。王弼注云:"尚名好高,其身必疏。"

②多:重,贵重。王弼注云:"贪货无厌,其身必少。"

③得与亡孰病:得与失哪一个更有害？亡,丧失,失去。得与亡,即得与丧、得与失。《左传·僖公二十五年》:"公曰:'信,国之宝也,民之所庇,得原失信,何以庇之？所亡滋多。'""得"、"失"对举而以"亡"来说明"失"。又《列子·说符》:"大道以多歧亡羊,学者多方丧生。""亡"、"丧"对文,义皆为"失"。然而王弼注云:"得名利而亡其身,何者为病也？"是以"亡"为"亡身",其说不确,后世注家多承其谬。苏辙云:"不得者以亡为病,及其既得而患失,则病又有甚于亡者,惟齐有无均得丧,而后无病也。"(《老子解》)张尔岐云:"徇名贪货者,皆知好得而病亡,亦思得与亡孰病乎？"(《老子说略》)苏、张所说皆至为确当。

④爱:爱惜。按,"甚爱必大费"句前王本有"是故"二字,从上下文

意看,不必有此二字,竹简本、帛书本及河上本皆无"是故"二字,今据以删去。又,王本"知足不辱"句前无"故"字,竹简本、帛书本、河上本皆有此"故"字,于义较胜,因据以补上。

⑤厚藏必多亡:藏,收藏,聚敛。亡,失去,损失。此句各本皆作"多藏必厚亡",唯竹简本作"厚藏必多亡","厚"、"多"二字位置对调。"厚藏"、"多亡"的搭配更合理,与上句"甚爱"、"大费"对文也更切当。

⑥殆:危险。

【译文】

名声和生命哪一个更重要? 生命和财货哪一个更贵重? 得到名利和失去名利哪一个更有害? 过分爱惜必有重大的损耗,大量藏货必有更多的损失。知道满足就不会遭受耻辱,知道适可而止就不会遇到危险,这样就可以长久安定。

四十五章

【题解】

本章前面一节应当看作对道的描述,可与四十一章描述"道隐无名"的情形互相参看。道具有"大成"、"大盈"、"大直"、"大巧"的品格,尽善尽美,而且作用无穷。然而道的表现却是如有不足,是"若缺"、"若冲"、"若屈"、"若拙",体现了大道造化万物而又深藏不露、纯朴谦虚的特点。这深藏不露、纯朴谦虚乃是大道本身固有的品质,"若缺"、"若冲"、"若屈"、"若拙"是"大成"、"大盈"、"大直"、"大巧"的自然显示,所以大道之深藏不露与世人之出于故弄玄虚、自我标榜而表现出来的"深藏不露"大有不同,一则出于自然,一则出于造作,可以说有本质的区别了。

四章说"道冲,而用之或不盈",六章说大道"绵绵若存,其用不勤",与这里所说的"大成若缺,其用不弊"、"大盈若冲,其用不穷"的意思也是一样的,都说明大道柔弱谦虚而作用无穷,具有永不枯竭的伟大的创造力。然而,本节最后"大辩若讷"一句,常常被看作对人格修养的描述,并进而影响上下文的理解,把这一节文字也解释为对人格的描述。所谓"辩"和"讷",从字面上看,似乎说的只是语言表达能力的问题,但是老子对道的阐述,往往用的正是带有比喻色彩的描述性的语言。这里所谓"大辩若讷"应当看作一个拟人化的隐喻,如同七十三章所说的

"天之道……不言而善应",又如庄子所说的"天地有大美而不言"(《庄子·知北游》),都是对大道隐而不彰、纯朴无言的境界的描述。不过,老子认为大道在世间、在人事上的落实,终归还是要通过修道行德的人来体现。而得道的"圣人"正是人世的楷模,是大道精神在人间的体现——就此而言,老子所描述的大道的境界,不妨说也是人格的境界。

　　本章后面一节,由前面一节所言大道深藏若虚而作用无穷推及于人事,认为"清静"是天下的典范,是治理天下的根本和正道。老子所说的"清静"是和"无为"、"无欲"联系在一起的。面对时世的混乱,老子希望统治者能克制自己的贪欲,弱化统治意志,减少烦苛的政治干预,减轻人民的负担,给人民自我发展留下更多一点自由的空间。他的话至今听起来仍然发人深省,值得回味。

　　大成若缺①,其用不弊②。大盈若冲③,其用不穷。大直若屈,大巧若拙,大辩若讷④。躁胜寒,静胜热⑤。清静为天下正。

【注释】

①大成:大完满。成,成就,完满。

②弊:穷乏,衰竭。

③冲:通"盅",空虚。

④大辩若讷:辩,能言,有口才。讷,寡言,不善于说话。

⑤躁胜寒,静胜热:运动战胜寒冷,安静战胜炎热。躁,动,运动。此二句传世各本大同小异,文异意同。帛书本同于王注本,皆作"躁胜寒,静胜热",北大汉简本亦同此;郭店竹书作"燥胜沧,清胜热",与王注本、帛书本相比,文异而义同。各家如马叙伦、朱谦之、蒋锡昌、严灵峰等解释此二句多失当,盖因"躁胜寒"一句,似与老子清静之旨有违,与下文"清静为天下正"不相连贯,故不免曲意求解,不知老子之意,乃谓就事物的现象而言,则有正反

之相克相胜，就事物存在的根本而言，则"清静为天下正"。朱谦之训"躁"为"燥"，为"炉火"，训"静"为"瀞"，为"清水"，谓句意为"清水可以胜热，而炉火可以御寒也"（《老子校释》），其说牵强；马叙伦以为"躁胜寒"当改作"寒胜躁"，而"躁"训作"燥"，意为干燥（《老子校诂》）；又如蒋锡昌云："此文疑作'静胜躁，寒胜热'……言静可胜动，寒可胜热也。"（《老子校诂》）如马、蒋二氏所改，则文意的确可以贯通，但毫无证据而改字解经本是古人注书之所忌，且实际上也不足于取信。后来出土的帛书亦作"躁胜寒，静胜热"，竹书作"燥胜凔，清胜热"，与今本相比虽字有异体，但文意并无不同，也可以证明任意改动字句是不妥的。实际上，"躁胜寒，静胜热。清静为天下正"，不过是说性质相反相对的事物可以相克相胜，如动之胜寒，静之胜热——但这只是就事物的具体表现而言，可谓动静各有所能，若就事物的根本而言，则"清静"为万物之源，"夫物芸芸"，相生相克，但终将"归根复命"，复归于"清静"。老子的意思是要教人透过纷纷扰扰的现象去把握根本的东西，去体认大道清静无为的精神。王弼注云："躁罢然后胜寒，清静无为以胜热。以此推之，则清静为天下正也。静则全物之真，躁则犯物之性，故惟清静，乃得如上诸大也。"王注不知老子此章本意，拘泥于清静之旨，曲折求解，辄谓"躁则犯物之性"，大失其意；又以"躁罢然后胜寒"（意为"躁停止了才能胜寒"）解"躁胜寒"，则完全是不顾原文的强解，就后世的种种曲解而言，王注可谓始作俑者。

【译文】

大完满好像有欠缺，而它的作用却不会衰竭。大充实好像空虚，而它的作用却不会穷尽。大直好像弯曲，大巧好像笨拙，大辩好像木讷。运动能抵御寒冷，安静能制服炎热。而只有清静才是天下万物的准则。

四十六章

【题解】

　　老子生活的时代正是诸侯混战、兵连祸结的春秋时期。他反对战争,反对统治者贪欲的泛滥,都是有感而发的。老子认为大兴兵革是"天下无道"的表现。战争作为大规模的社会暴力行为,往往给社会安定造成严重的威胁,给广大人民带来严重的灾难,人民从来都是战争最直接的受害者。第三十章亦云:"师之所处,荆棘生焉;大军之后,必有凶年。"老子反对战争的思想中,包含了对民间生活、对民生疾苦的关心和同情。

　　老子指出统治者的贪欲是最大的祸害,是战争的根本原因。所谓"甚欲"、"欲得"、"不知足"其实是一个意思,指的就是贪欲。一个意思分三句话说,只为了加重其辞,强调贪欲为害之甚。他告诫统治者应该"知足",因为只有"知足"才能防止私欲的膨胀,消除祸根,安定天下。老子还认为,"知足"是真正满足的前提,只有"知足之足"才是永远的满足。永远的满足也就是真正的富足。三十三章所谓"知足者富"也是这个道理。

　　天下有道,却走马以粪①;天下无道,戎马生于郊②。罪莫厚于甚欲③,咎莫憯于欲得④,祸莫大于不知足。故知足之足,常足矣。

【注释】

①却走马以粪:把奔跑的战马退回去耕田。却,退回。走马,奔跑的马,此指战马。粪,耕治农田。王弼注云:"天下有道,知止知足,无求于外,各修其内而已。故却走马以治田粪也。"按,王注云"故却走马以治田粪也",语有不通,疑当作"故却走马以粪田也",参见楼宇烈《老子道德经注校释》。

②戎马生于郊:战马兴起于郊野。戎马,战马。生,兴起。王弼注云:"贪欲无厌,不修其内,各求于外,故戎马生于郊也。"释德清云:"及世衰道微,圣人不作,诸侯暴乱。各务富国强兵,嗜欲无厌,争利不已,互相杀伐,故戎马生于郊。"(《老子道德经解》)

③罪莫厚于甚欲:没有比多欲更大的罪过。甚欲,过度的欲望,犹言多欲。"甚欲"一词,各本作"可欲",颇费解。或解作"可欲之物",但"可欲之物"何罪之有,于义难通。唯竹简本此句作"罪莫厚于甚欲",句义最为明白可取。《韩诗外传》引此句"可欲"作"多欲","多欲"义犹"甚欲",可与竹简本相印证。按,王弼本无此句,独与众本异。然各本及帛书、郭店竹书皆有此句,《韩非子》的《解老》《喻老》亦引有此句,其原文当有此句。又,各本句中"厚"字皆作"大",今从郭店竹书作"厚"。

④咎莫憯(cǎn)于欲得:没有比贪得更惨的灾殃。咎,灾祸。憯,同"惨",惨痛。欲得,贪得,贪心,想得到。此句各本皆置于"祸莫大于不知足"之后,唯竹简本置于"祸莫大于不知足"之前,两句次序对换,联系下文"知足之足",竹简本句序上下连贯,文意通顺,较为可取。按,"憯"字王注本作"大",傅奕本、范应元本、帛书本、竹书本及《韩非子》引文皆作"憯",其原文应作"憯"。

【译文】

天下有道政治清明,把奔跑的战马退回去耕作;天下无道政治昏乱,战马兴起于郊野。没有比多欲更大的罪过,没有比贪心更惨的灾殃,没有比不知足更大的祸患。所以知道满足的这种满足,就是永远的满足了。

四十七章

【题解】

常识告诉人们,人应当走出门去,必须在学习和实践中认识事物,积累知识。可是老子却说"不出于户,以知天下;不窥于牖,以知天道。其出弥远者,其知弥鲜",好像关起门来,闭目塞聪,反而能使人无所不知,而走得越远,看得越多,却只会使人更加无知。他的话听起来真像是谬论,也有悖于人们的"共识"。

然而,在生活中我们确实常常会遇到那种阅历丰富,走得远见得多,但对于世界和人生却并无真实的知见、而且往往言不及义的人。对于这种人来说,即便不是"其出弥远者,其知弥鲜",至少也是"其出虽远,其知甚鲜"——我们因此知道智慧的可贵。只有智慧方能超越于一般的见闻之上,超越于对具体事物的认识之上,照察万物,感知真理,使人获得对世界和人生真实的知见。老子在此标举的正是这样一种统而观之、融会贯通的智慧。它追求的不是知识的增长,而是精神的觉悟,它成就的不是博学的境界,而是体道的人生。所谓"不行而知,不见而名",指的正是得道者的觉悟之知与智慧之明,它超越于耳目闻见之上,是"涤除玄览"(十一章)而显现出的心灵觉悟之光。

不出于户,以知天下;不窥于牖,以知天道[①]。其出弥远者，其知弥鲜②。是以圣人不行而知③，不见而名，弗为而成④。

【注释】

①不出于户，以知天下；不窥于牖（yǒu），以知天道：不出门而知道天下事，不看窗外而知宇宙万物之道。牖，窗。天道，即道，指作为宇宙万物本根的道。而任继愈、高明解作"日月星辰运行的规律"、"天体运动规律"，卢育三解作"日月星运行的轨道"，陈鼓应解作"自然的规律"，恐皆失其义。此四句各本有异文而大意相同。此处正文依帛书本。王弼本作"不出户，知天下；不窥牖，见天道"。传世各本多如王注本作"见天道"，唯傅奕《道德经古本》与帛书同，作"知天道"，傅本原文为："不出户，可以知天下；不窥牖，可以知天道。"刘笑敢云："第二句、第四句傅奕本和帛书本均作'知天下'、'知天道'，河上本、王弼本则改作'知天下'、'见天道'，或为避免重复'知'字。但就文义说，'天道'是抽象的，本不能'见'，改为'见天道'就与第十四章所说'视之不见'相冲突，所以并不恰当。"（《老子古今：五种对勘与析评引论》）按，刘说有理，而且下文"其知弥鲜"、"不行而知"是就上文的意思作申说，而皆曰"知"，正与上文相承接；下文"不见而名"的"见"，是对应于"不窥于牖"而言，说"不见而名"，正说明"天道"是不可以"窥见"的，但后世改"知"为"见"，或因涉下文"不见"而臆改。又《文子·精诚》、《吕氏春秋·君守》、《韩非子·喻老》、《淮南子·主术》所引亦皆作"知天道"。《文子·精诚》引文为"不出于户，以知天下；不窥于牖，以知天道"；《吕氏春秋·君守》所引，两"以"字作"而"，余皆与《文子》所引相同；《韩非子·喻老》所引较《文子》所引只是两个"以"字上各多出一个"可"字，各书引文皆与帛书本相同或相近，帛书原文应近于古本原貌。与帛书相比，

以王弼本为代表的传世本，经后人不断"加工"，行文往往更工整、简约，但失去了古本行文古朴的特色和纡徐散缓的意趣。此外，不为人所注意而值得一提的是，王弼注云："执古之道，可以御今；虽处于今，可以知古始。故不出户、窥牖而可知也"，据注文可知，王注本原文亦当作"知天道"。

② 其出弥远者，其知弥鲜：出行越远的，所知道的就越少。弥，更加，越。鲜，其本字作"尟"，为"鲜"之异体，今改作通行的"鲜"字，意为少。此二句传世各本如王注本、河上本多作"其出弥远，其知弥少"，唯傅本、范本"少"作"尟"，范注云："'尟'字，韩非、王弼同古本。"如范注所言，则韩非所引及王注本原文亦皆作"尟"，但今所见诸王注本及韩非《喻老》引文皆作"少"，或当为后人所改。"少"、"尟"义同，但其原文或当作"尟"。奚侗云："'尟'各本作'少'，与'远'不韵。"(《老子集解》)范应元云：古本及王弼、韩非作'尟'。"(《老子道德经古本集注》)高亨云："作'尟'是也。本章户、下为韵，牖、道为韵，远、尟为韵，名、成为韵，即其征。宜据改。"(《老子正诂》)马叙伦云："案此当作'少'，'尟'为俗字，'少'与'道'为韵。"(《老子校诂》)张松如云："'远'，'尟'二字为韵，'少'与'道'为韵，都可以。"(《老子说解》)按，高说正确。马说非，上古音"少"与"道"不为韵。此处正文依帛书作"其出弥远者，其知弥少"，又依傅本、范本改'少'为'尟'(帛书甲、乙本"少"字俱残，整理者据传世本补"少"字)。又按，《吕氏春秋·君守》、《韩非子·喻老》、《淮南子》之《道应》、《精神》及《文子·十守》所引此文皆如帛书作"其出弥远者，其知弥少"，上句末有"者"字。《文子·十守》云："'其出弥远者，其知弥少'，以言精神不可使外淫也。"《淮南子·精神训》引文后加以解释云："以言夫精神不可使外溢也。"《吕氏春秋·君守》引文后高注云："不知人而恃己明，不能察偏远，故'弥少'也。"《韩非子·喻老》引文后云："此言

智周乎远,而所遗在近也。"诸家时世近于老氏,而所言皆不得其意。王弼注云:"道视之不可见,听之不可闻,博之不可得。如其知之,不须出户;若其不知,出愈远愈迷也。"钱锺书云:"'知',知道也,即上句之'知天道',非指知识;若夫知识,则固当如四八章所谓'为学日益'耳。"(《王弼老子注》见《管锥编》第二册)王、钱二氏所说皆得其义。

③行:行动,实行。

④不见而名,弗为而成:不用看就能明了,无所作为就有所成就。名,通明。蒋锡昌谓"不见而名",张嗣成本、危大有本"名"作"明",主张改"名"为"明",其说云:"'名'、'明'古虽通用,然《老子》作'明'不作'名'。二十一章:'不自见,故明。'五十二章:'见小曰明。'皆'见'、'明'连言,均其证也。此当据张本改。"(《老子校诂》)其说有理,《韩非子·喻老》所引亦作"不见而明"。但《释名·释言语》云:"名,明也。"是"名"与"明"音同义通,可不必改字;而且帛书本作"名",传世各本亦多作"名",故正文仍作"名"。又,北大汉简本此句作"不见而命",整理者亦以为"命"与"名"通;《鬼谷子本经·阴符七篇》引文作"不出户而知天下,不窥牖而知天道;不见而命,不行而至",其句与汉简同。王弼注云:"明物之性,因之而已,故虽不为,而使之成矣。"此二句王本作"不见而名,不为而成",与帛书本仅有一字之差,而句义相同,今为求一章之内行文一致,原文依帛书本。

【译文】

不出门就知道天下事,不看窗外就知道宇宙万物之道。出门走得越远,所知道的就越少。所以圣人不用去做就能知道,不用去看就能明了,无所作为就有所成就。

四十八章

【题解】

本章区别"为学"和"为道",认为"为道"与"为学"相反,要减少知识,抛弃成见,祛除心灵的遮蔽,以达到清静无为的体道之境。重点论"为道日损",主张减少知识,抛弃成见,与四十七章主张超越于耳目闻见之上,以直观内省的方式体悟真理的旨趣一意相承。

"为学"指的是一般的求知活动,是以求得对各种事物的知识为目的。知识要通过学习逐渐积累,才能不断丰富,所以是"日益"。"为道"也可称作"修道",它在根本上可以说是一种反求诸己的精神修炼。"为道"的目的在于体道。而道是无限的,是超越于一切观念和规定性之上的终极真理,只能凭借虚灵不昧的智慧去感知体悟,而绝不能凭借有限的知识去求得。知识是有限的,凭借知识不但不足以知"道",而且适足以成为体道的障碍,所以"为道"要"日损"。所谓"日损",就是要抛弃成见,祛除心灵的遮蔽,使人超脱于认知的局限之外。

"为学日益,为道日损"两句是本章的关键,表达了老子在认识论上与众不同的思想。"为学"用"加法","为道"用"减法"。老子在这里教我们用"减法",为的是破除知识的迷障,引领我们回归"自然",直面真理。就此而言,老子的意思与西方现象学"回到事物本身"的想法,倒是颇有相通之处。但我们至今不能习惯这种与成见有所不同的思想,老子对知识的态度使很多人不安，所以人们在解释"为学日益，为道日损"
这两句话时，常常说"为学"是增益知识，而"为道"所要减损的则是"智
巧"，是"妄见"。这样的解释恐不妥。这两句话对举成文，从文法和语
义上看，"为道"之所"损"必是"为学"之所"益"，不能互不相同，一为"知
识"，而一为"智巧"或"妄见"。不过在老子看来，相对于造化万物的大
道而言，一切的"知识"倒不妨说都是"智巧"，是小聪明。而实际上对愚
妄的人来说，所有的"知识"也都有可能变成"妄见"，成为觉悟的障碍。
就好比兔子撞到树，折了脖子会死，也可以说是一条"知识"，但对于那
个"守株待兔"的人来说，却成了十足的"妄见"。可见"知识"原本也可
以是"智巧"、是"妄见"——我们可以不必对老子怀疑乃至否定知识的
态度感到迷惑不解或疑虑不安。

　　还有一种曲解始于河上公《老子章句》。他说："学谓政教礼乐之学
也；日益者，情欲文饰日以益多。道谓自然之道也；日损者，情欲文饰日
以消损。"这样的解释倒是简单便利，把"为学"所增益与"为道"所减损
的，都说成是"情欲文饰"这种被看作浮华甚至邪恶的东西。表面上看
这种解释似乎合乎情理，也为人们所易于理解和接受。但是以"学"为
"政教礼乐之学"，以所损益为"情欲文饰"，恐为曲解。"学"何以见得是
"政教礼乐之学"？就算是"政教礼乐之学"，又何以见得学习所得不是
"知识"却是"情欲文饰"——特别是"情欲"？从语言本身来说，说"为学
日益"，不言而喻，指的是"为学"增益"知识"，而"为道日损"与上句互文
对举，"日损"自然指的是减损"知识"。所谓"为学"也就是"治学"的意
思，并无具体实指的对象，其所谓"学"，指的只是一般的"学习"，而一般
所谓的学习，当然是指求知的行为，如何可以理解为学习"政教礼乐"而
增益"情欲文饰"呢？这种对语言误解，亦是对语言所表达的思想本身
的误解。可此说却一直流行至今，为各家所乐以引用，影响之大，出人
意料。如朱谦之《老子校释》云："'为学日益'与二十章'绝学无忧'皆指
学礼而言。《庄子·知北游篇》：'礼者，道之华而乱之首也，故曰"为道

日损"。'又《后汉书》六十六《范升传》,升奏议引:'颜渊曰"博我以文,约我以礼",孔子可谓知教,颜可谓善学矣。'下引《老子》曰'学道日损'以'学道'二字连,知有误文,惟以博文约礼为'学',则为'学'之古义。"其说引经据典,欲以助成河上注之误说。依朱氏所言,"学"字"古义"乃专指"学礼",则"教"字的"古义"岂不是也只限于"教礼"这一项了?显然与事实不合。又如高明《帛书老子校注》亦引河上公注,并表示赞同说:"其说诚是。'为学'指钻研学问,因年积月累,知识日益渊博。'闻道'(按,帛书乙本"学道"作"闻道")靠自我修养,要求静观玄览,虚静无为,无知无欲,故以情欲自损,复返纯朴。"不过河上公注以"学"指"政教礼乐之学",而"政教礼乐之学"乃是世俗之学,故"为学"而"日益"者是"情欲文饰",而"为道"所要"日损"的也正是"为学"所"日益"的"情欲文饰",是所损与所益同为"情欲文饰"。而高氏所说,则以为为学增益的是知识,为道减损的是情欲,是所损与所益并不相同。又如冯友兰在《中国哲学史新编》中说:"'为学'就是求对外物的知识。知识越多越好,所以要'日益'。'为道'是求对于道的体会。道是不可说、不可名的,所以对于道的体会要减少知识……",所说大体正确而符合老子思想的本意。可是接着他又说:"《老子》并不完全不要知识……它认为,为道就要'日损',为学就要'日益',但是所损所益并不是一个方面的事。日损,指的是欲望、感情之类;日益指的是积累知识的问题。"则所说不免夹缠,且与前文自相矛盾。所谓"所损所益并不是一个方面的事",已如上文所述,在字面上也说不通。至于说所损指"欲望、感情之类",则是犯了自河上公注以"情欲文饰"为解以来常见的错误。张松如《老子说解》、张松辉《老子导读》,皆沿袭了河上注之说。《老子》一书的注释与解读,类似这样的问题还很多,因本书体例所限,不遑多论,姑举此一例稍加引述,以为隅反之资。

为学日益①,为道日损②。损之又损,以至于无为。无为而无不为。取天下常以无事③,及其有事④,不足以取天下。

【注释】

①为学日益:治学是一天比一天增加知识。为学,治学,求学。王
　弼注云:"务欲进其所能,益其所习。"

②为道日损:修道是一天比一天减少知识。为道,学道,求道。王
　弼注云:"务欲反虚无也。"

③取天下常以无事:取得天下靠的是无为。取,取得,这里有治理
　好天下而真正取得天下的意思。各家注解,多释"取"为"为"或
　"治",恐失其义。无事,也就是无为,下一句所谓"有事"也就是
　有为。

④及其有事:等到多事有为。及,至,至于。此处有假设的意思。

【译文】

治学是一天比一天增加知识,修道是一天比一天减少知识。减少
而又减少,一直到无为的地步。顺其自然清静无为就没有成不了的事。
取得天下要靠无为,如果有为,就不足以取得天下了。

四十九章

【题解】

本章阐明圣人之治,指出圣人治理天下,能摒弃主观意志和成见,能宽容待人,和光同尘,不斤斤计较于是非善恶的分别,而以百姓之心为心,使人民自由自在而归于浑朴。

所谓圣人之治,也就是无为之治。本章所论是对无为之治的具体说明。《老子》一书所谓圣人,通常指"以道莅天下"(六十章)的君王,是道在人间的化身,是真正能实行无为之治的理想的君王,既是道德的楷模,又是最高的执政者。

重视民意,主张统治者应顺民心,仁民爱物,这也是儒家政治思想的基本内容。老子"圣人恒无心,以百姓之心为心"的话,很容易让人把它跟儒家仁政爱民的思想联系起来。老子之所谓"无心",指的是圣人治理天下能破除自我中心,摒弃主观意志。所谓"以百姓之心为心",只是一切以百姓意愿为依归,顺乎自然任其"自化"而已。"善者善之,不善者亦善之";"信者信之,不信者亦信之",这不是一般的宽容,而是因循放任,在这种因循放任中包含了通达、超脱的智慧。在老子看来,这种因循放任能得到善的结果。而儒家之所谓仁政爱民、所谓"施仁政",在根本上是统治意志的体现,与狭隘的政治功利目的密切相关。这与老子主张弱化乃至解除统治意志、超脱于事功之外的无为之治,在根本上是相反的。儒家的仁政思想自有其不可抹杀的正面价值,但在漫长的中国历史上,它却往往成为专制政治压迫人民的工具。假借人民的名义以推行暴政正是专制政治历久弥新的主题,而究其原因,却与仁政思想本身所包含的强权统治意识直接相关。正是有见及此,老庄一致反对仁义,而庄子甚至说"爱民,害民之始也"(《庄子·徐无鬼》)——语似荒谬,但揆之于专制政治的史实,却也可以说是不幸而言中的了。

本章说"百姓皆注其耳目,圣人皆咳之",在《老子》五千言中,这是唯一读来能使神经过敏的人感到不快的句子。专制政治的重要特征之一,是把人民当成"小孩"。中国式的封建专制政治,在这一点上表现得尤其突出。中国自古就只有"子民"而没有"公民",甚至"百姓"这个词也包含有与"子民"一词相同的专制政治的意味——这在某种意义上要归功于儒家的"教化"。人民是"子民",而统治者是"父母官"、是"父母"。在"父母官"眼里,人民是没有长大的"孩子",没有独立自主的人格与权利,可以任由他们"保护"("监护")和愚弄——专制政治往往正是在"保护"人民的名义下,对人民生杀予夺,实行管制、压迫和愚弄,就此而言,专制政治与黑帮组织及其权力运作,可谓如出一辙。典型的专制政治的基本表情是"严父"的表情,官员们千人一面,不苟言笑——实际上他们本身已沦为专制政治的工具与权力的傀儡——他们似乎随时准备"发作",显示权力带来的威严。不过,好在老子的本意是厌恶专制政治的。他说"圣人"之治,视百姓如婴儿,但"圣人"本身也是一个婴儿,是一个纯朴自然、葆有赤子之心的人,圣人之治在本质上正是与专制政治相反的无为之治。

圣人恒无心[①],以百姓之心为心。善者善之,不善者亦善之,德善也[②]。信者信之,不信者亦信之,德信也。圣人之在天下也,歙歙焉[③],为天下浑心。百姓皆注其耳目焉,圣人皆咳之[④]。

【注释】

①无心:没有意志,没有主观成见。按,"圣人恒无心"句,王弼本及河上本、傅奕本皆作"圣人无常心"。刘笑敢云:"第一句中'无常心',惟帛书乙本作'恒无心'(甲本残)。景龙碑、顾欢本以及多数敦煌本也作'圣人无心'。严遵《指归》云:'道德无形而王万物者,无心之心存也;天地无为而万物顺之者,无虑之虑运也。由此观之,无心之心,心之立也;不用之用,用之母也。'其文反复以'无形'、'无心'、'无为'、'无虑'、'不用'相对仗,可见严遵本原来也是'无心',而不是'无恒心'或'无常心'。河上公注云:'圣人重改更,贵因循,若自无心。'可知河上公本原作'无心'而非今本之'无常心'。众多证据显示,古本原作'恒无心',而不是'无常心'。"(《老子古今:五种对勘与析评引论》)刘说甚是。

②德:通"得",得到,获得。

③歙歙(xī)焉:和合的样子。

④咳:通"孩",婴儿。按,"圣人皆咳之"句上王弼本脱"百姓皆注其耳目焉"一句。但王弼注云:"百姓各皆注其耳目焉,吾皆孩之而已",可见王弼本原有此句。本章帛书本文字,与王弼本及其他传世本相比较,更为可取,故原文悉依帛书本。

【译文】

得道的圣人没有自己的意志,而是以百姓的心作为自己的心。善良的人要加以善待,不善良的人也要加以善待,这样最终就得到了善。诚实的人要加以信任,不诚实的人也要加以信任,这样最终就得到了诚信。圣人治理天下,显得安详和合,让天下人的心归于浑朴。百姓都运用自己的聪明,耳目各有所关注,圣人都把他们看作纯朴无知的婴儿。

五十章

在《老子》八十一章中,本章被认为是最难理解的篇章之一。其实本章文意基本上还是清楚的。本章主旨是论摄生,体现了道家对生命的关怀。生命在一呼一吸之间,就其实质而言,确实是脆弱的。所以人活在世上,在生死之间如何自处,确实值得重视。

老子说,世上能顺生而生、有利于生的人与背生而生、趋向于死的人大约各占三分之一。而另有三分之一的人,却由于过度求生而反倒自蹈死地,不能享其天年。老子认为,这一类人,其本意并非要"背生而生",却与趋死之人殊途同归。养生之道的基本原则是清静无为、少私寡欲,过一种纯朴自然的生活。而过度求生却违背了这种原则,导致走向求生的反面。这是老子在此要特别指出的道理。

老子说善于摄生的人外物不能侵害,这实际上是寓言式、象喻化的表述。善于摄生者,就本质而言则能通于大道,他们是所谓的"得道之士",得道则能通神。这是对得道之士理想化的描述,后来的庄子也常常有类似的描述。在这种看似荒诞不经的表述中,实际上包含了深刻的寓意:养生不仅是养身体,而且更是修道,是精神的修炼,理想的养生能使人超脱于生死之外,使生命获得灵性,焕发光辉。不过,老子说"盖闻"善于摄生的人外物不能侵害,也可能包含对某种理想甚至神秘的人生境界的幻想,而这种幻想则可能与流行于古代的有关神异人物和事迹的传说相关。

就具体文句的理解而言,古今对于"生之徒,十有三;死之徒,十有三;而民生生,动皆之于死地,亦十有三"诸句的解释,分歧较大。《韩非子·解老》云:"人之身三百六十节,四肢九窍,其大具也。四肢与九窍十有三者,十有三者之动静尽属于生焉。属之谓徒也,故曰:'生之徒也十有三。'至其死也,十有三具皆还而属之于死,死之徒亦十有三。故曰:'死之徒也十有三。'"严遵《老子指归》云:"是故虚、无、清、静、微、寡、柔、弱、卑、损、时、和、啬,凡此十三,生之徒;实、有、浊、扰、显、众、刚、强、高、满、过、泰、费,此十三者,死之徒也。夫何故哉?圣人之道,动有所因,静有所应。四支九窍,凡此十三,死生之外具也;虚实之事,刚柔之变,死生之内数也。故以十三言诸。"韩非以"四肢九窍"释"十有三",完全是一种离奇的臆想。他的大意是说:人活的时候四肢九窍都"属于生",等到人死了,四肢九窍又都"属之于死",所以说"生之徒,十有三;死之徒,十有三"。照韩非的理解,老子这里说的是两句荒唐的废话:人活着四肢九窍就跟着活,人死了四肢九窍就一起死。韩非的时代去老子不远,但其《解老》《喻老》解释老子思想多有偏颇。严遵则承续韩非之误,以四肢九窍为"十有三",为"死生之外具",又加上"死生之内数"各十三。严氏其人世传为高士异人,传说以卖卜为生,解说老子多谬妄之谈,颇近于市肆卖卜者之言。今人高亨《老子注译》曾以七情六欲(喜、怒、哀、惧、爱、恶、欲为七情,声、色、衣、香、味、室为六欲)解释"十有三",其思路与韩、严二氏相同。这种误解,虽然体现为思想上的严重偏差,但在本质上与对语言本身的误解相关。从本章的语境看,"十有三"根本就不应解读为"十三",这样的解读实际上是对文本的背弃,是不知所云的自说自话。

劳健《老子古本考》曾总结古人对"十有三"理解的错误云:"敦煌十作什,他本皆作十。王弼注十有三犹云十分有三分,其义至明。敦煌之作什,亦本此训也。韩非乃谓人生有四肢九窍,合为十三,支离已甚;范应元则演为五行生死图,以傅会十三之数,未脱方伎结习,尤怪诞不经。苏辙则云:'老子言其九,不言其一,使人自得之。'亦属迂论。夫十之三犹三之一耳,必欲拘于算数求之,弥多困踬矣。"朱谦之《老子校释》亦云:"'十有三'之说,自韩非子、河上公、碧虚子、叶梦得以四肢九窍为'十三',已涉附会。乃又有以十恶三业为'十三'者,如杜广成;以五行生死之数为'十三'者,如范应元;其说皆穿凿不可信。"

劳健、朱谦之对古人的批评可谓中肯,但是今人的理解仍有很多偏差。即如朱谦之《老子校释》,其书引马叙伦之言以为据,说明"徒"应解释为"塗"或"途",即道路的意思,其说乖谬而影响很大。马叙伦云:"《说文》无'塗'、'途'二字,盖'徒'即'塗'、'途'本字也。《庄子·至乐篇》'食于道徒',即道塗也。此'徒'盖如字读。"(《老子校诂》)按,"徒"非"塗"、"途"之本字,"塗"、"途"之本字就是"途"字本身,《说文》虽无"途"字,但甲骨文中早已有"途"字;"徒"字或可借为"涂"之代字,但其例颇为少见。而且"徒"解释为"路途"、"途径",解释原文也不可通,不可说"生的途径有十分之三,死的途径有十分之三";联系下文"而民生生,动皆之死地,亦十有三",就更说不通了——老子的意思显然不是说"人们过度求生而自蹈死的途径也有十分之三"。实际上,本章根本没有讨论生与死的"途径"问题,说生与死的途径各占多少比例,更是让人费解。

近代以来注家多接受清人高延弟的说法,其所著《老子证义》云:"生之徒,谓得天厚者,可以久生。死之徒,谓得天薄者,中道而殀。动之死地者,谓得天本厚,可以久生,而不自保持,自蹈死地。盖天地之大,人物之蕃,生死纷纭,总不出此三者……夫天下之人以十分为率,殀死者居其三,自蹈于死者居其三,幸而得遂其生死之常者,仅居十之三耳。吁! 此正命之人所由少与!"其说本不足道,但通俗易懂,为各家所乐于信从。朱谦之、高明、张松如、陈鼓应等皆取其说。照高氏的说法,老子把人分为以下三类：一是因天生身体素质好而得长寿的人，二是因天生身体素质差而中道夭亡的人，三是天生身体素质好、本该长寿而不能长寿的人。除了说"动之死地者，谓得天本厚，可以久生"云云，是明显脱离了文本的解释外（显然是为了与上文"得天厚者"、"得天薄者"的说法保持一致。然老子原文并无"得天本厚，可以久生"之意，原文的意思恰如司马光《道德真经论》所云，是"虽志在爱生而不免于趋死者"），其他的解释在字面上甚至是可通的，但这样的解释把老子对人类生存状态更深层的思考和关注，转化为浅薄的认识。老子关注的是人的处世方式和对自身生命的态度以及由此产生的结果，而不是对生老病死的现象的简单归类。老子说"生之徒"、"死之徒"，不是要把人分为健康长寿的和不健康短命的（受高说影响，蒋锡昌《老子校诂》直接就把"生之徒"解释为"长寿之类"、"死之徒"解释为"短命之类"，陈鼓应《老子今注今译》也直接解释为"属于长命的"和"属于短命的"）；老子说"而民生生，动皆之死地"，不是指本可长生而因不善保持以至于早死的人（高氏的解说，在此直接脱离了原文），而是指过于爱重生命，过于贪生，反而自蹈死地的人。而且照高氏所说，前两类人也没什么可关注的，他们自生自灭，都是自然的状态；老子所关注的实际上只有最后这一类人，只有十分之三的人。这显然不合情理，老子也绝不会认为人类之中只有十分之三的人生存状态是有问题的，是值得关注的。他的意思其实非常简单，把人分为三类，照最通俗的话来说，一类是能活的、该活的（属于"生"这一类的），这类人能顺应自然，顺生而生，故能全生；一类是"该死的"（属于"死"这一类的），这类人或者行为放僻乖张，或者为人刚暴强横，或者举止轻狂冒失，总之，皆有其取死之道，大抵属于自暴自弃或"自作孽，不可活"之类的；最后一类是太想活而活不了的，由于过度求生、贪生，过于爱重自己，反而损耗或丧失了生命。

　　古往今来人们对于这段话的种种曲解、误解，究其原因，主要是因为对老子把人分为"生之徒"和"死之徒"的思路缺乏真正的理解。对大多数的人来说,人没有不想活的,说有"生之徒"大家应该都能理解,说有"死之徒",有那种如王弼注所谓"取死之道,全死之极"的人,就不大能理解了。七十六章说:"坚强者死之徒,柔弱者生之徒。"显然正是从人的处世方式、生存方式来谈论"生之徒"、"死之徒"的,这种谈论也因此才是有意义、有价值的;而根本不是从人的生命过程、身体素质以及自然寿命的长短来谈论"生之徒"、"死之徒"的。老子像预言家一样说话,其文言简意赅,也给一般人的理解造成困难。这里说"生之徒,十有三;死之徒,十有三",其言至简,对于固执言筌的人来说,可能有点摸不着头脑,于是才有了各种稀奇古怪的曲解。其实,光是从下文"而民生生,动皆之于死地,亦十有三",就应该可以知道,与此并列的"生之徒"、"死之徒"不可能指的是生命过程、身体素质以及自然寿命的长短。

　　出生入死①。生之徒,十有三;死之徒,十有三②;而民生生,动皆之于死地,亦十有三③。夫何故也?以其生生也④。盖闻善摄生者⑤,陆行不辟兕虎⑥,入军不被甲兵;兕无所投其角,虎无所用其爪,兵无所容其刃。夫何故?以其无死地焉⑦。

【注释】

①出生入死:出于生则入于死,脱离了生就进入了死,意谓生命脆弱,人生于世,常处于生死之间。王弼注云:"出生地,入死地。"实语焉未详。各家注解多解释为出世为生,入地为死,实指人的一生。其说出于《韩非子·解老》:"人始于生而卒于死。始之谓出,卒之谓入,故曰'出生入死'。"如蒋锡昌云:"此言人出于世为生,入于地为死。"(《老子校诂》)语甚无谓。高亨、卢育三、张松如、任继愈、陈鼓应等皆从其说。

②生之徒，十有三；死之徒，十有三：有利于生的有十分之三；趋向
　于死的有十分之三。老子的意思是说世上的人顺生而生、顺自
　然之道而有利于生的人有十分之三，相反，背生而生、不利于生
　而趋向于死的人也有十分之三。七十五章说"坚强者死之徒，柔
　弱者生之徒"，便是具体说明何者为"生之徒"，何者为"死之徒"。
　所谓"生之徒"就是"有利于生而属于生的这一类"，"死之徒"就
　是"趋向于死而属于死的这一类"。王弼注云："十有三，犹云十
　分有三分。取其生道，全生之极，十分有三耳；取死之道，全死之
　极，亦十分有三耳。"司马光云："大约柔弱以保其生者三，刚强以
　速死者三，虽志在爱生而不免趋死者亦三。"（《道德真经论》）王
　弼与司马光的解释大意近是。连下文"而民生生，动皆之死地，
　亦十有三"，老子把人分为比例相当的三类。三类人对生命的态
　度各不相同。其一是能顺生而生、有利于生的人。其二是背生
　而生、不利于生而趋向于死的人。这类人可包括老子所反对的
　刚暴强横、勇于争胜、胆大妄为的人，也可包括作恶行凶、乖张放
　僻等行为极端的人。其三则是因过度求生反而自蹈死地的人。
③而民生生，动皆之于死地，亦十有三：而人们着意求生，却动辄走
　进死地，（这类人）也占了十分之三。动，动不动。之，去，到。此
　句原文各本多有差别。王弼本、河上本、景龙本等皆作"人之生
　动之死地，亦十有三"（景福本"动"下有一"皆"字），傅本作"而民
　之生生动动皆之死地亦十有三"，《韩非子·解老》引同于傅本而
　少"民"前一"而"字，帛书本作"而民生生，动皆之死地，亦十有
　三"（"亦"字原文讹作"之"；北大汉简本原文亦略同于帛书，唯
　"而民生生"下有一"焉"字），范本作"民之生生而动之死地，亦十
　有三"。各本中范本与帛书文近意同，帛书句义最明确、完整。
　他本或夺一"生"字，或衍一"动"字，句义皆欠明晰，各家从之作
　解，多失其义。《韩非子·解老》云："凡民之生，生而生者，固动，

动尽则损也；而动不止，是损而不止也，损而不止则生尽，生尽之谓死。"从解说的文字看，可知其所引原文确重一"动"字，而其解释固不免因此失之穿凿，而语近荒谬。韩非所据原文既误，所说乃以"生生而动"为句，如汉简"生生"下有"焉"字，则知其不可以"生生而动"为句。又各本"民"或作"人"，其原文字应作"民"。刘笑敢云："（王弼本）第一句'人之生'，帛书本作'而民生生'，傅奕本作'而民之生生而动'，关键是'生'古本作'生生'，意思较明确。'动之死地'，帛书本、傅奕本都作'动皆之死地'，多一'皆'字，则'之'作'到……去'的动词意义确定不移，没有'皆'字易生歧义。"又云："这里值得注意的是第一句第一字帛书本和傅奕本皆作'民'，而王弼本、河上本皆作'人'。据上引第七十五章'民之轻死也，以其求生之厚也'之文，似以作'民'为是。考《老子》中'人'与'民'的用法，与《论语》大体相同。杨伯峻指出，《论语》中的'人'字多作一般意义的人，有时专指不包括'民'的士大夫以上的人，而'民'多指一般老百姓。《老子》中'民'多指普通百姓，与圣人等在上位之人对称，如'爱民治国'、'圣人处上而民不重'。'人'则多泛指各种人，如'善人'、'不善人'、'我愚人之心也'。将'民'改成'人'，其批评的对象则从'民'扩大到一般人。从思想诠释的角度来看，作'人'并无不妥；从文本校勘的角度来看，则以'民'为是。"（《老子古今：五种对勘与析评引论》）其说可从。又，王弼本原文字虽作"人"，但其注文则曰"而民生生之厚"，是其正文原本字亦当作"民"。但是刘氏说"从思想诠释的角度看，作'人'并无不妥"云云，则欠妥。注家都认为"而民生生，动皆之死地"，说的是富贵之人。实际上从十分之三的比例来看，此句显然也是就一般人的情况而言的。故此所谓"生生"并非专指自奉过厚，或耽于声色饮食之欲。"生生"重叠，前一字作动词，后一字为名词，其义有二，一是养生（此意为养活生命，与一般所说的"养生"指保养身心不同)、求生;二是以生为生,即把"生"当作"生",有过度贵生、重生或刻意求生的意思;"以生为生"的反面是"无以生为",七十五章说"夫唯无以生为者,是贤于贵生",可以参读。此处当兼此二义,各家注解皆未尽其义。人活着就必须求生存,必须"生生",但人往往正是在求生存的过程中,劳心苦力、殚精竭虑,因此过度损耗生命,乃至不惜以身相殉。又,陈鼓应云:"按上文'生之徒'、'死之徒'皆就长寿、短寿之自然性而言,此处'动之于死地',则是人类反自然性的人为而说'动',为,妄为。这十分之九皆不在'善摄生'之列。另外的十分之一,则是不妄为、任自然、注意'营魄合一'的形神修炼的'善摄生'者。"(《老子今注今译》,原文如此,疑有错讹)其说解释"生之徒"、"死之徒"有误,而以行动、作为来解释"动"字亦于义未安,以此解释句意实有不通。最奇怪的是,其说把三个十分之三合为十分之九,而以"剩下的"十分之一指"善摄生者"。老子说的"十有三",只是说个大约的数字,他不可能算出小数点以后的数字,所谓十分之三,其实就是三分之一的意思。任继愈大约是有见于此,在注文中特别说明:"'十有三',十分之三。这只是一种大致的说法,用通常的说法,就是占三成。"(《老子新译》)又按照老子下文对于"善摄生者"的描述,这种人应是凤毛麟角,也不可能有十分之一之多。

④夫何故也,以其生生也:这是为什么呢? 是因为过度求生的缘故啊。此句王弼本作"夫何故,以其生生之厚",其他传世本"生生"下亦皆有"之厚"二字,此从帛书甲本(乙本较甲本"生生"下少一"也"字)。按,帛书本及北大汉简本《老子》相同,皆无"之厚"二字。此二字盖为后人所补,或为使原文意思更明确,而据七十五章"求生之厚"句补。此处"生生"即有过度求生之意,已含有"之厚"的意思,不必有"之厚"二字。又此云"以其生生"对应于上文

"而民生生",乃是对上文"而民生生,动皆之死地"的反复强调和说明,从句义的对应性来说,不应有"之厚"二字。又各家注此章皆以为"生生"(或"生生之厚")指富贵之人"厚自奉养以求生"(陈鼓应注文)。如高延弟云:"'生生之厚',谓富贵之人厚自奉养,服食药饵,以求长生,适自蹈于死地,此即动之于死地者之端。缘世人但知戕贼为伤生,而以厚自奉养者为能养生,不知其取死者同也,故申言之。"(《老子证义》)高亨云:"生生之厚者,逞欲于声色等,是自伤其生而动之死地矣。"(《老子正诂》)对于原文的理解皆过于狭隘,而失其本旨。参见上注。

⑤摄生:养生。

⑥辟:同"避"。王弼本"辟"字作"遇",此从帛书本。老子原文的意思显然不是说"善摄生者"能"不遇兕虎",而是说虽遇兕虎而能不受其伤害,故不必"辟"之。下文"虎无所用其爪",王弼本"用"作"措";"以其无死地也",王弼本无"也"字,今一并从帛书本。

⑦无死地:没有可以致死的地方。实指善于摄生的得道之士,能不为外物所伤,对这种人来说,身上没有可以致死之地。诸家或解释为"没有进入死亡的领域"(陈鼓应《老子今注今译》)、"没有进入死亡的范围"(任继愈《老子新译》),显然是错误的。所谓"以其无死地",乃上承"兕无所投其角,虎无所用其爪,兵无所容其刃"诸句而言,"无所投"、"无所用"、"无所容",亦即"无死地"之意,而且"无死地"就字面来说,也不能解释为"没有进入死亡的领域(范围)",而只能解释为"没有死亡的地方"。老子的意思显然是说"善摄生者",外物不能对之有所伤害,而不是说"善摄生者"懂得逃避危险,不进入死亡之地。"陆行不辟兕虎,入军不被甲兵"云云,正是说明"进入死亡领域"而能不受任何伤害。老子所谓"善摄生者"实即五十五章所谓"含德之厚者","含德之厚者","蜂虿虺蛇不螫,攫鸟猛兽不搏",能不为外物所伤。其意与

《庄子·逍遥游》之所谓藐姑射神人，"物莫之伤，大浸稽天而不溺，大旱土地焦而不热"，亦复相通。

【译文】

人脱离了生就进入了死。世上有利于生的人占十分之三，趋向于死的人占十分之三，人们因求生却反而动辄自蹈于死地的，也占十分之三。为什么会这样呢？那是因为他们过度求生。听说善于养生的人，在陆地行走不避犀牛、老虎，在战场上不受兵器伤害。在他身上犀牛没有地方投刺它的角，老虎没有地方用上它的爪，兵器没有地方容纳它的锋刃。为什么会这样呢？因为他身上没有可以致死的地方。

五十一章

【题解】

  本章论道的德性和功能。道是万物存在的根源和依据,具有化生、养育万物的功能,却又不占有万物,不主宰万物,不自恃有功,这两重性便是道的德性和功能,也是道德的可贵之处。道创造万物、养育万物完全是因任自然,无为而为,放任万物自生自为,体现了道的自发性。所谓"道生之,德畜之,物形之,器成之",可见道化生、养育万物并不同于上帝的直接创造。德蓄、物形、器成,虽然归根结底仍是道的作用,但这种表述本身正强调了道生育万物的复杂性和自发性,道化生万物并且内在于万物,任其自发生长、生成。

  有两点值得指出的是:其一,德一方面是道内在于万物的德性,在具体事物中即体现为事物的本性,另一方面德作为道之德,又超越具体事物,体现为道本身的德性和功能;其二,老子说道生、德畜、物形、器成,此所谓器成是事物发展、生成的最低也是最终的形式,是"朴散则为器"(二十八章),这使人想起海德格尔对于工具的重视,人正是经由器具而与这个世界建立了关系,老子把"器成之"作为万物生成的最后形式,或许并非毫无深意。

  道生之,德畜之^①,物形之^②,器成之^③。是以万物莫不

尊道而贵德。道之尊,德之贵,夫莫之爵而常自然④。道生之畜之⑤,长之育之,亭之毒之⑥,养之覆之⑦。生而不有,为而不恃,长而不宰,是谓玄德。

【注释】

①德:即道之德,道的功能和作用。

②物形之:物赋之以形体。万物之生成皆由物赋形,而成为有形体的存在。

③器成之:器使之得以完成。指事物最终作为某种器具而完成它的存在。器,器物,器具。此句王弼本及其他传世本作"势成之",帛书甲、乙本皆作"器成之",应从帛书为是。由"道"、"德"而"物"、"器",排列更合理,体现了事物生成发展由高到低、从抽象到具体的过程。高明云:"按物先有形而后成器,《老子》第二十八章'朴散则为器'王弼注:'朴,真也。真散则百行出,殊类生,若器也。'二十九章'天下神器'王弼注:'器,合成也。无形以合,故谓之神器也。'《周易·系辞上》'形乃谓之器'韩康伯注:'成形曰器。'皆'形'、'器'同语连用。从而可见,今本中之'势'应假借为'器',当从帛书甲、乙本作'器成之'。夫物生而后则畜,畜而后形,形成而为器。其所由生者道也,所畜者德也,所形者物也,所成者器也。"(《帛书老子校注》)

④莫之爵而常自然:没有人加以封爵而常处于自然的状态。联系上文,这句意思是说道的尊贵只在于它的自然,并非如世俗的尊贵是由于封爵。爵,封爵。"莫之爵",传世本多作"莫之命",帛书及傅奕本等作"莫之爵",当从。卢育三云:"爵,河上本、景龙本如王本作'命'。罗振玉云:'御注本、敦煌本作"爵"。'傅本、遂州本、范本、帛书《老子》甲、乙本亦作'爵'。四家注本:'明皇、王弼二本"命"并作"爵"。'知王本原作'爵'。据改。"(《老子释义》)

又北大汉简本《老子》其字亦作"爵"。按，"命"也有封爵之意，
"命"、"爵"两字可通，但原文应作"爵"，而且作"莫之命而常自
然"易生误解，吴侗、蒋锡昌、任继愈、陈鼓应等众多注家即因此
误释为：道不命令干涉万物而顺任自然。

⑤道生之畜之：传世本"畜之"前有"德"字，此句作"故道生之，德
畜之"。帛书甲、乙本均无"德"字，应从。依帛书本，则此句连
下文为"道生之畜之，长之育之，亭之毒之，养之覆之"，文气顺
畅，一意贯通，是形容道之生养万物。传世本为求行文整齐一
致，据本章开头"道生之，德畜之"之句，而添一"德"字，致使文
意有所不通。加一"德"字，则下文"长之育之，亭之毒之，养之
覆之"的主语都是"德"，与帛书本的整句主语都是"道"不同，使
"德"脱离了"道"而成为养育万物的主体，违背了老子的思想。
第一节说"道生之，德畜之"，两句对举成文，"道生之"与"德畜
之"二者具有互文性，就老子思想实质而言，虽然分开说是"道
生之"、"德畜之"，而合起来说实际上是"道生之畜之"，因为所
谓"德"本是道的功能，道德一体难分彼此。故此处说"道生之
畜之，长之育之"云云，与上文"道生之，德畜之"，行文形式上看
似不一致，但思想内容却是一致的。参见刘笑敢《老子古今：五
种对勘与析评引论》。又北大汉简本《老子》亦同于帛书，无此
"德"字。

⑥亭之毒之：犹言"成之熟之"。亭，成。毒，熟。按，此句颇费解。
河上公注及其他古本正文或作"成之熟之"，注家多据以作解，
今暂从之。毕沅云："《说文解字》：'毒，厚也。'《释名》：'亭，停
也。'据之是亭、成、毒、熟声义皆相近。"（《老子道德经考异》）劳
健云："亭毒与成熟，声韵皆相近，或古有互训之义。亭毒犹成
熟也。"（《老子古本考》）

⑦养之覆之：养，养育。覆，覆盖，保护。

【译文】

　　道化生它，德蓄养它，物赋予它形体，器使它完成自己。所以万物没有不尊崇道而珍视德的。没有人给道加封，道的珍贵在于它的自然。道化生它们，蓄养它们，使它们成长，使它们发育，使它们成熟，使它们得到培养和保护。道化生万物却不加占有，有所作为却不自恃有功，长养万物却不加主宰，这就叫作深奥的德。

五十二章

【题解】

本章第一节以母子为喻说明作为宇宙万物根源的道与万物的密切关系,而只有认识了道,认识了万物的根源,才能认识万物;同时,对具体事物的认识又必须返本探源,"复守其母",不能脱离对道的体认。老子喜欢以"母"比喻宇宙万物的根源,与书中以"雌"和"玄牝"为喻一样,体现了老子之道善于化育生成而又柔弱温和的德性。

第二节重申了清静无为的处世原则。能清静无为则终身无困窘之苦,相反则堕入烦恼困苦之中,终身不能得救。塞兑、闭门、开兑都是比喻性的表述,联系文中"终身不勤"、"济其事"之类的话,则开门开兑则欲有所为,闭门塞兑则无所成事,"兑"、"门"乃是通向世俗事功、名利的门径,不必如各家所解,附会指实为耳目口鼻等感官嗜欲的"孔窍"。

天下有始①,以为天下母②。既得其母③,以知其子④;既知其子,复守其母,没身不殆⑤。塞其兑⑥,闭其门,终身不勤⑦;开其兑,济其事⑧,终身不救。见小曰明,守柔曰强。用其光,复归其明,无遗身殃,是为袭常⑨。

【注释】

①始：本始，指道。

②母：根源。

③得：得到，获得。此"得"字即"得道"、"得君"之"得"，有获得、拥有之义，不宜解作"掌握"、"了解"或"得知"。

④其子：指万物。王弼注云："母，本也。子，末也。得本以知末，不舍本以逐末也。"

⑤没身不殆：终身没有危险。没身，终身。殆，危险。

⑥兑：口，出口，在文中与下文"门"字含义相近。王弼注云："兑，事欲之所由生。门，事欲之所由从也。"

⑦勤：劳苦，困顿。

⑧济：助成。

⑨袭常：因循万物的常理。袭，承袭，因循。常，常理，永恒不变的原理，指道的原则。"袭"字王弼本作"习"，傅奕本、帛书本作"袭"，作"习"或是音同假借，其本字应作"袭"。

【译文】

天下万物有其本始，这本始是天下万物之母。得到了母就知道子，知道了子又能守住母，那就终身无忧了。堵住出口，关起门来，终身不会困窘；打开出口，力求成事，终身不能得救。能洞察深微细小叫作明，能保持柔弱叫作强。运用智慧的光，复归内在的明，不给自身带来灾祸，这就称得上是因循万物的常理。

五十三章

【题解】

老子把大路和斜路、小路对举,大路是正道,是坦途,斜路、小路是捷径,是取巧之道。大路比喻光明正大的社会原则与处事方式,斜路、小路比喻权宜取巧的行为方式。不惜背弃原则而走取巧之道,恰是人事之常情,老子对此提出了批评。

在本章中老子更是对"损不足以奉有余"(七十七章)的世道,对在政荒民穷的现实中仍然过着奢侈生活的剥削者提出了严厉的批评。老子之书言简意赅,大抵是不动声色的高论,但偶露峥嵘,显示他的不平与同情。

使我介然有知①,行于大道,唯施是畏②。大道甚夷③,而民好径④。朝甚除⑤,田甚芜,仓甚虚,服文采,带利剑,厌饮食⑥,财货有余,是谓盗夸⑦。非道也哉!

【注释】

①使我介然有知:假使我稍微有点知识。介,细微。按,此句大意可通,但"介"字费解,且有异文,各家注解歧说甚多。河上公释"介"为大,唐玄宗解释为耿介,陆希声、成玄英、焦竑等解释为细

微;近人奚侗解释为分别,马叙伦解释为"晢"之借字,高亨解释为黠慧之黠。解释为细微,于字义有所据,于句义亦可通,今人多从之。劳健释为"坚确貌",引《荀子·修身》"善在身,介然必以自好也"语及杨注"介然,坚固貌"为据,其说于义可取,可备一说。此句传世本虽无异文,然帛书甲本作"使我挈有知"(乙本作"使我介有知"与传世本相近而少一"然"字;北大汉简本同于乙本)。高明云:"世传本皆作'使我介然有知','介'字下有'然'字。旧注皆据此诠释,议论纷纭。河上公注:'介,大也。老子疾时王不行大道,故设此言,使我介然有于政事,我则行大道躬无为之化。'马叙伦谓'介'字借为'晢',引《说文》曰:'晢,知也。'高亨云:'"介"读为"黠",《广雅·释诂》:"黠,慧也。"'均未达本义。马王堆汉墓帛书整理小组云:'"挈"即"挈"之异体,各本皆作"介"。严遵《老子指归》释此句云:"负达抱通,提聪挈明。"注引经文作"挈然有知",而经的正文已改作"介"。'郑良树也云:'案严本、河上本及其他诸本"介然"同,《指归》云:是以玄圣处士负达抱通,提聪挈明。谷神子注云:"挈然有知行于大道者。"是严本、河上本及其他诸本"挈然"不作"介然",明矣。今严本作"介然",浅人之所改也。'《说文·手部》:'挈,悬持也。'引申为持握或掌握。'使我挈有知',谓假使我掌握了知识。'挈'、'介'古同为见纽月部字,读音相同,今本'介'乃'挈'之借字,此当从甲本。"(《帛书老子校注》)高明引帛书整理小组所说,以"挈"为"挈"之异体,又据严遵所说及谷神子注定其本字为"挈"。然依高明所说,"挈"义为"持握或掌握",则"挈有知"不可又作"挈然有知",其说实与所引的证据有矛盾。又,帛书甲本"挈"字、乙本"介"字,高明皆读为"挈"字。"介"读为"挈",本不足据,高明往往为了自圆其说,而不惜牵合作解;"挈"读为"挈",实际上也证据不足,只有严遵之说可引以为据,而严氏解说老子,多不足信,况所引注文作"挈然"又与字义不合。高说引帛书整理小组所说，以"挚"为"挈"之异体，亦不足信。"挚"本有字，义为束缚，《广雅·释诂》："挚，束也"，未见为"挈"之异体。"挚"字当作何解，尚难有定说，姑且存疑。

②施：斜，此指斜路。王弼注云："言若使我可介然有知，行大道于天下，唯施为是畏也。"河上注及王弼注皆以"施"为"施为"，其说未是，为后人所不取。王注解释"行于大道"为"行大道于天下"，更是脱离了原文。王念孙云："'施'读为迤。迤，邪也。言行于大道之中，唯惧其入于邪道也。下文云：'大道甚夷，而民好径。'河上公注：'径，邪不正也。'是其证矣。《说文》：'迤，邪行也。'引《禹贡》：'东迤北会于汇。'《孟子·离娄篇》：'施从良人之所之。'赵注曰：'施者，邪施而行，丁公著音迤。'《淮南·齐俗篇》：'去非者非批邪施也。'高注曰：'施，微曲也。'《要略篇》：'接径直施。'高注曰：'施，邪也。'是'施'与'迤'通。"（《读书杂志·老子杂志》）钱大昕云："'施'古音斜字。《史记·贾生列传》：'庚子日施兮。'《汉书》作'斜'。'斜'、'邪'音义同也。"（蒋锡昌《老子校诂》引，其说见钱大昕《潜研堂文集》卷九）按，王、钱二氏所说皆足资参考。又北大汉简本《老子》其字作"蛇"（句作"唯蛇是畏"），"蛇"与"施"同音假借。

③夷：平坦。

④而民好径：而人们却喜欢小路。径，斜径，小路。王弼注云："言大道荡然正平，而民犹尚舍之而不由，好从邪径，况复施为以塞大道之中乎？故曰：'大道甚夷，而民好径。'"其说前半合于原文句意，后半"况复"云云，语近不通。老子原文说的是应行于大道而不应走取巧的邪径，与所谓"况复施为以塞大道之中"，了不相干。王注因解释上文之"施"为"施为"，又将"施为"之说强加于此。按，"民"字，传世各本多作"民"，帛书及北大汉简本亦作

"民",唯景龙、龙兴碑本及遂州本等其字作"人"。奚侗云:"'人'指人主言,各本皆误作'民',与下文谊不相属。盖古籍往往'人'、'民'互用,以其谊可两通。此'人'字属君言,自不能借'民'为之,兹改正。"(《老子集解》)奚说因下文"朝甚除"云云,似指人君而言,故以为此处作"民"与下文谊不相属而应改作"人"。各家多有从其说者。然老子之文,分章并不严格(郭店竹书分章与传世本不同即是明证),各章主旨意脉有连贯亦有不连贯者,此章上下两节,意义相对完整,可以有一定的独立性,不必强改原文,以求贯通。此句传世各本其字多作"民",帛书、北大汉简古本字亦作"民",不可随意更改。

⑤朝甚除:朝廷很败坏。除,废弛,败坏。陈鼓应云:"'除',有几种解释:一、整洁;如王弼注:'"朝",宫室也。"除",洁好也。'河上公注:'高台榭,宫室修。'陆希声云:'观朝阙甚条除,墙宇甚雕骏,则知其君好土木之功,多嬉游之娱矣。'二、废弛,颓败;严灵峰云:'"除",犹废也。言朝政不举而废弛也。'而马叙伦云:'"除"借为"污"。'"(《老子今注今译》)按,高亨说同于马氏,高说云:"除,读为涂。《广雅》:'涂,污也。'"前辈注家好作同音假借之说,往往无限扩大,望文生训,而弃本字于不顾,其说固多谬妄。高、马之说殊不足据。陈鼓应所引严氏之说,可从。此文"朝甚除,田甚荒,仓甚虚"排比为句,"服文采,带利剑,厌饮食"排比为句,"除"解释为"废弛"或"败坏",与下两句同类排比,解释为"整洁"则失其类。

⑥厌:通"餍",饱足。

⑦盗夸:盗之夸者,即大盗。夸,大。此词费解,姑取一说。《韩非子·解老》引此句作"盗竽",其说云:"竽也者,五声之长者也,故竽先则钟瑟皆随,竽唱则诸乐皆和。今大奸作则俗之民唱,俗之民唱则小盗必和,故'服文采,带利剑,厌饮食,而资货有余者',是

之谓盗竽矣。'"王弼注云:"夸而不以其道得之,盗夸也;贵而不以其道得之,窃位也。"毕沅云:"《韩非子》'盗夸'作'盗竽'。古从'于'字皆训'大',故《尔雅》:'訏,大也。'又《诗》'君子攸芋'毛传:'芋,大也。'《说文解字》:'大叶实根骇人谓之芋。'隶文'艸'、'竹'不分,疑韩非'竽'应作'芋'矣。"(《老子道德经考异》)周绍贤《老子要义》从此说。奚侗云:"《左氏·文十八年传》:'窃贿为盗。'《说文》:'夸,奢也。'《荀子·仲尼篇》:'贵而不为夸。'杨注:'夸,奢侈也。'以上数者皆盗窃人民财力以成其奢侈之行,故云盗夸。《韩非子·解老篇》'夸'作'竽',说解穿凿,于谊不合。"(《老子集解》)严灵峰云:"'夸',奢也;从大,亏声;犹'大'也。'盗夸',大盗也;犹'盗魁'也。"(以上引文参见卢育三《老子释义》)。按,"盗夸"一词费解,众说不一。以上所举诸说,韩说虽古而讹,最为穿凿,或因其字误作"竽",便从之作解,不免郢书燕说之嫌。俞樾、高亨等皆从其说。奚说实出于王弼注,王注云"夸而不以其道得之,盗夸也",说"盗夸"是"盗窃""以成其奢侈之行",其说增字作解以求自圆,而且不合于语法。毕、严二人所说大意相通,比较平实可取。

【译文】

使我稍微有点知识,那么走在大道上,我最怕的是走上斜路。大道很平坦,而人们却爱走小路。朝廷很败坏,田地很荒芜,仓廪很空虚,有人却还穿着绣着文采的衣服,带着锋利的宝剑,餍足了饮食,家里有多余的财货,这种人就叫大盗。这真是无道啊!

五十四章

【题解】

　　本章所谓"善建者"、"善抱者"实际上就是得道之士。得道之士真正能有所树立、有所保持，而自立于不败之地，甚至泽被于子孙后世。这种"建"与"抱"，在本质上可以理解为建德与抱道。而一个人能建德抱道，修其德于身、于家、于乡、于邦、于天下，便能显示出"真"、"有余"、"长"、"丰"、"普"这各种德性。这些德性，超出一己之身而推及于家、乡、邦、天下，便体现出大道深广浑厚的境界。本章"修之身，其德乃真"一节，很容易使人想到《大学》中"修身齐家治国平天下"的话。可见儒道两家皆重视个体人格品德的修养，并且将修身与家、国、天下的兴亡，与社会政治联系在一起。但儒道两家修养的内容、目标却是不同的。而且儒家的修齐治平，由修身直接推向齐家、治国、平天下，既忽略了修、齐、治、平的中间环节，又过于强调个人的责任与价值，与"修之身"、"修之家"、"修之乡"、"修之邦"、"修之天下"的表述所体现的平稳、勤谨的意向迥异其趣。

　　本章的最后一节说的是观察事物、认识社会，要以物观物，包含了老子深奥的认识论思想。

　　善建者不拔①，善抱者不脱，子孙以其祭祀不辍②。修之身,其德乃真;修之家,其德有余;修之乡,其德乃长;修之邦,其德乃丰;修之天下,其德乃普。以身观身,以家观家,以乡观乡,以邦观邦,以天下观天下③。吾何以知天下之然哉? 以此。

【注释】

①建:树立。

②子孙以其祭祀不辍:子孙凭借祭祀而世代相传不绝。王弼注云:"子孙传此道以祭祀则不辍也。"此句传世本及帛书本皆无"其"字,竹简本及《韩非子·喻老》引皆有"其"字,今从。

③以身观身,以家观家,以乡观乡,以邦观邦,以天下观天下:这几句较为难解,古今注家见解不一,而皆失其义。如河上公注云:"以修道之身观不修道之身,孰亡孰存也? 以修道之家观不修道之家也,以修道之乡观不修道之乡也……"蒋锡昌《老子校诂》、张松如《老子说解》等从其说。或如林希逸云:"即吾一身而可以观他人之身,即吾一家而可以观他人之家,即吾一乡而可以观他人之乡"(《老子口义》,陈鼓应《老子今注今译》等从其说),诸说多属强解。王弼注"以身观身"至"以邦观邦"(王注本作"以国观国")诸句云:"彼皆然也",大约是说"他身"、"他家"、"他乡"、"他邦"皆与"我身"、"我家"、"我乡"、"我邦"相通,故可以我观他,则其意似与林希逸相同,然所说实过于简略而难知其详。但王注解释"以天下观天下"一句则云:"以天下百姓心,观天下之道也。天下之道,逆顺吉凶,亦皆如人之道也",解释较为详细,说"以天下百姓心,观天下之道也"云云,是从原文"以天下观天下"中,无端生出"天下百姓心"、"人之道"与"天下之道",纯属节外生枝,不唯有增字解经之嫌,而且视前后两个"天下"为不同之物,皆大失其意,其乖谬舛误实与河上公注相近。河上注将"以身观身,

以家观家，以乡观乡，以邦观邦"（河上本原文"邦"作"国"）诸句中前后同一"身"字、"家"字、"乡"字、"邦"字，强行以"修道"与"不修道"来加以区别，显然是增字解经，是对原文的歪曲；照他这么解释"以天下观天下"，岂不成了"以修道之天下观不修道之天下"？——这显然是一句十分不通的话。老子的意思并不是要以我观他、以此观彼（否则"以天下观天下"一句便不可解，"天下"只有一个，不可能以"我的天下"观"他的天下"，或以"此天下"观"彼天下"），而是要以物观物，要以不超越事物本身的眼光观照事物，具体说来，是要从身来看身，从家来看家，从乡来看乡，从邦国来看邦国，从天下来看天下，在老子看来，这样就可以"知天下之然"。这种观是一种"自反"之观，是不超出对象的观，这样的观避免了以大观小或以小观大（如以国观家或以家观国）的毛病，是最贴近事物本身的观。实际上这样的观就是以物观物，在本质上这样的观是一种高深莫测的观，既要贴近事物，又要有一种超越的眼光，即必须以道观物，否则以物观物便陷于绝境。在老子看来，要实现这样的观，则必须有深广的道与德的修养，必须在身、家、乡、邦、天下各个不同的层面上完善自身的道德境界。本章中"修之邦"、"以邦观邦"，句中"邦"字，王本皆作"国"，盖因汉人避刘邦讳而改，此从郭店竹书本及帛书本作"邦"。"修之身"、"修之家"、"修之乡"、"修之邦"诸句，王弼本句中"之"下皆有"于"字，郭店竹书本、帛书本及傅奕本各句中皆无"于"字，郭店竹书本、帛书本及傅奕本各句中皆无"于"字，句法更古而近于《老子》原貌。又，王弼本、河上本、傅奕本"以身观身"句前皆有"故"字；据上下文意，实不必有此"故"字，应据竹书本、帛书本删去。又，"吾何以知天下之然哉"，王本句中无"之"字，语意不够完整，河上本、傅奕本、帛书本皆有"之"字，据以补上。

【译文】

善于树立的不会被拔掉,善于抱持的不会脱落,子孙凭借祭祀世代相传不绝。这种善建善抱的品德,修于身就表现出真实的德性,修于家就表现出充满有余的德性,修于乡就表现出长久深远的德性,修于邦国就表现出丰厚的德性,修于天下就表现出无所不周、广被万物的德性。所以要从身来看身,从家来看家,从乡来看乡,从邦国来看邦国,从天下来看天下。我怎么知道天下的实情呢?凭借的就是这个方法。

五十五章

【题解】

　　本章以婴儿比喻"含德之厚者"。婴儿是老子常用的比喻,是得道者的象征。婴儿天真无邪,在柔弱中充满生机和活力,身心都处于积极正面的状态。婴儿身上的这些优点被老子用作譬喻,以说明得道者的德性和境界。得道者一灵不昧,可以通神,虫蛇鸟兽亦不能伤,这与五十章善摄生者不避兕虎、不被甲兵的描述相近,都是对得道者及其德性的理想化、象喻化的描述。

　　在老子看来,婴儿所显示的德性主要是"和",而"和"正是万物应有的常态。"益生"和"使气"都是勉力而为,都是违背自然无为的原则,都是对"和"这一常态的破坏。破坏的结果会导致"物壮则老",而加速灭亡。盛极而衰本是事物发展的普遍规律,而"物壮则老"则是过度追求强盛而加速衰老灭亡,所以说是"不道"。"物壮则老,谓之不道,不道早已",在这个一味追求发展、追求效率的时代,对个人和社会都是一个有益的训示。

　　含德之厚,比于赤子^①。蜂虿虺蛇不螫^②,攫鸟猛兽不搏^③。骨弱筋柔而握固。未知牝牡之合而朘作^④,精之至也。终日号而不嗄^⑤,和之至也。和曰常^⑥,知和曰明,益生曰祥^⑦,

心使气曰强⑧。物壮则老⑨，谓之不道⑩，不道早已⑪。

【注释】

①赤子：婴儿。

②蜂虿（chài）虺（huǐ）蛇不螫（shì）：蜂蝎毒蛇不会加以叮咬。虿，蝎类爬虫。虺，一种毒蛇。螫，毒虫叮刺。以上诸句言"含德之厚"者可比婴儿，能不为虫蛇禽兽所伤，与五十章言"善摄生者，陆行不避兕虎，入军不被甲兵"的描述一样，都是对得道之士理想化、象喻化的描述，不可坐实去理解，其意恰似镜花水月，不可说有，亦不可说无。倘若坐实求解，则如猴子捞月，终无所得。王弼注云："赤子无求无欲，不犯众物，故毒螫之物无犯于人也。含德之厚者，不犯于物，故无物以损其全也。"如此作解，不免心眼太实，正所谓"痴人面前说不得梦"。今人作解亦多近于王注，如卢育三云："含德纯厚的人像婴儿那样无知无欲，因无伤害鸟兽之心，鸟兽亦无加害之举。"（《老子释义》）一定要落到实处说，婴儿不为外物所侵害是因为"不犯众物"、"无伤害鸟兽之心"，就把虚的说成实的了。如果不解翻空但求坐实，老子这番描述便可被看作荒诞不经的无稽之谈，对此作任何"切实"的解释和议论都是毫无意义的。高亨对这几句话的理解与众不同，他说："毒虫、猛兽、攫鸟，皆以喻强暴残毒之人也。此三句言，虽强暴残毒之人，对赤子亦不加害耳。"（《老子正诂》）这种"别解"更加言不及义。如果一定要来讨论婴儿为什么如老子所说能不为毒蛇猛兽所伤（"如老子所说"这个修饰语是我们讨论的前提，否则"婴儿能不为毒蛇猛兽所伤"本身便是个伪命题），那么照老子的意思看，显然是因为"精之至"、"和之至"（根本不是因为"不犯众物"）。这种"精之至"、"和之至"是一种最接近"自然"的状态。这种"自然"的状态，确实能在某种意义上更有利于避免伤害、保全生命。

中外都有不少关于婴儿能避害全生的传说以及各种有关婴儿的灵异故事。这些传说和故事,在本质上包含一定的合理性,甚至具有一定的事实依据。就此而言,老子这种理想化、象喻化的描述,也可以说是对某种事实的夸张与想象;而这种夸张与想象,在本质上和诗歌一样,是为了更好地揭示真理。

③攫(jué)鸟:用爪抓取猎物的猛禽。按,"攫鸟猛兽不搏"一句,王弼本作"猛兽不据,攫鸟不搏",帛书本作"据鸟猛兽弗搏",竹书本作"攫鸟猛兽弗搏"(此据廖名春《郭店楚简老子校释》释文)。帛书与竹书文字相近,而且又是"古本",此处原文暂依竹书本,而改"弗"为"不",以与王弼本上句相一致(竹书、帛书中多用"弗"字,王本一般都改为"不"字)。

④未知牝牡之合而朘(zuī)作:还不知道男女交合之事,小阴茎却自动勃起。牝牡之合,此指男女交合。朘作,小阴茎勃起。朘,婴儿的阴茎。作,起,挺举。按,"朘作",河上本作"峻作",帛书乙本作"朘怒"(甲本残),王弼本与众本皆异,作"全作",显然是误字;《说文》云:"朘,赤子阴。"合于老子文义,其原文字当作"朘",此处依傅奕本作"朘作"。

⑤嗄(shà):嘶哑。

⑥和曰常:"和"就叫作"常"。"和"与"常"都是老子哲学的重要概念。"和"是指自然和谐、柔和协调的状态;"常"是恒定的意思,指恒定的状态。四十三章说"万物负阴而抱阳,冲气以为和",十六章说"归根曰静,是谓复命,复命曰常",在老子看来,"和"与"常"都是柔弱永恒的道的基本德性,也都是万物存在的根本状态,所以说"和曰常"。此句传世本皆作"知和曰常",但帛书甲本(乙本残缺)与竹简本皆作"和曰常"。"常"是对客观事物存在状态的判断,而不应是对人的心智状态的判断,说"知和曰常",语近无谓。作"和曰常"亦与上文"和之至也"一气贯通,语意更为

连贯，故应依帛书及竹简本改作"和曰常"。后人或为求行文一律，故凑足为四字句，改作"知和曰常"。下文"知和曰明"，传世各本作"知常曰明"，唯帛书甲本及竹简本作"知和曰明"，今从改。既说"和曰常"，则"知常"也就是"知和"，作"知常曰明"或"知和曰明"，大意并无差别，但作"知和曰明"则上下议论皆集中于"和"，主题更为明确，思路更为清晰。竹简本及帛书甲本并作"知和曰明"或当为古本之旧，后世或因十六章有"知常曰明"之语，为求一致而加以改篡。北大汉简本亦作"和曰常，知和曰明"。按，"知和曰常"可译作"知道和就叫作恒定"，其语显然不通。然王弼注此句云："物以和为常，故知和则得常也。"说"则得常"实已在有意无意之间增字作解，偏离了原文。这样的解释能把完全不通的话说"通"。比如说"知白曰赤"这是一句完全不通的话，但你可能解释为"白为五色之一，知白则于五色亦无不知，故知白则得知赤也"，这样就说"通"了。古今注家对于通或不通的词句，常常作出与此类似的曲解，并为一般人所乐于接受。如薛蕙《老子集解》注"知和曰常"句云："知和者可以长久，故谓之常"（原文根本没有"可以长久"的意思，原文说"知和"，也不可解释为"知和者"）；又如奚侗云："知和则得养生之常理矣"（《老子集解》，以"得养生之常理"解释"曰常"，完全脱离了原文），都是这样的曲解。近世以来注家只有高亨觉得"知和曰常"是一句不通的话。张松如从其说，云："诸本俱作'知和曰常'。高曰：'义不可通，疑"知"当作"精"。盖"精"字转写挽去，读者依下句增"知"字耳。前文云"精之至也"，又云"和之至也"，故此总之曰"精和曰常"。常乃自然之义，此言"精"与"和"乃性之自然也。'如按：高说是也。虽然，'知和'非义不可通，《荀子·天论》：'万物各得其和以生，知和则得养生之常理矣。'近人都解作和者对立统一之谓。不过，荀子说：'知和则得养生之常理'，适足以说明所谓'常'者,乃指'和',非谓'知和'也。帛书甲本正作'和曰常',似有挩夺,乙本损掩,只剩一'常'字,无可据矣。"(《老子说解》)高说虽知其语有不通,但谓当作"精和曰常"(其意为"精与和曰常"),亦属妄改。张氏既从高说,而又说"'知和'非义不可通",实是自相矛盾,而且既说"'知和'非义不通",又说"所谓'常'者,乃指'和',非谓'知和'也",其说游移,不足为据。又,其说引《荀子·天论》云云,盖出于奚侗集解,而误以"知和则得养生之常理矣"为《荀子》原文;未察前一句"万物各得其和以生"乃奚氏所引《荀子》原文,后一句则为奚氏解释之辞。

⑦益生曰祥:益生,增益生命,犹言厚生,指刻意求生。祥,妖祥,不祥。王弼注云:"生不可益,益之则夭也。"释德清云:"苟不知真常之性,徒知形之可养,而以嗜欲口腹以益其生。殊不知生反为其戕,性反为其伤,故曰'益生曰祥'。"(《老子道德经解》)

⑧心使气曰强:心放任气的发泄就叫作"强"。使气,任气,放纵心气的宣泄。强,强硬,强暴。王弼注云:"心宜无有,使气则强。"

⑨壮:强盛,指过度强盛,与上句"强"字含义相近。

⑩不道:不合道。

⑪早已:早早完结。已,完结,灭亡。

【译文】

含德深厚的人,好比新生的婴儿。蜂蝎毒蛇不会蜇他,鸷鸟猛兽不会搏击他,筋骨柔弱拳头却握得紧紧的,还不知男女交合,小阴茎却自动勃起,这是因为元气精纯之至的缘故;整天号哭却不会嘶哑,这是因为元气柔和之至的缘故。"和"就叫作"常",知道什么是"和"就叫作"明",刻意增益生命就叫作不祥,心放任气的发泄就叫作"强"。事物过度强盛就会衰老,这就叫作"不道","不道"就会快速灭亡。

五十六章

【题解】

本章论"玄同"的境界，语意较为深奥。"玄同"是混同于大道，超越一切对立面，超越是非得失的分辨，超越亲疏、利害、贵贱，超越一切世俗价值的大同的境界。这是得道圣人的境界，是老子心目中理想的人生境界。也许没有人能够真正彻底超越是非得失，老子本人也不能没有是非善恶的分辨，但对于深陷是非得失的计较与纷争中的人生与社会，"玄同"的境界是一面镜子，是一种值得向往的理想的境界。人们是在分辨中认识世界的，分辨也是科学的基本方法，但分辨之智有本质的局限，也并不能解决一切问题。在这个科技飞速发展的时代，人类却面临着更严重的危机和困境，这在某种意义上可以说，正是建立在分辨之智的基础上的技术文明本身的危机与困境。分辨是一种智慧，超越分辨更是一种智慧。我们因此应该知道"不言"的可贵，应该知道老子的玄奥之言并非无谓的高论。

老庄皆崇尚"不言"或"无言"的智慧。就老子的思想而言，"不言"与"无为"可以说是相当的、一致的，"不言"也可以说是"无为"的体现。老子说"道可道，非常道"，说"天之道不争而善胜，不言而善应"，说"希言自然"，说"美言不信，信言不美"，说"大辩若讷"，皆与"不言"之意相通。庄子说"天地有大美而不言"(《庄子·知北游》)，说"得意忘言"

（《庄子·外物》），说"吾安得夫忘言之人而与之言哉"（《庄子·外物》），更强调"不言"的智慧。老庄对语言的本质、包括语言的局限有深刻的认识。"不言"是对"言"的超越，也是对"言"的延伸与补充，正如沉默是对言语的延伸与补充。就此而言，"不言"也是一种"言"，是"不言之言"，是超越了一般语言的无声的言说。从某种意义上说，不懂得"不言"也就不懂得"言"，不懂得沉默，也就不懂得说话。正如画中国写意画，不懂得布白也就不懂得作画，空白也是"绘画的语言"，是画面形象的延伸与补充。《易·系辞下》说"吉人之辞寡，躁人之辞多"，确是知人之言，也是知言之言。在日常生活中我们可以看到有些浮躁浅薄的人话特别多，而沉默寡言却常常意味着更为深沉的思想和感情。

　　有人说老子这里说的"言"不是指言语，如蒋锡昌云："是'言'乃政教号令，非言语之意。"（《老子校诂》）这种说法明显错误，却很有影响。其一，本章显然是对一般人生境界的议论，并非专论政治，而且"知者不言，言者不知"上下文皆无所指实，显然也是对"言"与"知"关系的一般论断；其二，"知"应解释为"知道"，则"言"解释为"政教号令"语意不通。这种误释大约与二章"处无为之事，行不言之教"，以及四十三章"不言之教，无为之益，天下希及之"的说法有关。很多人都把"不言之教"的"言"解释成"声教政令"、"政教号令"。这种解释在这两章的语境中大体可通，因为这里说的是"教"，既与"政教"有关，则"言"不妨解释为"政教号令"。但是这种解释不能随便套用，同一词语，语境不同含义也不同。况且，"不言之教"的"言"本义也应解释为"言语"，解释为"政教号令"也只是根据上下文所作的引申解释，直接解释为"政教号令"，甚至还特别强调不是指"言语"，其实是不妥的。

　　知者不言，言者不知①。塞其兑②，闭其门，挫其锐，解其纷，和其光，同其尘③，是谓玄同④。故不可得而亲，亦不可得而疏；不可得而利，亦不可得而害；不可得而贵，亦不可得而贱。故为天下贵。

【注释】

①知者不言，言者不知：知道的人不说话，说话的人不知道。或说
"知"当读作"智"，非是。虽然从道理上说"知道"与"不知道"（知
与无知）可以对应于"智"与"不智"，但从句义本身来看，当读如
本字。竹简本此句作"知之者弗言，言之者弗知"，可以为证。
"知"后有"之"字，则"知"自不可读作"智"，"弗知"之"知"也不可
读作"智"。古汉语"不智"不能写作"弗智"。又有人认为竹简本
"知之者弗言，言之者弗知"，说明这里的知与言都有实指的对象
与内容（参见刘笑敢《老子古今：五种对勘与析评引论》）。这是
对"之"字用法的误解，也是对本章基本思想的误解。"之"字在
此并非实指代词，而是虚指代词，甚至具有虚词的作用，用以连
接词语、凑足音节，其用法与《论语·为政》中"知之为知之，不知
为不知，是知也"的"之"相同。孔子论知与不知是泛言不是实
指，是对一般品质的论断，所以说"是知也"。"知之者弗言，言之
者弗知"，上下文皆无实指内容，显然也是对一般德性的论断，加
以指实也歪曲了本章议论一般德性的主旨。这两句中的"之"
字，并无实指的对象，故可省略而句意不变，今暂从传世本作"知
者不言，言者不知"。王弼注"知者不言"云："因自然也"；注"言
者不知"云："造事端也。"其言甚浅。释德清云："谓圣人自知之
明，故善能含养于心，而不形于言。以自知之真，言有所不及也。
若夫常人哓哓资于口谈者，皆非真知者也。故曰'知者不言，言
者不知'。"（《老子道德经解》）

②兑：口，出口。

③挫其锐，解其纷，和其光，同其尘：挫去锋芒，解脱纠纷，含蓄光
耀，混同尘埃。和，有柔和内敛与混和之义。按，"解其纷"之

"纷",王弼本作"分",河上本、傅奕本、帛书本、竹书本皆作"纷",
其字应作"纷"。又,"不可得而疏"、"不可得而害"、"不可得而
贱"三句前各本皆有"亦"字,文气较顺,独王弼本三句前无"亦"
字,今据以补上。

④玄同:玄妙的大同,指混同于大道,超越分辨的境界。

【译文】

知道的人不说话,说话的人不知道。堵住出口,关起门来,挫去锋
芒,解除纠纷,含蓄光耀,混同尘埃,这就叫作玄妙的大同。这样就没有
人可以亲近,也没有人可以疏远;没有人可以给予利益,也没有人可以
加以损害;没有人可以使他尊贵,也没有人可以使他卑贱。所以"玄同"
的境界为天下人所珍视。

五十七章

【题解】

　　本章是对无为之治的说明。无为之治的要点，一是要"以正治国"，二是要以"无事取天下"。"天下多忌讳"、"民多利器"、"人多智"、"法令滋章"，以及由此产生的结果，则是作为无为之治的反面提出来的，以反证无为之治的可贵。本章最后借圣人之言，重申无为之治的要点和效果。"无为"、"好静"、"无事"、"无欲"，归根结底就是"无为"。而无为之治的效果是能让人民"自化"、"自正"、"自富"、"自朴"。这个"自"是无为之治的灵魂。无为之治是一种高度自由放任的政治，要求管理者最大限度减少干预与强制的"作为"，真正让人民"当家做主"，充分尊重并信任人民的权利和能力。无为之治的反面是过多的干预和强制。过多的干预和强制很容易导致政治专制。老子无为之治的政治思想，在历史上曾经产生过重要的作用，对今天的世界政治与社会管理仍然有重要的借鉴意义。

　　对于本章开头三句"以正治国，以奇用兵，以无事取天下"的理解，向来多有分歧和错误。卢育三云："这句意思不明确，历来注家解释不一：高亨说：'如上文所言，是老子之术，治国以正，用兵以奇矣，恐非其原意也。疑"以无事取天下"本作"无以取天下"，言以正治国，以奇用兵，行此二者，实无以取天下也……盖"无以"二字误倒作"以无"，后人见四十八章有"取天下常以无事"句,因增"事"字耳。'陈鼓应说:'正,指清静之道。憨山说:"治天下国家者,当以清静无欲为正。"'其译文为:'以清静之道治国,以诡奇的法用兵,以不搅扰人民来治天下。'吴澄说:'正者,法制禁令,正其不正,管商以正治国……奇者仅可施于用兵,不可用以治国;正者仅可施于治国,不可以取天下。无事者,三皇无为之治,如天不言而四时行,百物生,不期人之服从,而天下无不服从。故唯无事者可以取天下也。'王弼说:'以道治国则国平,以正治国则奇兵起也,以无事则能取天下也。上章云:"其取天下者,常以无事,及其有事,又不足以取天下也。"故以正治国,则不足以取天下,而以奇用兵也。'诸本均作'以无事取天下',高亨改为'无以取天下',根据不足,《老子注释》已不用此说。陈鼓应以'清静之道'释'正',与'以无事取天下'意思重复,不可取。吴澄之说较为可取,但不及王说。用兵有奇正,正是堂堂正正,用正规的方法与敌作战;奇是以奇取胜,即用非正规的方法取胜,如伏击、佯攻、偷袭等。在这里,奇正不是就用兵一事而言,而是指治国、用兵两者,治国为正,用兵为奇。吴澄认为奇正各有片面性,不如'以无事取天下'为好。王弼认为奇正是对立统一,'以正治国',必然'以奇用兵';而'以奇用兵'是'不足以取天下'的,因此两者都不好,不如'以无事取天下'为妙。此句难释,吴、王之说大体可取,但也不能说尽得老子原义。笔者认为'以正治国,以奇用兵'是当时的名言,不是老子的主张。在老子看来,不论是'以正治国',还是'以奇用兵',都属于有为。"(《老子释义》)

卢氏举诸家解释,只有陈鼓应的解释大体近是。但卢氏却倾向于赞同吴、王的说法。这是三个并列的陈述句,老子以同样的"肯定"的语气(陈述句本身所具有的肯定语气)对"治国"、"用兵"、"取天下"的方法提出了看法。问题在于"以奇用兵"一句,没有这一句,理解便不成问题。人们不能理解反对奇巧、反对战争的老子为什么会肯定"以奇用兵",于是便有了各种曲解,力求"纠正"老子的思想,而且连"以正治国"

也因受"以奇用兵"的"连累"被一并视为老子所否定的错误观念。其实这三句话毫无难解之处。这种并列陈述，表面上含有同样"肯定"的意思，而从更深层的意义上看，却包含前后陪衬或对比反衬的意思。比如，如果我说："做事要认真，做贼要细心。"那么这句话深层的意思，显然不是对"做贼要细心"表示肯定，而是借此强调"做事要认真"。王弼的注解，更把"以正治国，以奇用兵"两个并列句，曲解为因果递进的句子，解释为因"以正治国"导致"以奇用兵"。卢氏所引吴、王、高诸家之说，都把"以正治国"与"以奇用兵"连在一起，当作错误的思想加以批评。老子一书凡是说"正"，都是正面的意思，比如三十九章"侯王得一以为天下正"，四十五章"清静为天下正"，本章"我好静而民自正"。这里说"以正治国"，又说"以无事取天下"，也易使人产生误解，以为老子的意思是只有"以无事取天下"才是对的。实际上"以正治国"是相对于"以奇用兵"而言的，而"以无事取天下"则是对"以正治国"的补充和阐发。老子所说的"正"道，也就是清静无为之道，"以正治国"与"以无事取天下"在思想上是同一的。

　　以正治国，以奇用兵，以无事取天下①。吾何以知其然哉？天下多忌讳②，而民弥叛；民多利器③，国家滋昏④；人多知而奇物滋起⑤；法令滋章⑥，盗贼多有。是以圣人之言曰："我无为，而民自化⑦；我好静，而民自正；我无事，而民自富；我无欲，而民自朴。"

【注释】

①以正治国，以奇用兵，以无事取天下：以正道治国，以奇术用兵，以无所作为取得天下。正，指正规、常规的方法、方式。奇，指非正规、非常规的特异的方法、方式。正与奇是一对相反的概念，

五十八章也说"正复为奇"。不过,老子所说的正与奇,通常是具有价值判断内涵的,是有是非褒贬的。其所谓"正"有正当、合适的意思,所谓"奇",有偏邪不端的意思。无事,意即无为。取,取得,这里有治理好天下而真正取得天下的意思。治国是一种常规化的、长期持久的工作,所以必须"以正治国"。国家的长治久安与富强昌盛,靠的是正当、合适的治理工作而不是奇谋异术。而用兵则更看重短期效果,成败只在一战之间,故不妨出奇制胜。奇近于诈,"以奇用兵"与"兵不厌诈"的意思相近。不过老子这两句话只是就事论事,并不等于说他主张耍阴谋。反对智巧、权谋是老子思想的基本内容,耍弄智巧权谋与自然无为的宗旨背道而驰。实际上"以正治国,以奇用兵",这两句话的重点在前一句,从文意上看,"以奇用兵"是用来反衬突出"以正治国"的。老子在这里强调的是"正"而不是"奇",所以下一句更进一步说"以无事取天下"。

② 忌讳:禁忌,禁令。按,"天下多忌讳"之前传世本多有"以此"二字,连上文作"吾何以知其然哉? 以此"。但帛书、郭店竹书及北大汉简本均无此二字。无此二字,可取,当据以删去。刘笑敢云:"傅奕本、王弼本、河上本都有'以此'二字,惟帛书甲、乙本、竹简本都没有。帛书本出土后,很多人在作校释时都仍然相信此处应有'以此'二字。唯高明主张古本此处不当有'以此'二字。高明综合俞樾与蒋锡昌的意见,指出第二十一、五十四两章都以'以此'二字作为'章末结句',回答'吾何以知其然哉'的问题,下面'夫天下多忌讳,而民弥贫'一段就是回答,不需'以此'二字。竹简本出土证明古本此处没有'以此'二字,高说正确。"(《老子古今:五种对勘与析评引论》)又,"天下多忌讳,而民弥叛",王弼本、河上本、傅奕本、帛书本皆作"天下多忌讳,而民弥贫",唯竹书本作"天下多忌讳,而民弥叛",意谓天下多禁令忌讳

则人民反而反叛得越厉害，作"叛"比作"贫"于义较可取，当以竹书本为是。

③利器：指各种先进的器具。王弼注云："利器，凡所以利己之器也。民强则国家弱。"老子说"民多利器，国家滋昏"与接着说"人多伎巧，而奇物滋起"一意贯通，意谓奇物利器足以扰乱人心，使国家混乱，非谓"民强则国家弱"。

④滋：更加。

⑤奇物：奇异、偏邪的事物。按，"人多知而奇物滋起"，王弼本此句作"人多伎巧，奇物滋起"，帛书乙本残，甲本作"人多知而奇物滋……"（缺末字），竹书本作"人多知而奇物滋起"；帛书与竹书皆作"人多知"，傅本作"民多知慧"，亦与帛书、竹书相近，这三种"古本"的相同或相近，显然不是偶然的，自当以竹书和帛书原文为准。又，下文"是以圣人之言曰"一句，王弼本作"故圣人云"，此处原文亦依竹书本和帛书本（参见刘笑敢《老子古今：五种对勘与析评引论》）。

⑥章：同"彰"，显明，清楚。

⑦化：化育。

【译文】

以正道治国，以奇术用兵，以无所作为取得天下。我怎么知道道理是这样的呢？天下禁忌越多，人民就反叛得越厉害；人民先进的器具越多，国家就越混乱；人的巧智越多，歪邪的事物就更加兴盛；法令越是详明，盗贼就越多出现。所以圣人说："我无所作为，而人民能自我化育；我喜欢清静，而人民能自己走上正途；我无所行事，而人民能让自己富足；我无所欲求，而人民就能自返于纯朴。"

五十八章

【题解】

本章由政治得失的议论引出祸福互相倚伏、正反互相转化的道理。"闷闷"是一般所认为负面的状况,却产生了正面的效果"淳淳";"察察"是一般所认为正面的状况,却产生了负面的效果"缺缺"。本章由此引出正反互相转化的辩证的思想。"孰知其极?其无正也",连续两个问句则表达了老子对事物正反转化之理的玄奥莫测与难以把握的认识和感叹,所以接着更对世人昧于事物变化之理深表感慨。

老子认识到一切事物都包含正反对立的两面,而且这正反对立的两面的互相转化乃是不可避免的。老子由此引发出以反求正、以弱胜强的思想。"无为"的政治原则也体现了以反求正、以弱胜强的思想,"无为"所要达到的效果是"无不为"。在老子看来治国需要某种"闷闷"的"糊涂",这"糊涂"中有浑朴淳厚之意,有宽容的精神,所以是"善者吾善之,不善者吾亦善之"、"信者吾信之,不信者吾亦信之"(四十九章)。而明辨是非的"察察"之政,却可能使天下人不得安宁,而且容易导致苛政,使人民在淫威下丧失自由和生机。

老子特别关注社会政治问题。本章开头一节议论政治得失,最后一节议论圣人的德性,而圣人在老子的话语中,通常是政治理想的体现者与实践者。圣人有"方"、"廉"、"直"、"光"的品德,更有深藏若虚、含蓄收敛的品德,故能"方而不割,廉而不刿,直而不肆,光而不耀",这种品德无疑也包含了以反求正、以弱胜强的智慧。

其政闷闷,其民淳淳①;其政察察,其民缺缺②。祸兮,福之所倚③;福兮,祸之所伏④。孰知其极⑤?其无正也⑥?正复为奇,善复为妖⑦。人之迷也,其日固久矣。是以圣人方而不割⑧,廉而不刿⑨,直而不肆⑩,光而不耀。

【注释】

①其政闷闷,其民淳淳:政治含糊不清,人民就敦厚朴实。闷闷,含糊不清。淳,通"惇",敦厚。王弼注云:"言善治政者,无形、无名、无事、无政可举。闷闷然,卒至于大治。故曰'其政闷闷'也。其民无所争竞,宽大淳淳,故曰'其民淳淳'也。"

②其政察察,其民缺缺:政治明察是非,人民就狡猾欺诈。察察,明辨、明察的样子。缺缺,狡狯的样子。王弼注云:"立刑名,明赏罚,以检奸伪,故曰'其政察察'也。殊类分析,民怀争竞,故曰'其民缺缺'。"

③倚:依靠,依凭。

④伏:隐伏。

⑤极:终极,究竟。

⑥其无正也:没有个定准吗?其,表示揣测之意。正,准则,定准。按,王弼本句末无"也"字,语气不完整;傅奕本作"其无正邪",帛书本作"其无正也",今从帛书本。又,下文"人之迷也,其日固久",语气亦不畅,傅奕本、帛书本句末皆有语气词"也"字、"矣"字,兹据以补上。

⑦善复为妖:吉又变为凶。善,这里是吉的意思。妖,不祥,凶。王

弼注云:"立善以和万物,则便复有妖之患也。"又注上文"正复为奇"为"以正治国,则便复以奇用兵矣",失其义。

⑧方而不割:方正却不割伤人。意指方正有棱角却不割伤人。割,割伤。

⑨廉而不刿(guì):锋利却不刺伤人。廉,棱角,可引申指锋利。刿,刺伤。奚侗云:"《礼记·聘义》'廉而不刿',郑注:'刿,伤也。'正义:'廉,棱也。'《荀子·不苟》篇'廉而不刿',杨注:'廉,棱也。'廉棱以资裁制,然锐利足以伤物。挫其锐,则胜物而不伤,是'廉而不刿'也。"(《老子集解》)张松如云:"'廉而不刿',此古语也,亦见《荀子·不苟篇》,杨倞注:'廉,棱也。《说文》云:"刿,利伤也。"但有廉隅,不致于刿伤也。'"(《老子说解》)王弼注云:"廉,清廉也。刿,伤也。以清廉导民,令去其污,不以清廉刿伤于物也。"王注以"廉"为"清廉",失其义。

⑩直而不肆:率直却不放肆。

【译文】

国家政治含糊不清,人民就敦厚朴实;国家政治明察是非,人民就狡猾欺诈。祸啊,是福所依凭的东西;福啊,是祸所隐藏的地方。谁知道它们变化的究竟?是没有个定准吗?正又变为邪,吉又变为凶。人们的迷惑啊,时日已经很久了。所以圣人方正而不割伤人,锋利而不刺伤人,率直而不放肆,光明而不耀眼。

五十九章

【题解】

老子说治理国家、事奉天道的要义在于"啬"。他把"治人"与"事天"并举,实际上包含了"治人"与"事天"相通的意思,"治人"就原则上说,必须顺应天道。"啬"本义是吝惜财物,这里更引申指收敛、节制的处事原则。"啬"也就是六十七章所说的"三宝"之一的"俭",与二十九章所说的"去甚,去奢,去泰"的意思也是一致的。"啬"可以有效地防止过度的行为,可以储蓄能量,保存实力,以应对各种变化和危机,所以说"俭故能广"(六十七章),其作用是不可估量的。

"啬"实际上是无为这一总原则的体现和要求,在老子看来,它是治国与养生的法宝。

治人事天①,莫若啬②。夫唯啬,是以早服③;早服谓之重积德④;重积德则无不克;无不克则莫知其极;莫知其极,可以有国⑤;有国之母⑥,可以长久。是谓深根固柢、长生久视之道⑦。

【注释】

①治人事天:治理人民事奉天道。老子说"治人事天莫若啬",意思

是说"治人"与"事天"最好的方式、最好的态度就是"啬",就是要懂得吝惜。事天,奉行天道,不可如河上公、奚侗、严灵峰、卢育三、陈鼓应等各家解释为"修身"、"治身",而应从任继愈、张松如所说,直接解释为"事奉天"或"奉行天道"。

②啬:吝惜。王弼注云:"啬,农夫。农人之治田,务去其殊类,归于齐一也。"其说非是。

③是以早服:因此能早早从事于道。服,从事,服事,指从事于道。"是以",王弼本及其他通行本多作"是谓",傅奕本、帛书本、竹简本皆作"是以",今从。"是以早服"是对"夫唯啬"的承继和引申,"是谓早服"则只是对"夫唯啬"的同义解释。作"是以"于文意较为可取(参见刘笑敢《老子古今:五种对勘与析评引论》)。

④重积德:加重积德。重,增加,加重。王弼注云:"唯重积德,不欲锐速,然后乃能使早服其常。"

⑤有国:保有国家。

⑥有国之母:保有国家的根本。母,指根本。王弼注云:"国之所以安,谓之母。重积德,是唯图其根,然后营末,乃得其终也。"

⑦久视:指耳目不衰,即长生之意。

【译文】

治理人民,事奉天道,没有比吝惜更好的办法。只有吝惜,因此能早早从事于道;早早从事于道就叫作增加积德;增加积德就能攻无不克;攻无不克就深不可测,没有人能知道它的终极;没有人能知道它的终极,就可以保有国家;保有国家的根本,就可以长治久安。这也就是根深柢固、长生不老之道。

六十章

【题解】

　　古人喜欢以烹调比喻治国。老子说治理大国就像煎小鱼,大约可以包含两个方面的意思。一是治大国应以清静为主,应避免刑政烦苛、滋事扰民,如同煎小鱼不能随便搅扰。煎小鱼经不起搅扰,治大国经不起折腾。二是治大国更应谨慎从事,不可操之过急,如同煎小鱼,不可用猛火。这开头"治大国,若烹小鲜"二句,初看与下文若不相属,但细思其意,也还是有点关联的。"治大国,若烹小鲜",是以清静之道治国,务须戒骄戒躁,谨慎从事,不敢轻举妄动,而这也正是治天下应有的态度,以这种治国之道来治天下,也就是下文所谓的"以道莅天下"。

　　本章主要说明以道治天下的好处。以否定再否定的句式推出"圣人亦不伤人"。圣人代表理想的治理者,以道治天下最终就体现在政不伤人,此中颇有深意:不能以道治天下,则政必伤人,国家机器便不可避免成为压迫与残害人民的工具。以道治天下,则政不伤人,政不伤人,则其鬼不神,人鬼各安其所。文中所谓鬼神不显灵作祟、不伤人,在某种意义上只是象征性的说法。鬼神不显灵、不伤人,实际上是"圣人亦不伤人"的有道之治的一种效果,就思想实质而言,隐约包含了老子无神论的倾向。

治大国,若烹小鲜①。以道莅天下②,其鬼不神③;非其鬼不神,其神不伤人;非其神不伤人,圣人亦不伤人。夫两不相伤④,故德交归焉⑤。

【注释】

① 鲜:鱼。

② 莅:临,有统治之意。

③ 不神:不显灵,不作祟。王弼注云:"神不害自然也。物守自然,则神无所加。神无所加,则不知神之为神也。"此说得其大意。

④ 两不相伤:指鬼神与圣人都不伤害人。成玄英、苏辙、高延弟等以为"两不相伤"指人鬼互不相害,今世注家亦有从之者,实误。据原文之意,应指鬼神与圣人两者皆不相害于人。

⑤ 故德交归焉:所以功德一并归于他。这里的"他"指"以道莅天下者",也可以说就是"圣人"。交,交相,一并。按,一说指归德于民,于义不通。其说出于《韩非子·解老》,今人注解多从之(见卢育三、高明、张松如、陈鼓应、张松辉诸家之说)。《解老》云:"上不与民相害,而人不与鬼相伤,故曰'两不相伤'……故曰'两不相伤则德交归焉',言其德上下交盛,而俱归于民也。"其说解释"两不相伤"不仅指"人鬼不相伤",而且指"上不与民相害",欲求面面俱到,却脱离原文,转失其义。又以"言其德上下交盛,而俱归于民"解释"故德交归焉",不但于义不通,而且于文法亦有不通。说"上下交盛",似以"交盛"解释"交归"之"交",则完全不合于文法和句义(原文"交"为状语,修饰"归")。苏辙云:"人鬼所以不相伤者,由上有圣人也,故德交归之。"(《老子解》)其说以人鬼不相伤解释"两不相伤"虽误,而谓德归于圣人则是。王弼注云:"圣人不伤人,神亦不伤人,故曰'两不相伤'也。神圣合道,交归之也。"其说解释"两不相伤"则是,而以"神圣合道"云

云，解释"德交归焉"则语焉不详，不知何谓。

【译文】

治大国就像煎小鱼。以道治理天下，鬼怪就不会显灵；不是鬼怪不显灵，而是显灵也不会伤害人；不是显灵不会伤害人，而是圣人也不会伤害人。鬼怪和圣人都不会伤害人，所以功德都归于圣人。

六十一章

【题解】

本章谈论大国与小国的关系,重点是强调大国应该守雌取下,在处理与小国的关系上,应保持谦下的姿态。老子认为大国、小国在外交关系中都应该保持谦下,但大国在外交中是起决定作用的强势的一方,更应该注意保持谦下。在老子看来,大国、小国都保持谦下,就能各得其所,和平相处,对彼此都有好处,所以大国应该谦下,没有必要炫耀威势,以大欺小。

老子生活在以强凌弱、以大欺小、兼并战争愈演愈烈的时代,他对外交关系的设想,具有强烈的时代感,表达了他反对战争,反对武力征服,主张维护和平兼容的国际关系的愿望。在弱肉强食的时代,老子的想法显得苍白,但主张放弃武力,争取和平,维护一种互相尊重、兼容合作的国际关系,则无疑具有永久的合理性,老子的设想至今仍然值得尊重和参考。

本章以雌雄性交为喻,说明大国应守雌取下。这种比喻中也包含了老子对两性关系的深刻认识。雌性(女性)在性交的活动中表面上处在"下面",处在被动的状态,但实际上雌性(女性)在性关系和生育的过程中,往往扮演着引导的角色,并且能以静制动,保持永久的耐力。而雄性(男性)则往往在主动的姿态中陷于被动甚至"失败"的困境,雄性的"作为"总是短暂的。在性交与生育的过程中,雌性(女性)是被动的承受者,但更是伟大的承担者。在老子看来,雌性是大道"无为而无不为"的德性的典型体现。一般注家对本章的性交比喻视而不见,实际上可能与某种类似于"道德洁癖"的心理障碍有关,觉得以"性交"为喻不雅,所以在有意无意中加以排斥,并因此对文句作出曲解。实际上《老子》书中有关"牝"、"雌"的隐喻都包含有"性"的意味,而五十五章说婴儿"未知牝牡之合而朘作"也涉及性交。在老子看来,以性交为比喻大约是很"自然"的事,这也许与老子崇尚自然的思想意识有一定关系。

　　大邦者,下流也①,天下之牝也②。天下之交也,牝恒以静胜牡③。为其静也,故宜为下也④。故大邦以下小邦,则取小邦;小邦以下大邦,则取于大邦⑤。故或下以取,或下而取⑥。大邦不过欲兼畜人⑦,小邦不过欲入事人⑧。夫两者各得所欲,则大者宜为下。

【注释】

①大邦者,下流也:大国就好比是江河的下游。此句传世本少一"也"字,帛书本有"也"字,今据补。少此"也"字则语气未畅,句意也不够完足。王弼注云:"江海居大而处下,则百川流之;大国居大而处下,则天下流之,故曰'大国者,下流也'。"本章原文"邦"字,王弼本皆作"国",今从帛书甲本作"邦"。

②天下之牝也:是天下的雌性。这里进一步把大国比作雌性。此句各种传世本句序皆与下句对调,通行本句末各少一"也"字,作"天下之交,天下之牝",今从帛书本改。传世各本因句序颠倒,文意全非,旧注解释"天下之交"亦皆不可取。河上公《老子章句》云:"大国,天下士民之所交会。"王弼注云:"天下所归会也。"

范应元云："天下之所交会。"(《老子道德经古本集注》)吴澄云："犹江海善下而为众水之交会也"(《道德真经注》),其说最为今人所取。传世本作"天下之交,天下之牝",句意实为不通,但一般解释多把"交"解释为"交汇",意谓"下流"是江河的"交汇"处,表面看来似乎勉强可通。但问题的关键在于把应解释为"交配"的"交"解释为"交汇",则下文"牝恒以静胜牡。为其静也,故宜为下也"三句便成了含义不明的话。幸赖帛书的出土,使我们得以改正句序,如此句意始能贯通且含义清楚。"天下之交也"一句属下文,领起以下三句,文意便畅然无碍(可参高明《帛书老子校注》)。但奇怪的是,许多注家仍不愿意从帛书本改正句序,而有些注家虽然从帛书本改正了句序,但仍然把"交"解释为"交汇",难免以辞害意,把文意解释得莫名其妙(如陈鼓应《老子今注今译》、张松如《老子说解》、傅佩荣《解读老子》等)。北大汉简本其句序、文字皆同于帛书。

③牝恒以静胜牡:雌性常常凭借静而胜过雄性。牝,雌性。牡,雄性。

④为其静也,故宜为下也:因为它(她)的静,所以适合处在下面。指性交时雌性常常保持"静"的姿势而处于下面,而雄性则因为要有所"动"而适合处在上面。此二句王弼本作"以静为下",傅奕本作"以其静,故为下也"。在传世诸本中,傅本最为接近古本原貌,故其原文多与出土的帛书、竹书本相近;王弼本则往往删繁就简,行文力求简略,以至于有时扭曲老子原文的本意,此处即将原文的两句话省作一句话,使得文意有欠明晰,而语气也不顺畅。此处原文从帛书本。

⑤故大邦以下小邦,则取小邦;小邦以下大邦,则取于大邦:所以大国能自居小国之下,就能取得小国的拥护;小国能自居于大国之下,就能被大国所接纳。则取于大邦,指取容于大国,被大国所

接受，获得大国的容纳和保护。王弼注云："大国纳之也。"得其本义。此句注家多解释不清，也影响了对上下文的理解。本章中"取"字有不少注家主张解释为"聚"（如朱谦之《老子校释》、蒋锡昌《老子校诂》、卢育三《老子释义》、陈鼓应《老子今注今译》等），误，应如本字作解。"故大邦以下小邦，则取小邦；小邦以下大邦，则取于大邦"，文中"则取小邦"、"则取于大邦"二句，传世本或作"则取小国"、"则取大国"（如王弼本、河上本），两句皆无"于"字；或作"则取于小国"、"则取于大国"（如傅奕本），两句皆有"于"字。按照这两种版本，则"大国（邦）以下小国（邦）"，和"小国（邦）以下大国（邦）"结果都是一样的，而且下文"或下以取，或下而取"也就讲不通了。帛书甲本作"故大邦以下小邦，则取小邦；小邦以下大邦，则取于大邦"，前句无"于"字，后句有"于"字，则文意通顺、明白。大邦"取小邦"是主动获得，小邦"取于大邦"则是被动获得——即被大邦所"取"，故下文云"或下以取，或下而取"——标明是两种不同的情况。帛书本与传世本虽然只差了一个虚词，但一字之差却影响了文意的理解。北大汉简本亦同于帛书，前句无"于"字，后句有"于"字。

⑥或下以取，或下而取：有的（指大国）凭借谦下而取得，有的（指小国）因为谦下而被取得。这两句单就字面看似乎并无差别，"以"、"而"似乎也可以互换而句义不变。但根据这两个句子本身的表达形式，其含义显然是不同的，否则两个"或"字便不可解。这里根据上下文的意思把"以取"解释为"取得"，把"而取"解释为"被取得"。老子显然是用"以"和"而"这两个虚词来区别两个句子的含义。这说明在先秦汉语中这两个字在同一句式中的含义是有差别的，"以"在这里可以表示主动，"而"在这里可以表示被动，但这种区别在汉代以后的汉语中渐渐模糊了。

⑦兼畜人：把更多的人并过来一起畜养。兼（帛书本作"并"），合

并,有"多加"的意思,"兼畜人"有"多加畜养人"的意思。把"兼"解释为"吞并"、"兼并",易生误解,实有不妥。

⑧入事人:去事奉别人,指取得大国的容纳和保护。

【译文】

大国就好比是江河的下游,又好比是天下的雌性。天下的雌雄交合,雌性常常凭借安静胜过雄性。因为雌性安静,所以应该处在下面。所以大国能自居小国之下,就能取得小国的拥护;小国能自居于大国之下,就能被大国所接纳。所以有的自居在下面而能取得拥护,有的自居在下面而能获得接纳。大国不过是想要多蓄养人,小国不过是想要去事奉人。这样两者都能满足自己的要求,那么大国就更应该自居于下面。

六十二章

【题解】

　　本章文意有些不够清晰,加上各种版本互有异文,各家注释显得颇为混乱,但大意还是清楚的,其要点有二:一是强调道的可贵,是万物的庇护所,对于天子、三公来说,道的重要远过于珍宝、重礼;二是道无弃人,庇护万物,超越善恶,对于不善的人也能加以救助和保护。二十七章说"圣人常善救人,故无弃人",四十九章说"不善者亦善之"、"不信者亦信之",其意与此章相同。老子不是宗教家,道也不是上帝、佛陀之类的人格神,但是道具有生育、覆养、庇护、救助万物的精神,具有德泽广被众生的作用,则与佛陀之慈悲、上帝之博爱相似。老子的这种思想中包含有某种与宗教精神相通的众生平等的意识。

　　　道者万物之奥①。善人之宝,不善人之所保②。美言可以市,尊行可以加人③。人之不善,何弃之有?故立天子,置三公④,虽有拱璧以先驷马⑤,不如坐进此道⑥。古之所以贵此道者何?不曰:求以得⑦,有罪以免邪⑧?故为天下贵。

【注释】

　　①奥:藏,这里有庇荫的意思。王弼注云:"奥,犹暖也。可得庇荫

之辞。"

②善人之宝,不善人之所保:善人的珍宝,不善的人所赖以自保的东西。王弼注云:"宝以为用也";又云:"保以全也。"

③美言可以市,尊行可以加人:美丽的言语可以用于买卖交易,尊贵的行为可以施加于人,使人得到好的影响。此句与下文连在一起,各家解释颇多混乱不通之处。如陈鼓应译此数句为:"嘉美的言词可以用作社交,可贵的行为可以见重于人。不善的人怎能把道舍弃呢?"(《老子今注今译》)理解句意既有不妥,上下文意也不能贯通。这几句话似应作如此理解:美言尊行尚且能产生好的作用和影响,而作为"万物之奥"的道,对于人的作用就更深广了,故对于人之不善,亦无所弃。此二句河上本、王弼本等传世本作"美言可以市,尊行可以加人",而《淮南子》之《道应》、《人间》引文俱作"美言可市尊,美行可以加人"。俞樾云:"按《淮南子》《道应篇》、《人间篇》引此文并作'美言可以市尊,美行可以加人',是今本脱下'美'字。"(《老子平议》)奚侗、马叙伦、蒋锡昌、朱谦之、高亨、任继愈、古棣、张松如等皆从其说。但河上本、王弼本、帛书甲、乙本及其他古本皆多作"美言可以市,尊行可以加人",而且各本下句皆无"美"字;从河上公注文、王弼注文来看,其原文亦确实无此"美"字。又北大汉简本原文亦同于帛书。无此"美"字,句意亦通,不应从《淮南子》所引而改易原文。王弼注云:"美言之则可以夺众货之贾,故曰'美言可以市'也。尊行之,则千里之外应之,故曰'可以加于人'也。"

④三公:周代以太师、太傅、太保为三公。

⑤拱璧以先驷马:在进献驷马之前先奉上拱璧。古人进献礼物,往往先献上一物为先行之礼。拱璧,圆形中间有孔的玉。驷马,四匹马驾的车。

⑥坐进此道:立即进献此道。坐,应是"坐致"之"坐",其意为"轻

易",引申乃有"立即"之意。各家注解多未注此"坐"字。卢育三谓古人席地而坐,其坐姿实同于跪,故释"坐"为跪,释"坐进此道"为"跪而进献此道"(《老子释义》)。照他的意思,"跪而进献此道"应有表示尊敬、庄重的意思。但照他的解释,"坐"还是坐卧的"坐",只因古人坐姿不同,故又可名为"跪",则"坐进此道"更应该直译为"坐着进献此道",而"坐着进献此道"语近无谓,意有不通(老子显然不是要讨论该站着还是坐着来"进献此道"的)。张松如并未在注文中解释这个"坐"字,但其译文云:"虽然可以抱持大璧宝玉,乘坐四马高车以游聘,也不如清静而坐进这个道。"(《老子说解》)可知其解释"坐进"为"坐进去",所说既不合于古文语法,亦不合于句义。

⑦求以得:求而能得,有所求而能得到。此句王弼本作"以求得",语意有所不通,应从帛书本、傅奕本作"求以得"。

⑧有罪以免:有罪而可以免受灾祸。免,指免祸,不是指免罪。道并不能使人免罪,而只能使人免祸。各家注解都解释为"免罪",失其本义。"免"字单用,在先秦古籍中常用为"免祸"之意,如《左传·隐公四年》:"夫州吁弑其君而虐其民,于是乎不务令德,而欲以乱成,必不免矣。"又如《论语·雍也》:"不有祝鮀之佞,而有宋朝之美,难乎免于今之世矣。"

【译文】

道是万物的庇护所,是善人的珍宝,是不善的人所赖以自保的东西。美丽的言语可以用于交易,尊贵的行为可以给人施加影响。人有所不善,有什么可抛弃的呢?所以设立天子,设置三公,虽有拱璧在前、驷马在后的重礼,不如立即进献此道。古人之所以珍视这个道,是为什么呢?不就是说,有求则必有所得,有罪也可以免除灾祸吗?所以道为天下人所珍视。

六十三章

【题解】

本章内容有三个要点。一是重申无为的宗旨。"为无为，事无事，味无味"，归结起来其实就是"为无为"。"事无事"、"味无味"可以说是对"为无为"的引申和发挥。值得一提的是，这开头三句话都是在悖论式的表达中见出老子思想的内在张力。"无为"则无可为，"无事"则无可事，"无味"则无可味，但老子却说"为无为，事无事，味无味"，这意味着"无为"本身是一种"为"，"无事"本身是一种"事"，"无味"本身是一种"味"。这"无为之为"、"无事之事"，可以说是最大的"为"和"事"，这"无味之味"可以说是"至味"，它们是对世俗作为和嗜欲的超越。二是"报怨以德"。这一点恰与孔子主张"以直报怨"（《论语·宪问》）形成鲜明的对比。孔子反对乡愿式的处世哲学，"以直报怨"体现了是非分明、爱憎分明、恩怨分明的正直的处世原则。这种处世原则，有利于维系世俗社会的正义和道德价值，在现实生活中是不可缺少的。老子的"报怨以德"则别具一种超越的智慧与宽容的精神，是对世俗正义和道德价值的超越，有利于化解矛盾、平息冲突，有利于消弭包括以直报怨所引发的、有关是非恩怨的永无休止的纷争和仇恨。三是强调"图难于其易，为大于其细"，认为只有如此才能解决困难、成就大事。由此也可见老子在某种意义上对事功的重视。

为无为,事无事,味无味①。大小多少②,报怨以德。图难于其易③,为大于其细④。天下难事,必作于易⑤;天下大事,必作于细。是以圣人终不为大⑥,故能成其大。夫轻诺必寡信,多易必多难。是以圣人犹难之⑦,故终无难矣。

【注释】

①为无为,事无事,味无味:从事无为之为,从事无事之事,品味无味之味。王弼注云:"以无为为居,以不言为教,以恬淡为味,治之极也。"

②大小多少:此句颇费解,或疑有脱文,各家解说不一。司马光《道德真经论》解释为"视小若大,视少若多",意思是说把小看作大,把少看作多。其说略与上下文意相合,今从其说。

③图:谋划,谋取。

④细:小。大细即大小,大、细相对,犹如难、易相对。

⑤作:兴起。

⑥终不为大:始终不自以为大。

⑦犹:尚且。

【译文】

从事无为之为,奉行无事之事,品味无味之味。把小看作大,把少看作多,以恩德来报答仇怨。处理难事要从容易的事做起;做大事要从小事做起。天下的难事,都起于易事;天下的大事,都起于小事。所以圣人始终不自以为大,却因此能成就他的大。轻易许诺,一定会缺少诚信;多把事情看得太容易,一定会遭受更多的困难。所以圣人尚且把事情看得很难,这样最终也就没什么困难了。

六十四章

【题解】

本章帛书本起头处有分章的圆点,结尾没有分章的符号,竹简本则分两章抄写,自开头到"始于足下"为一章,"为者败之"以下另为一章,两章不相连接。从主旨上看,竹简本分章较为合理。第一节主要是说事物发展在开始的时候易于处理和消除,主要说的是负面的事物,所以得出"为之于其未有,治之于其未乱"的结论。第二节承上一节,说明事物皆从微小发展而至于壮大,指出起始的重要性,主要说的是正面的事物。这两节相辅相成,意思连贯,思想集中,主要强调的是"作为"的重要性,而下文从"为者败之"开始,则转而强调"无为",反对有所作为。虽然为与无为在老子思想中原本也可以说是相反相成的观念,不必认为他主张"无为"就不能说"为",但是就某一具体的语境来说,上文刚刚强调作为,说要"为之于其未有,治之于其未乱",下文便立即反对,说"为者败之,执者失之",则不免显得突兀和混乱。这说明《老子》传世本的分章并无严格的依据,从帛书本、竹简本来看,古本《老子》似乎也没有严格、确定的分章。

本章"为者败之"以下,主要是重申无为的宗旨。无为是原则、方法而不是目的,无为最终的目的是要成就"自然"的状态,达成"自然"的目标,所以圣人的无为是"以辅万物之自然而不敢为"。"民之从事"一节,是说人们做事常常功败垂成，所以要慎终如始，以免功亏一篑。从内容上看，这一节与本章前半部分思想关系密切，更应该与前半部分相连接。

　　其安易持，其未兆易谋，其脆易泮①，其微易散②。为之于未有，治之于未乱。合抱之木③，生于毫末④；九层之台，起于累土⑤；千里之行，始于足下。为者败之，执者失之，是以圣人无为故无败，无执故无失。民之从事，常于几成而败之。慎终如始，则无败事。是以圣人欲不欲⑥，不贵难得之货；学不学，复众人之所过⑦，以辅万物之自然而不敢为。

【注释】

①其脆易泮(pàn)：指事物刚开始生发，尚处于脆弱的时候，则易于破灭。泮，通"判"，分开，破裂，这里有破灭的意思。

②其微易散：指事物刚开始生发，尚处于微弱的时候，则易于散失。微，细小，微弱。

③合抱：两臂合抱，形容树木粗大。

④毫末：微末，此指细小的萌芽。

⑤九层之台，起于累土：九层的高台，从堆积土开始建起。句义与《荀子·劝学》所说"积土成山"相近。累土，堆土，积土。各家注解有释作"低土"、"小土块"，如严灵峰《老子达解》："累土，地之低者"，张松如《老子说解》解释为"小块土"；有释作"一篑之土"、"一筐土"，如林希逸《老子口义》说"累土"是"一篑之土"，高亨《老子正诂》更读"累"为"蔂"，谓蔂土即一筐土，其意同于林注，卢育三《老子释义》亦从其说。诸说皆有不妥。

⑥欲不欲：以不欲为欲，也就是"不欲"、"无欲"的意思。下文"学不

学"是"以不学为学",也就是"不学"的意思。其句式与上章"为无为,事无事,味无味"相同。"不欲"、"不学"是老子思想的基本观念。各家注解多解释"欲不欲"、"学不学"为"追求别人不要的"、"学别人不学的",皆误。如奚侗《老子集解》解释"欲不欲"、"学不学"为"欲人之所不欲"、"学人之所不学",张松如、陈鼓应等所说同此。按,王弼注"欲不欲"、"学不学"诸句云"好欲虽微,争尚为之兴",又云"不学而能者,自然也",其说正是视"欲不欲"、"学不学"为"不欲"、"不学"之意。今人高亨、卢育三所说皆近于王注,甚是。

⑦复众人之所过:从众人所犯的过失中返回,意思是抛弃众人的过失,回归根本之道。

【译文】

事物发展处于稳定的状态则易于掌握,事物发展尚未显示征兆的时候则易于处理,事物发展尚处于脆弱的时候则易于破灭,事物发展尚处于微弱的时候则易于散失。在事情尚未发生时就应该早作准备,在混乱尚未发生时就应该加以治理。合抱的大树,生于细小的萌芽;九层的高台,起于最初的堆土;千里的远行,就从脚下开始。有所作为就会失败,有所把持就会失去,所以圣人无所作为就不会有失败,无所把持就不会有失去。人们做事,常常在快要成功的时候失败了。慎重对待事情的终结,就像对待开始一样,就不会有失败之事。所以圣人以不欲为欲,不看重难得的奇物;以不学为学,抛弃众人的过失而复归于根本,辅助万物自然成长而不敢作为。

六十五章

　　本章明确反对以智治国,认为以智治国会给国家带来祸害,而不以智治国,则能复归于自然之道,实现淳朴自然的太平之治,给国家带来福祉。

　　开头说"非以明民,将以愚之",常被当作老子愚民思想的体现,而自宋儒程颐、朱熹以来,一直有人以此为口实讥评老子愚民、权诈。程颐云:"老氏之学,更挟些权诈……大意在愚其民而自智"(《二程集》),并将秦朝的暴政与老子的思想联系在一起;朱熹则比老子于张良,对老子的攻击更严厉,说"《老子》一书的意思都是如此,它只要退步不与你争……老子心最毒,其所以不与人争者,乃所以深争之也"(《朱子语类》)。这些言论显然都是对老子思想断章取义的曲解。愚民的本质是统治者耍弄权谋智术以愚弄人民,而老子最反对的正是耍弄权谋智术,因为耍弄权谋智术是对无为原则的背弃。老子深刻地认识到,喜欢耍弄权谋智术是统治者与生俱来的痼疾,而且这种痼疾会给国家和社会的健康发展带来严重的危害。本章明确反对以智治国,恰恰说明了老子对愚弄人民的厌恶。老子说"圣人恒无心,而以百姓之心为心"(四十九章),圣人是老子心目中理想的治理者,能以百姓之心为心,正是对权诈与愚民最彻底的抛弃。老子又说圣人自己是"我愚人之心也哉"(二十章),可见老子所谓的"愚",具有正面的价值,是归真返朴的智慧之"愚"。老子所谓"将以愚之",是要求治理者先能自愚,先自有一颗"愚人之心",而后使民同"愚",而返于淳朴自然的境界。

实际上,在古代汉语中,"愚"这个词往往在愚笨、无知的反面含义中包含正面的意义,与一般所说的"愚蠢"不同。如《诗经·大雅·抑》云:"人亦有言,靡哲不愚。"《论语·阳货》云:"古之愚也直。""愚"字皆有正面的含义,在这里都不可直接解释为"愚蠢"。老子尚"愚",正是利用了词语含义的丰富性和模糊性,强调"愚"所隐含的正面价值。

　　古之为道者,非以明民①,将以愚之②。民之难治,以其智多。故以智治国,国之贼③;不以智治国,国之福。知此两者亦稽式④。常知稽式,是谓玄德,玄德深矣远矣,与物反矣,然后乃至大顺⑤。

【注释】

①古之为道者,非以明民:古时候修道的人,不是要使人民聪明,而是要使人民愚笨。明民,使人民聪明。按,"古之为道者",王弼本及其他传世本多作"古之善为道者",多一"善"字。刘笑敢云:"根据文义,无'善'字似乎语义更强。'善为道'或'不善为道'是程度或水平的问题,'为道'或'不为道'是根本性的不同。'善'字似为蛇足。"(《老子古今:五种校勘与析评引论》)刘说是,今据帛书本删"善"字。

②愚之:使之愚昧。愚,愚昧,愚笨,这里有敦厚纯朴的意思。王弼注云:"明,谓多智巧诈,蔽其朴也。愚,谓无知守真,顺自然也。"

③贼:害,祸害。

④知此两者亦稽式:知道这两者也是法则。两者,指上文所言"以

智治国，国之贼"与"不以智治国，国之福"。稽式，楷式，法则。"稽"与"楷"音近通假。王弼注云："稽，同也。今古之所同则，不可废。"释"稽"为"同"，未是。

⑤大顺：最大的顺利，指太平之治。各家注此词多有未妥。《礼记·礼运》云："天子以德为车，以乐为御，诸侯以礼相与，大夫以法相序，士以信相考，百姓以睦相守，天下之肥也，是谓大顺。""大顺"即指儒家眼中的太平之治。这里的"大顺"也是指太平之治，只是老子所谓的太平之治与儒家不同，乃是崇尚自然的无为之治。薛蕙云："顺，治也。天下每每大乱，罪在于好智，夫惟不用智，然后至于大治矣。"（《老子集解》）其说得其大旨。林希逸云："大顺即自然也。"（《老子口义》）各家多从其说。按，"大顺"即"大治"，非即"自然"之意，虽然老子心目中理想的政治确是崇尚自然无为的政治。

【译文】

古时候修道的人，不是要使人民聪明，而是要使人民愚笨。人民难以治理，是因为他们多智。所以以智来治理国家，是国家的祸害；不以智来治理国家，是国家的福祉。知道这两点也是治国的法则。能常常知道什么是法则，就可以称作深奥的德。深奥的德深啊远啊，与万物复归于大道，然后就能达到太平之治。

六十六章

　　本章说明圣人治天下,如江海之纳百川,能自甘于处下居后,故能畜养万民,而不给人民造成负担和损害,而能处下居后,正是"不争"之德的体现。在现实政治中,统治者总是居高临下、见利争先,往往给人民造成沉重的负担和损害。老子的政治理想,无疑包含了对世俗政治的批判与否定。

　　老子说"欲上民,必以言下之;欲先民,必以身后之",听起来让人觉得他的话恰如班固之论道家,颇有"君人南面之术"(《汉书·艺文志》)的意味。老子的这些话也常常被看作对权术的某种肯定,而受人讥评。事实上,老子的思想确实可以给统治者提供"君人南面之术",在注重"法术"的韩非眼里老子或近于法家,在注重斗争的人眼里老子或近于兵家,但这些都只是接受者各取所需罢了,并不代表老子思想本身。老子的辩证思想是对事物存在、发展规律的认识,但这种欲上先下、欲前反后的言论听起来却似乎颇近于权诈,加上传世本及帛书本过于强调"欲"和"必",就更容易造成误解。这里所说的上下、先后的关系,是辩证思想在政治上的体现,并无权诈的意思。而且老子实际上强调的不是欲上先下、欲前反后的手段本身,而是不给人民造成负担和损害的政治目的和结果,而这种政治追求,在实质上乃是对要弄威权法术的唾弃。

　　江海所以能为百谷王者^①，以其善下之^②，故能为百谷王。是以欲上民，必以言下之；欲先民，必以身后之^③。是以圣人处上而民不重，处前而民不害。是以天下乐推而不厌^④。以其不争，故天下莫能与之争。

【注释】

①百谷：百川。

②以其善下之：因为它善于处在下面。此句竹简本作"以其能为百谷下"，与各本皆不同。各本皆强调江海的"善下"，突出这个"善"字，具有较明显的价值判断和强调能力的意味，也具有较明显的拟人化的意味。竹简本则只是以对事实的简单陈述来说明其所以为百谷王的原因，显得较为客观、平实（参见刘笑敢《老子古今：五种对勘与析评引论》）。从义理上说江海之能处下，完全是出于自然，而并不是出于刻意的经营和努力，不存在"善"与"不善"的问题，竹简本文句实较各本为可取，今为求原文行文前后一致，暂依传世本。

③是以欲上民，必以言下之；欲先民，必以身后之：所以圣人想要处于人民之上，就一定要以言辞对人民表示谦下；想要处于人民之前，就一定要把自己放在后面。竹简本与这几句相应的句子为："圣人之在民前也，以身后之；其在民上也，以言下之"，与各本皆不同。除了句序的不同外，重要的差异在于竹简本文句中皆无"欲"字。各本句中反复用"欲"与"必"二字强调圣人的欲求和行为：想要怎样，就得怎样。而竹简本则只是对圣人表现的事实作客观的表述，与各本相比，于义较为可取。强调圣人的欲求和行

为条件,实际上是无意中贬低并限制了圣人的功能与德性,圣人之在上、在前应是自然而然的事,而并非刻意追求的结果。今为求原文行文一致,暂依传世本。

④推:推戴,拥戴。

【译文】

江海之所以能成为百川之王,是因为它善于自处于低下,所以能成为百川之王。所以想要处于人民之上,就要以言辞对人民表示谦下;想要处于人民之前,就要把自身放在人民后面。所以圣人处于上位而人民不觉得沉重,处于前面而人民不觉得受损害。所以天下人都乐于推戴他而不加厌弃他。因为圣人不与人争,所以天下没有人能跟他争。

六十七章

【题解】

　　本章提出了"三宝",这"三宝"是老子思想的重要观念。这"三宝"也可以说是体道圣人的三德。老子从相反相成的辩证思想出发,指出"三宝"的价值和作用。慈爱近于柔弱,却能涵养勇敢的品德,这样的勇敢便不是一般的勇敢,不是匹夫之勇,而是道德力量的体现,是大爱产生出来的大勇。这种勇敢与孔子所说的"仁者必有勇"(《论语·宪问》)、"君子不忧不惧"(《论语·颜渊》)的意思颇有相通之处。俭约近于拘谨和小器,却能产生广博的作用。这里所谓的俭约,不限于节约财物之义,而更主要是指收敛、节制与自我约束的处事原则,与五十九章"治人事天莫若啬"的"啬"含义相同。王弼注"俭故能广"云:"节俭爱费,天下不匮,故能广也。"其说过于狭隘,未达老子之旨,后世注家多误从其说。知所节制,方能有效地防止过度行为,方能保存实力、储存能量,以便发挥最大的作用。不敢争先,自甘于"后退",却能成就"先进"的功德,成为造就万物的首长。

　　在"三宝"中,"慈"是最重要的。"慈"的基本含义是"爱",这很容易让人想起儒家所提倡而被老子所批评的"仁"。"仁"的基本含义也是"爱",只是"仁"之为"爱",主要强调的是血亲之爱,以及仁爱中所包含的伦理价值内容,而且更重要的是,"仁"强调的是下对上特别是子女对父母的敬爱与服从，所以孟子说"亲亲，仁也"（《孟子·尽心上》)，又说"仁之实，事亲是也"（《孟子·离娄上》），《中庸》记孔子之言也说："仁者，人也，亲亲为大。"而"慈"之为"爱"，更侧重于指上对下、长对幼的"爱"，所以《管子·形势》说"慈者，父母之高行也"，这种爱更体现出自发、无私与宽容的特点。母爱正是慈爱的典型，老子以母性比喻化育万物的大道，也正是对大道慈爱悲悯精神的表彰与肯定。而所谓"慈故能勇"，在人与动物的母性身上也有最生动和充分的体现。母性在保护下一代时，往往能显示出惊人的勇敢。老子摒弃了当时更广为流传并为众人所认同的"仁"的概念，而特别提出"慈"来表示他心目中的"爱"，可以说是别有深意的，也反映了孔、老以及儒、道深刻的分歧。《庄子·天道》借尧之言曰："嘉孺子而哀妇人。"在不经意间传达了庄子思想中所隐含的慈爱悲悯的精神，可谓与老子之意一脉相承。老子说"天地不仁"、"圣人不仁"（五章），又说"天道无亲"（七十九章），这里所谓的"不仁"与"无亲"，用庄子的话来说，那就是"大仁不仁"（《庄子·齐物论》）、"至仁无亲"（《庄子·庚桑楚》），这种不仁之仁、无亲之亲，是对世俗仁爱价值的超越，其所欲成就的是更高的慈爱。儒家也说"孝慈"，《论语·为政》记孔子答季康子问为政治民之事云："临之以庄则敬，孝慈则忠，举善教不能则劝"，"孝慈"并举，强调的仍然是父慈子孝的伦理价值与政教功能。"慈"原本并非儒家所尊奉的主要价值观念，而且较之老子所说的"慈"，其内涵也狭窄得多。"俭"也是儒家所提倡的道德观念。《论语·学而》记子贡之言谓孔子有"温、良、恭、俭、让"之德，《论语·八佾》记孔子答林放问礼亦云："礼，与其奢也，宁俭。"但儒家所说的"俭"，主要着眼于为人与处事的具体态度，而老子所说的"俭"，则是根本性的原则，是"治人事天"的根本原则，具有更高的地位和价值。

　　本章最后一节的议论涉及战争，这只是以战争为例，说明"慈"的作用。上文所说的"慈故能勇"的"勇"指的是作为一般品质的勇敢，不可因议论涉及战争，而误以为"勇"专指战争中的勇敢，是"勇于防御"之

"勇"（蒋锡昌《老子校诂》），或"勇武"之"勇"（陈鼓应《老子今注今译》译"勇"为"勇武"）。

　　天下皆谓我大①，大而不肖②。夫唯不肖，故能大。若肖，久矣其细也夫。我恒有三宝，持而宝之：一曰慈，二曰俭，三曰不敢为天下先。夫慈故能勇，俭故能广，不敢为天下先，故能为成器长③。今舍其慈且勇，舍其俭且广，舍其后且先④，则死矣。夫慈，以战则胜，以守则固。天将建之，如以慈垣之⑤。

【注释】

①天下皆谓我大：天下人都说我大。我，代指得道的圣人。此句王注本"我"下有"道"字，河上本、傅奕本、景龙本、范应元本、帛书乙本（甲本缺）与各本均无"道"字，"道"当是衍字，有"道"字于义不可取，据删。此章帛书乙本与各本略有不同，于义最可取，为保持一章之内行文一致，此章原文全依帛书乙本而不在传世本上作增删改定。又，值得附带在此说明的是，郭店竹简本《老子》，没有与通行本《老子》六十七章至八十一章相当的内容，故自本章以下，原文校勘皆无竹简本可作参考。

②大而不肖：大却没有才能。不肖，不似，不像，本义特指子不似其父之贤能，又引申为不贤、不才之意。此句中"不肖"，即"不贤"、"不才"之意。结合其本义和引申义，这里的"不肖"与口语所说的"不像样"意思最为相近，"大而不肖"就是"大却不像样"的意思。老子说体道圣人功德至大无量而貌似不肖，看上去似乎没什么样子、没什么才能。圣人超越于具体的功用之上，所以在一般人看来显得有点大而无当。圣人之所以能大，就在于他能不

为具体功用所局限,若为具体功用所局限,显出很有才能的样子,那就小器了,那就不足以言其大了,故下文说:"夫唯不肖故能大。若肖,久矣其细也夫。"老子的这些话,倒是与孔子所说的"君子不器"(《论语·为政》)有相通之处。在古代汉语中,"不肖"本是一个含义明确的常见词,本章"不肖"与"肖"分开说,可能因此给有些人的理解造成了障碍,不明白老子说的"肖"与"不肖"到底是指什么。有的说"不肖"指"不类普通之俗君",以见出圣人之大(蒋锡昌《老子校诂》),有的说"不肖"是指"道广大,不像任何具体的东西"(陈鼓应《老子今注今译》,张松如《老子说解》所言亦同),有的说"不肖"是指"大又似不像大",也就是说圣人大却又不像大的样子(卢育三《老子释义》),诸说皆有不妥,相较而言,以陈鼓应所说为近是。王弼注云:"肖则失其所以为大矣,故曰'若肖,久矣其细也夫'。"释德清云:"不肖,如孔子云'不器',太史公谓孟子迂远而不切声情之意,即庄子所谓'大有径庭,不近人情'也。"(《老子道德经解》)

③故能为成器长:所以能成为造就万物的首长。成器,成就器物,造就万物。

④舍其慈且勇,舍其俭且广,舍其后且先:舍弃慈爱以及勇敢,舍弃俭约以及广博,舍弃在后以及居先。上文文"慈故能勇,俭故能广,不敢为天下先,故能为成器长",则舍弃"慈"、"俭"、"后",也就连带舍弃了"勇"、"广"、"先",其意颇为明白,不宜将这几句解释为"舍弃慈爱而求取勇武,舍弃俭啬而求取宽广,舍弃退让而求取争先"(见陈鼓应《老子今注今译》,张松如《老子说解》略同)。后与先恰好相反,说"舍弃后而且先"(也就是"舍弃后和先"),听起来感觉似乎有点不通,照常理先后相反,说舍弃只能是舍弃其一,舍弃先则必欲求其后,舍弃后则必欲求其先,不能说先后都舍弃了;但老子的意思恰与"常理"不同,在他看来能退后

才能居先,所以后与先是连结在一起的,舍弃了后也就舍弃了先。实际上,"慈"与"勇"、"俭"与"广"在这里也有相反的含义,慈爱近于柔弱,则与勇敢相反,俭约近于局促,则与"广博"相反。老子说,"慈故能勇"、"俭故能广",与退后才能居先一样,都包含相反相成的意思,只是"慈"与"勇"、"俭"与"广"之相反较为模糊,不像"先"与"后"之截然相反,而且"慈"与"勇"、"俭"与"广"并举,虽然含有相反的意义,但都是具有正面价值意义的概念,所以老子反对"舍其慈且勇,舍其俭且广"则可能易于为一般人所理解和接受,而"先"与"后"其义截然相反,说"舍其后且先"却较不易于为一般人所理解。王弼注云:"且,犹取也。"解释句中各"且"字为"取",显然是错误的,上引陈鼓应的解释即误从其说。

⑤天将建之,如以慈垣之:天将要让谁有所树立,就像是用慈爱来保护他。建,树立,建立。垣,墙,这里有保护的意思。此句中"如"字初看似乎不好解释,所以注译者多视而不见,有意加以忽略。实则,此"如"字颇能见出老子思想的精微细致之处,说"如以慈垣之",着一"如"字,乃见出天之慈爱是有而似无,无而似有,与所谓"辅万物之自然"、所谓"天地不仁"、"天道无亲"之旨暗相契合。

【译文】

天下人都说我大,大而不像个样子。正是因为不像个样子,所以才能大。如果像个样子,那早就小了。我一直拥有三大法宝,保持并且珍视它们:第一是慈爱,第二是俭约,第三是不敢争先走在天下人的前面。因为慈爱所以能勇敢,因为俭约所以能广博,因为不敢争先走在天下人的前面,所以能成为造就万物的首长。现在要舍弃慈爱以及勇敢,舍弃俭约以及广博,舍弃后退以及先进,那就死定了。凭借慈爱来攻战就能取胜,凭借慈爱来守卫就能坚固。天将要让谁有所树立,就像是用慈爱来保护他。

六十八章

【题解】

本章主旨是阐述"不争之德",而"不武"、"不怒"、"弗与"、"为之下",皆是"不争之德"的具体表现。"不争"是老子反复强调的观念,在老子看来,"不争"则"天下莫能与之争"(二十二、六十六章),可以自处于主动有利的地位,所以"善为大者"、"善战者"、"善胜敌者"、"善用人者",皆能有所"不争"。"不争之德"在本质上是天道无为精神的体现,所以说"是谓配天"。七十三章说"天之道,不争而善胜",也说明"不争"乃是天道的基本德性。《孙子·形篇》云:"善战者之胜也,无智名,无勇功。"其说颇与老子所言"善战者不怒,善胜敌者弗与"相近,亦可见先秦各家思想往往有相通的地方。

善为士者不武^①,善战者不怒,善胜敌者弗与^②,善用人者为之下。是谓不争之德,是谓用人^③,是谓配天,古之极也^④。

【注释】

①善为士者不武:善于做武士的人不显示威武。王弼注云:"士,卒之帅也。武尚先陵人也。"

②弗与：不与之交接对敌。与，交接，此可指交战。河上公注云：
"不与敌争，而敌自服也。"王弼注云："不与争也。"老子说"善胜
敌者弗与"，是说善胜敌者能不战而胜。河上注及王注是言其大
意，自无不妥，但如陈鼓应《老子今注今译》，直接解释"不与"为
"不争"则不妥。按，河上本、王注本此词皆作"不与"，傅奕本、范
应元本作"不争"，则与下文"不争之德"重复，帛书本作"弗与"，
应从。

③是谓用人：这就叫作用人。意思是说上文所谓"善用人者为之
下"乃是真正的用人之道。按，王弼本此句作"是谓用人之力"，
应从帛书甲乙本删去"之力"二字。上文说"善用人者为之下"，
议论的只是用人的基本原则和态度，下文说"是谓用人之力"，前
后显然不相对应。

④古之极也：古时极致的境界。极，极致。按，王弼本作"古之极"，
应从帛书补一"也"字，语气才完整。

【译文】

善于做武士的人不显示威武，善于作战的人不发怒，善于取胜的人
不与人对抗，善于用人的人居于人之下。这就叫作不争的品德，这就叫
作用人，这就叫作与天相配，是古时极致的境界。

六十九章

【题解】

《老子》一书约有十章言及战争,自唐代王真作《道德经论兵要义述》以来,就一直有人把《老子》看作兵书。本章内容在《老子》书中似乎最具有"兵书"的色彩。老子生当战乱之世,对于频繁发生的战争不能视而不见,避而不谈,他的某些议论甚至与《孙子兵法》颇有相似之处,但老子是哲学家而不是兵家,他关注的是一般问题,而不是军事问题。老子偶尔"论兵",也只是他的哲学思想的某种延伸,他的议论也因此多是泛泛之言,只是借以阐述其思想的基本要义,而不像《孙子兵法》那样,有《谋攻》、《火攻》之类的专篇,深入讨论战争中的具体问题和对策。喜欢谈兵论战的人不妨各取所需,可以从《老子》中发现"兵法",吸取"营养",但《老子》本身却绝非兵书。特别值得一提的是,反对战争和权谋是老子的基本思想,因老子偶尔"论兵",而将老子看作喜欢战争和权谋的人,则无疑是更大的误解。

本章论用兵之道,强调用兵要戒骄戒躁,不可轻敌,体现了老子一向崇尚的守静不争的思想。实际上轻敌往往与好战、好胜联系在一起,而这正是老子所反对的。所谓"不敢为主",也体现了老子对于"兵者"这一"有道者不处"的"不祥之器"(三十一章)的慎重态度。

　　用兵有言:"吾不敢为主而为客①,不敢进寸而退尺。"是谓行无行,攘无臂,执无兵,乃无敌矣②。祸莫大于轻敌,轻敌几丧吾宝。故抗兵相若③,哀者胜矣④。

【注释】

①吾不敢为主而为客:我不敢做主导者而宁可做宾从者。主,主导者,这里指主动的一方。客,非主导者,这里指处于被动的一方,译文勉强译作"宾从者"。

②行无行,攘无臂,执无兵,乃无敌矣:布无阵之阵,举无臂之臂,执无兵之兵,那就所向无敌了。行无行,前一"行"字作动词,意为布阵,下一"行"字是名词,意为行阵,行列。兵,兵器。"乃无敌矣"一句,传世本或作"扔无敌",或作"仍无敌",置于"执无兵"之前,帛书甲本作"乃无敌矣"(乙本作"乃无敌",句序与甲本同),并置于诸句之后,于义为长,今据改。这几句说的实际上是不战而胜的意思。而只有"不敢为主"、善于退让的人,才有可能不战而胜。又,北大汉简本其句作"乃无敌",句序亦同于帛书。王弼注云:"行,谓行陈也。言以谦退哀慈,不敢为物先。用战犹行无行,攘无臂,执无兵,扔无敌也。言无有与之抗也。"

③抗兵相若:两军对垒,势力相当。抗兵,两军对垒。相若,相当。王弼注云:"抗,举也。若,当也。"按,王弼本此句作"抗兵相加",应从帛书本改"加"为"若"。王弼注云:"抗,举也;加,当也",楼宇烈云:"'加'字无'当'义,当作'若'。"(《老子道德经注校释》)据王弼注文可知王本原文亦当作"抗兵相若"。

④哀:悲悯。苏辙云:"两敌相加,而吾出于不得已,而有哀心。哀心见而天人助之,虽欲不胜,不可得也。"(《老子解》)林希逸云:"哀者戚然不以用兵为喜,击鼓其镗,踊跃用兵,则非哀者矣。"(《老子口义》)苏、林所说得老子之旨。《老子》三十章云:"以道

佐人主者，不以兵强天下”，“师之所处荆棘生焉，大军之后，必有
凶年”；三十一章云：“夫兵者不祥之器，物或恶之，故有道者不
处”，故此章言用兵者应怀有哀戚、悲悯之心。

【译文】

从前用兵的人曾说过：“我不敢做主导者，而宁可做宾从者；我不敢
进一寸，而宁可退一尺。”这就叫作布无阵之阵，举无臂之臂，执无兵之
兵，那就所向无敌了。没有比轻敌更大的灾祸，轻敌几乎丧失了我的法
宝。所以，两军对垒，怀有悲悯之心的一方就获胜了。

七十章

【题解】

　　本章主旨是感叹世人不能知道、行道。大道"玄之又玄"（一章），高深莫测，原本并不易知。古今注《老子》者不下数百家，众口哓哓，是非莫辨，由此也可见老子之道确不易知。但是，从另一方面来说，大道至简，而且是"言有宗，事有君"，自然、无为、不争之类基本的观念，也确实是简明扼要，"易知"、"易行"的。只可惜世人"无知"，一则囿于俗见，再则耽于私欲，以至于背弃大道，迷不知返。

　　不过在老子看来，"知我者希"，却正见出"我"的可贵，"被褐而怀玉"，原本是圣人常有的状态。老子感叹世人不能知道、行道，却没有半点失意不平的怨愤见于辞色，其思想境界确实非同一般。

　　吾言甚易知，甚易行；天下莫能知，莫能行。言有宗^①，事有君^②。夫唯无知，是以不我知。知我者希，则我贵矣^③。是以圣人被褐而怀玉^④。

【注释】

　　①言有宗：议论有宗旨。

　　②事有君：行事有要领。君，主，主脑，可引申指根本、要领。王弼

注云："宗，万物之主也；君，万事之主也。"

③知我者希，则我贵矣：知道我的人少，那我就更尊贵了。理解"我"的人少，正见出"我"的高贵，"我"的高贵也就是道的高贵。此句意与四十一章所言"不笑不足以为道"相通。"则我贵矣"一句，河上本、王弼本皆作"则我者贵"，傅奕本、范应元本、帛书甲、乙本皆无"者"字，作"则我贵矣"，于义为长，今从之。王弼注云："唯深，故知之者希也。知我益希，我亦无匹（"亦"当作"益"），故曰：'知我者希则我贵也'（通行的王注本后一个"我"字下亦如原文有"者"字，楼宇烈校释认为当据王注文意及道藏集注本删此"者"字，甚是）。"又其注解"被褐怀玉"之句云："圣人之所以难知，以其同尘而不殊，怀玉而不渝，故难知而为贵也。"据其注文可知王注本原文其句中亦当无"者"字。奚侗云："世之知我者少，是我独异于人，而为天下贵矣。王弼、河上本均作'则我者贵'，谊与下句不属。兹从范应元本。"（《老子集解》，按，范应元本原文作"则我贵矣"，而范注云："惟其真知吾道者希少，则吾贵矣。"）又蒋锡昌云："《道德真经集注》引王弼注：'知我者希，则我贵也。'是王本作'则我贵矣'，当据改正。今本经注'贵'上并衍'者'字，谊不可说。《蜀志·秦宓传》与《汉书·扬雄传》颜注均作'知我者希，则我贵矣'。"（《老子校诂》）奚、蒋之说至当，亦与后来出土的帛书相合。北大汉简本亦同帛书，作"则我贵矣"。然传世本既或作"则我者贵"，注家乃不免从之作解，如唐玄宗《御注道德真经》云："则我不言之教者至贵"，是说能效法我的"不言之教"的人"至贵"。今人卢育三、任继愈、陈鼓应等亦仍取"则我者贵"为正文，而解释句意为效法我的人可贵或难得。皆失其义。

④被褐而怀玉：穿着粗布衣服而怀揣着宝玉。"怀玉"，正见出圣人的高贵，与上文一意相通。此句河上本、王弼本无"而"字，今据

傅奕本、帛书本补，有此"而"字，突出、强调了"怀玉"，句意完足。北大汉简本亦同帛书，亦有"而"字。王弼注云："被褐者，同其尘；怀玉者，宝其真也。圣人之所以难知，以其同尘而不殊，怀玉而不渝，故难知而为贵也。"所谓"被褐怀玉"，是说圣人虽然高贵却不为人知，故身处下位，与众人无异。王注恐失其意。

【译文】

我的言论很容易了解，很容易实行；可是天下没有人能了解，没有人能实行。言论有宗旨，行事有要领。正因为人们无知，所以不能了解我。知道我的人少，那我就更高贵了。所以圣人常常穿着粗布衣服，而怀揣着宝玉。

七十一章

【题解】

本章谈论的是认知问题，特别指出认识自身认知局限的可贵。知道并且承认自己的"不知"，既需要应有的坦诚和勇气，又需要认识自身认知局限的理智和能力，这是一种偏重于自我反省的理智和能力。圣人的"不病"是因为他的"病病"，是因为他把"不知知"当作毛病。这说明圣人能认识人类认知的局限，包括认识自己的"不知"。这种坦诚和勇气、理智和能力，对一个人来说十分重要，直接关系着一个人的心智水平和人生境界。可是在现实生活中，很多人往往缺少反省，缺少应有的坦诚和勇气。

文中"以其病病"一句中所谓的"病"，乃承上文而言，特指"不知知"之病。老子的意思是说，圣人把不知而自以为知看作毛病，没有不知而自以为知的毛病，所以能不犯毛病。各家注解多误把"以其病病"之所谓"病"理解为一般的毛病或缺点，这样上下文意就断了，成了并不相干的两截话。

知不知①，尚矣②；不知知③，病也。是以圣人之不病也，以其病病也④，是以不病。

【注释】

①知不知：知道自己不知道，知道自己有所不知。

②尚：通"上"。

③不知知：不知而自以为知。王弼注云："不知知之不足任，则病也"，增字解经，失其本义。

④病病：以病为病，把毛病当作毛病看。此处所谓病，承上文之意，专指"不知知"之病。前一个"病"字作动词，后一个"病"为名词。

此章传世本多有衍文，句义重复，今依帛书乙本改正。

【译文】

知道自己有所不知，那是最好的了；不知道而自以为知道，那就是大毛病了。圣人之所以没有毛病，那是因为他把"不知知"这种毛病当作毛病，所以就没有毛病。

七十二章

【题解】

　　人民对于国家机器的威力,对于统治者的威权通常总是有所畏惧的,统治者却往往因此更加没有节制地加重压迫,以至于民不堪命,只好鼓起勇气,铤而走险。到了"民不畏威"无所畏惧的时候,那对于统治者来说,也许末日也就不远了。这种情况曾被许多史实所证明。实际上,人民在本质上原本是"不畏威"的,唬不住的。老子深知愚妄和残暴是统治者易犯的通病,因此提出警告,希望统治者不要逼得人民不能安居,没有活路。老子进而指出,圣人在上是"不自见"、"不自贵"。能"不自见"、"不自贵",自然就不会张扬自己的意志和权力,就不会有强权压迫了。"不自见"、"不自贵"在本质上是对自己的约束,是防止自我膨胀,这样就能给别人、给人民以更多的自由。

　　民不畏威,则大威至①;无狎其所居②,无厌其所生③。夫唯不厌,是以不厌④。是以圣人自知不自见⑤,自爱不自贵。故去彼取此⑥。

【注释】

　　①民不畏威,则大威至:人民不畏惧威压,那大的威胁就要来了。

"畏威"之"威",指来自统治者的威压。"大威"之"威",指可畏之事,指来自人民的威胁。王弼注云:"离其清静,行其躁欲,弃其谦后,任其威权,则物扰而民僻,威不能复制民。民不能堪其威,则上下大溃矣,天诛将至。故曰:'民不畏威,则大威至;无狎其所居,无厌其所生。'言威力不可任也。"

②狎:通"狭",狭迫。

③厌:同"压",压迫。

④夫唯不厌,是以不厌:只因为不压迫人民,所以人民才不厌弃(统治者)。前一"厌"字同"压",义同上文"无厌其所生"之"厌",后一"厌"字是厌弃的意思,义同六十六章"天下乐推而不厌"之"厌"。

⑤不自见(xiàn):不自我显示,不自我表现。王弼注云:"不自见其所知,以耀光行威也。"

⑥去彼取此:舍去那个而选取这个。指舍去"自见"、"自贵"而选择"自知"、"自爱"。

【译文】

人民不畏惧威压,那大的威胁就要到来了;不要挤掉他们的居所,不要压迫他们的生活。只因为不压迫,人民才不厌弃。所以圣人有自知之明却不自我显示,有自爱之心却不自以为高贵。所以应该舍去那个而选取这个。

七十三章

【题解】

本章上一节提出"勇于敢"和"勇于不敢"两种相反的处世态度来作对比,认为前者是取死之道,后者是自存之道。老子认为,两者的利害有时虽然并不易见,但行事失道,为天所恶,终究难逃"天网"。"勇于敢"、"勇于不敢"的"勇"本义是"勇敢"的意思,用在这里含有态度上积极、主动、急迫的意思,其用法与"勇于进取"、"勇于自信"、"急流勇退"的"勇"相同。"勇于敢"的"敢",落到实处,无非是"敢为","勇于敢为"而不知节制那就近于胆大妄为,确实是危险的。而"勇于不敢"则是"勇于不敢为","勇于不敢为",则近于无为而合于天道。"勇"就是"勇敢",老子在这里却把"勇"和"敢"分开,说"勇于敢";"勇"与"不敢"意思正好相反,老子在这里却说"勇于不敢",正是在看似悖谬的吊诡之辞中见出老子语言和思想的张力。各家注解评论,多联系七十六章"坚强者死之徒,柔弱者生之徒"的话来解释本章开头这两句话,认为"勇于敢"就是"坚强","勇于不敢"就是"柔弱",这样的解释类似于把"勇于敢"与"勇于不敢"的对比简化为"勇敢"与"不敢"的对比,虽然大意近是,却完全消解了老子思想的矛盾与张力,也抹杀了"勇于不敢"所强调的勇于退让无为的特殊勇气。

本章下一节重申天道无为不争的功德。章末"天网恢恢,疏而不失"两句,形容天道无边笼罩万物,作用柔弱却无所漏失的"法力",真可谓语奇意深,善于取譬。

勇于敢者则杀,勇于不敢者则活①。此两者,或利或害②。天之所恶,孰知其故? 天之道③,不争而善胜,不言而善应④,不召而自来⑤,坦然而善谋⑥。天网恢恢⑦,疏而不失。

【注释】

①勇于敢者则杀,勇于不敢者则活:勇于敢的就会死,勇于不敢的就会活。传世各本两句中无"者"字,有"者"字句法较完整,今据帛书甲本补。

②此两者,或利或害:这两者,或有利,或有害,不易确定。此两者,指"勇于敢"与"勇于不敢"。或利或害,意思是说或利或害并不易见易知,所以下文说"天之所恶,孰知其故"。古代汉语常以"或……或……"表示不确定的意思,此句"或利或害"即表示利与害不易确定。一般解释"或利或害",都误以为"或利"指"勇于不敢则活","或害"指"勇于敢则杀",如此则"或利或害"只是对"勇于敢者则杀,勇于不敢者则活"所作的利害判断的简单无谓的重复。王弼注云:"俱勇而所施者异,利害不同,故曰'或利或害'也。"其说即以为"或利"指"勇于不敢则活","或害"指"勇于敢则杀",后世注家多承其误,遂失其义。

③天之道:即天道,指作为宇宙本体以及万物根源和依据而存在的道,其义不限于"自然规律",不可解释为"自然规律",而且说"自然规律""不争而善胜,不言而善应",也是不通的。按"天之道"前,河上本、王弼本等传世本有"是以圣人犹难之"一句,景龙本、

严遵本、敦煌辛本、帛书本无此句,今世各家多以为此句系六十三章错简重出于此,应删。多此一句于义不可取,今据各本及众说删去。

④应:回应,指回应万物,应接万物。

⑤不召而自来:不召唤而使万物自来归附,意指道具有非凡的感召力。王弼注云:"处下则物自归。"

⑥坦然:坦荡的样子。"坦"字各本或作"绰"、"埠"、"弹"、"单",或是借字,或是错字,严遵《老子指归》及六朝写本多作"坦",其本字应作"坦"。

⑦天网恢恢:天网广大。天网,喻指天道的力量。恢恢,广大的样子。

【译文】

勇于敢的就会死,勇于不敢的就会活。这两种勇或有利或有害,有时似乎并不易知。天有所厌恶,谁知道它的缘故? 天之道,不争斗而善于取胜,不说话而善于回应,不召唤而使万物自来归附,坦荡无私而善于谋划。天网广大无边,稀疏却无所漏失。

七十四章

【题解】

本章主旨在于反对统治者滥用刑法杀人,反对统治者用杀人的手段恐吓人民,并对统治者代天行杀伐之权的狂妄行径提出了警告。反对暴政虐民是老子思想的基本内容。开章"若民恒且不畏死,奈何以杀惧之也",语出反诘,意味深长,想想数千年以来不惮于杀人的专制政治,这样的话听起来,至今仍然使人有振聋发聩之感。法制作为维护社会秩序的必要工具,行生杀刑赏之权,在现实社会中无疑具有一定的合理性。但在专制政治下,当权者往往十分自然地就认为自己操有生杀予夺的大权,当权者意志往往主导着法制的运行。在老子看来,统治阶级操生杀之权,乃是越俎代庖,窃取了"天"的权力,这种代天"司杀"的行为无疑是"不道"的,"不道早已"(五十五章),会遭受"天遣",所以"希不伤其手矣"。老子的这种思想,包含了对世俗统治权力和意志的深刻否定,包含了政治自由的理想。老子天道自然无为的思想,实质上可以说是一种"自由"的思想。"自然"一词即含有"自由"的意义,而"无为"的终极目的,正是要最大限度地限制居高临下的施为,以达到"物各自然"的最佳状态。天之"司杀",实际上也只是因任自然,无为而为。

天,或天道,从积极的方面来说,有长育万物、庇护万物的生生之德,这是老子所一再强调的主要方面;而从消极的方面来说,天或天道作为万物存在的根据,作为合规律性的动因和力量,其作用于万物又具有制约性,可以说是"掌握"着万物的"生杀大权"。所谓"勇于敢者则杀"(七十三章),所谓"坚强者死之徒"(七十六章),便是违天不祥而自取灭亡。正是在这个意义上,天或天道也可以说是"司杀者",只是天或天道之"司杀",是因任自然,无为而为,所以并不显示天或天道自身的意志和目的。《庄子·养生主》也有"通天之刑"的说法,可谓与老子以天为"司杀者"之意一脉相承。然而"司杀者"一词容易使人想起世俗统治的权力和意志,有人因此认为"司杀者"不是指没有意志的天或天道,而是指刑杀衙门或司法机关。实际上,老子在这里用"司杀者"一词来指称天或天道,只是为了适应具体的语境而借用的具有比喻(拟人)性质的"假名",不可胶柱鼓瑟,拘泥于字面的意思,以至于产生误解。天道没有意志和目的,但作为万物存在的根据,作为作用于万物的合规律性的动因和力量,它具有某种类似于意志和目的的功能;借用老子喜欢用的比喻,这就好比流水,流水没有意志和目的,但流水趋下、向东,以至于汇入大海,却显得似乎有某种意志和目的。老子常常喜欢用拟人化的比喻来指称和描述天道,这就更给天道戴上了人格化的面具,赋予了某种象征性的人格意志。我们因此不必对老子以"司杀者"指称天或天道感到疑惑不解。我们只有对修辞和思想有真切的理解,才能真正做到得意忘言,才能避免误入词语的迷途。

对于本章文意最大的误解正是认为"司杀者"和"大匠"指的不是天或天道,而是刑杀衙门或是司法机关;这样理解,本章的主旨便成了告诫君主不可亲自直接杀人,不可取代司法机关的职能而自行刑杀之事。本章开头就说"若民恒且不畏死,奈何以杀惧之也",老子的批评和抗议显然是针对整个统治阶级,针对专制政治本身,而不是针对君主一人;而且更重要的是,君主本人并不能真正行刑杀之事,不能恐吓、残杀人民,君主之所以能够"杀人",正是因为他掌握国家机器,可以通过"刑杀衙门"、"司法机关"实现"杀人"的目的。在专制时代,虽然君主的权力有时也会跟"法制"产生某种冲突,但就其实质而言,法制乃是君主专制的工具,生活在春秋时期的老子,不可能有司法权力独立的思想意识,把本章主旨理解为反对君主直接杀人,而主张由司法机关行刑杀之事,显然是十分荒谬的。在君主专制政治下,"法"乃是专制的工具,是实现统治权力与意志的手段。在本质上,"以法治国"的主张与老子自然无为的政治理想相去甚远,甚至是背道而驰的。老子反对仁、义、礼,特别是礼,在老子看来,更是等而下之,被斥为"忠信之薄,而乱之首",而所谓"法",尚且不齿于孔孟,对于老子来说,那更是等而下之的了。值得一提的是,现代法制政治可以对老子思想有所借鉴和吸取,但老子思想本身并非如有的论者所认为的那样,可以"兼容"法治的思想,而最多只能说法治思想可以"兼容"老子思想的某种因素。

最后值得说明的是,以"大匠"喻指司法机关,实际上近于不伦。老子喜欢以"大"指称道,"大"甚至就是"道"的别名(二十五章),"匠"而名之曰"大",其名非大道莫属。道造化万物,是最伟大的能工巧匠,以匠为喻也十分恰当、贴切,后来的庄子继承了老子的这个比喻,更是经常以工匠比喻大道或得道之士。而"司法机关"之"司杀"并不需要"技艺",杀人不是一门"手艺",不可以"匠"为喻。在老子看来,"代大匠斫"之所以会伤及自身,是因为那是最狂妄的僭越。道虽然纯朴谦虚包容万物,但是又无比尊贵,超越于万物之上,人可以修道、行道、亲近道,但绝不能取代道,不能越俎代庖,胡作非为。

若民恒且不畏死,奈何以杀惧之也①?若民恒且畏死,则为奇者②,吾将得而杀之③,夫孰敢矣?若民恒且必畏死,则恒有司杀者④。夫代司杀者杀,是代大匠斫也⑤。夫代大匠斫者,希不伤其手矣。

【注释】

①若民恒且不畏死，奈何以杀惧之也：如果人民总是不怕死，为什么要用杀来恐吓他们呢？按，此二句河上本、王弼本等通行本作"民不畏死，奈何以死惧之"，与帛书本行文虽异而大意相同。本章"夫孰敢矣"句下，传世本皆无"若民恒且必畏死"句，有此句文意较完足，应据以补上。今为保持本章行文风格一致，原文皆依帛书本为准。

②为奇者：做邪恶事情的人。奇，奇诡，邪恶。王弼注云："诡异乱群，谓之奇也。"

③吾：这里是虚拟的人称，假托为统治者的自称。

④恒有司杀者：总是有掌管杀人的。司杀者，指天道。有注家谓指掌管刑法的衙门，误。此句王弼本"者"下有"杀"字，傅奕本、河上本、帛书甲、乙本皆无此"杀"字，于义可取，今从。按，自河上公、王弼以来各家注解多以为"司杀者"指天或天道。河上公云："司杀者谓天居高临下，司察人过，天网恢恢，疏而不失也。天道至明，司杀有常……人君欲代杀之，是犹拙夫代大匠斫木，劳而无功也。"其说解释文意颇为确当。后世注家苏辙、奚侗以及近人蒋锡昌等同其说。然今人古棣、任继愈、高明、刘笑敢等都主张"司杀者"及下文"大匠"皆指司法机关，非是。高明云："'司'即前文'有司'，皆指主管刑律之机关。民有犯罪以律当死者，则由有司以法执办，人君守道无为，不可取而代之……'代大匠斫'，则方圆不得其理，以喻刑戮不依法律，严刑峻法，使民生不若死。民既生而无畏，人君必祸及己身，故老子曰：'则希不伤其手矣。'"（《帛书老子校注》）人君之所以能"杀人"，能威压人民，正有赖于"主管刑律之机关"等，否则人君一人安能"使民生不若死"，安能"以杀惧之"？其说悖谬不通，一望可知。又以为"恒有司杀者"句中"有司"指"主管刑律之机关"，更不免割裂句义，以

至于使句不可读。刘笑敢虽然反对高明将"有司"视为一个"名词",但同意古棣、高明以"司杀者"、"大匠"指"司法机关"。他更进而补充云:"如此说来,老子认为圣人或人君不应该直接杀人,而应该由专门的机构行刑杀之事。这是难能可贵的思想,虽不足以说老子有法制思想,但至少可以说明老子讲'自然'、'无为'并非主张废除法律制度。道家哲学之'自然'、'无为'的主张和法律也是兼容的。"(《老子古今:五种对勘与析评引论》)说"老子认为圣人或人君不应该直接杀人,而应该由专门的机构行刑杀之事",已是荒谬,又说"这是难能可贵的思想",并进而认为老子自然、无为的主张与法制"也是兼容的",则更不免引申失当。刘笑敢解读老子多有所见,远出流辈之上,千虑一失,瑕不掩瑜。

⑤是代大匠斫(zhuó):这是替大匠去砍(木头)。大匠,大木匠,大工匠,喻指天道,也就是上文所说的"司杀者"。

【译文】

如果人民总是不怕死,为什么要用刑杀来恐吓他们呢?如果人民真的总是怕死,那么那些行为不端的人,敢于做出格事情,我可以把他们都杀了,那还有谁敢再惹事呢?如果人民确实总是怕死,那总是有掌管杀人的。代替掌管杀人的去行刑,这就好比代替大匠去砍木头。那些代替大匠去砍木头的人,很少不砍伤自己手的啊。

七十五章

【题解】

本章可分为前后两段。前一段是对政治剥削与有为之治的批评，指出人民的饥饿、社会的混乱难治，皆由统治者的贪欲和作为所引起。在上者"食税之多"，是聚敛剥削以奉一己之私欲；在上者之"有为"，往往是统治意志和权力的体现，政苛民烦，给人民造成压迫，给社会带来混乱，其结果便是"难治"。后一段则是对人民的求生太厚以至于"轻死"提出批评。"民之轻死，以其求生之厚"，与五十章所说的"而民生生，动皆之死地"的意思差不多。古谚云："人为财死，鸟为食亡。"人们求生是为了活着，却往往因"求生之厚"而不惜以身相殉。"求生之厚"是为了"益生"，而老子却说"益生曰祥"（五十五章），是不吉利的；所以老子又云："故物或损之而益，或益之而损"（四十二章），人们的确常常是在努力追求"增益"的同时，却"减损"了自己。

民之饥，以其上食税之多^①，是以饥；民之难治，以其上之有为^②，是以难治；民之轻死，以其求生之厚^③，是以轻死。夫唯无以生为者^④，是贤于贵生^⑤。

【注释】

①以其上食税之多：是因为统治者吃的赋税太多。上，指在上的统治者，此处非如卢育三、张松如等所说专指君上。民之所以饥，从道理上说，也并不是因为君上一人"食税之多"。此句传世各本多作"以其上食税之多"，唯帛书本作"以其取食税之多"，无"上"字。下文"以其上之有为"，帛书本同于传世本，亦有"上"字。从句意上看，帛书谓"取食税之多"者亦必是指在上者，不知何故省去"上"字而与下文句例不同。此句帛书与传世本文异意同，今暂从传世本。

②有为：有所作为，指各种行政管理的措施。

③民之轻死，以其求生之厚：人民之所以轻视死亡，是因为过度求生。轻死，轻视死亡，不把死当回事，也就是轻生的意思。下句严遵本、河上本、王注本、景龙本、范应元本、帛书甲、乙本"求生"前皆无"上"字，而且河上本、王注本与帛书本文句基本相同，皆作"以其求生之厚"，唯帛书本句末多一"也"字。但傅奕本作"以其上求生生之厚也"，今世注家如严灵峰、高亨、张松如、任继愈、陈鼓应等，皆主张应有"上"字，或以为原文当据傅奕本，或以为当据王注本而依傅奕本补"上"字。按，此句当依河上本、王注本、帛书本为准。河上公云："人民轻犯死者，以其求生活之道太厚，贪利以自危。以求生太厚之故，轻入死地也。"苏辙云："上以利欲先民，民亦争厚其生，故虽死求利不厌，贵生之极，必至于轻死。"（《老子解》）河上公与苏辙所说大意相近，苏氏谓"贵生之极，必至于轻死"，尤为深切确当。"民之轻死，以其求生之厚"，句意连贯，亦与下文两句一气贯通。作"以其上求生之厚"，则与"民之轻死"不甚相干，亦与下文意不相属。高亨云："人民不怕死（敢于造反），是因为他们的君上养生的物资太丰厚，所以不怕死。"（《老子正诂》）严、张、任、陈各家解释略同于高。文中"民之

轻死"似与"造反"无关,高氏解释貌似可通,实嫌迂曲,而且与下
文终觉意不相属。

④无以生为:指不刻意做有益于生的事,即无为于生。

⑤贤:胜。

【译文】

人民之所以饥饿,是因为统治者吃的赋税太多,因此饥饿;人民之
所以难以治理,是因为统治者有所施为,因此难以治理;人民之
所以轻视死亡,是因为他们求生太厚,因此轻视死亡。那种不刻意从事于求生
的人,胜于过分爱重生命的人。

七十六章

【题解】

　　本章主要以人和草木的生死为例,说明柔弱胜坚强的道理,重申了老子贵柔的基本思想。在老子看来柔弱意味着生长,坚强则意味着死亡。这种观念,既符合老子一向所强调的事物相反相成、相生相克的辩证思想,又确实能够在经验世界中得到某种印证。

　　人之生也柔弱,其死也坚强;草木之生也柔脆①,其死也枯槁。故曰坚强者死之徒②,柔弱者生之徒。是以兵强则灭,木强则折。强大处下,柔弱处上。

【注释】

①柔脆:柔弱,柔嫩。按,"草木之生也柔脆"一句,王弼本、帛书本及其他各本"草木"前多有"万物"一词,唯傅奕本、严遵本、范应元本无"万物"一词。从上下文意看,似应无"万物"一词,今据以删去。又,下文"是以兵强则灭,木强则折"二句,王弼本作"是以兵强则不胜,木强则兵"。"木强则兵"于义不通,"兵"字河上本、傅奕本作"共",帛书甲本作"恒",乙本作"兢",皆于义难通。《列子》引老子之言云"兵强则灭,木强则折",彭耜、俞樾、刘师培、易

顺鼎等主张应以《列子》引文为准,今从之。

②故曰坚强者死之徒:所以说坚强的属于死的一类。按,王弼本
　"故"下无"曰"字,有"曰"字于义较胜,今据帛书本补。

【译文】

　　人活着的时候身体是柔软的,人死了身体就变得坚硬;草木活着的
时候是柔软的,死了就变得干枯。所以说坚强的属于死的一类,柔弱的
属于活的一类。所以军队强大就会灭亡,树木强硬就会折断。所以强
大处于劣势,柔弱处于优势。

七十七章

【题解】

　　本章把"天之道"与"人之道"对举，指出"天之道"是"损有余而补不足"，而"人之道"则相反，是"损不足以奉有余"，表达了老子对社会不公、对剥削制度的不满和抗议。在老子看来，"天之道"是最高的原则，"人之道"应该效法并顺应"天之道"，反其道而行之，是逆天行事，乃是邪恶的，只有有道的人能够顺应天道，损有余以奉天下之不足。

　　老子说"天之道，损有余而补不足"，是有见于事物正反相生相成，既矛盾又统一的发展变化的基本规律，深刻认识到事物矛盾统一中存在的均衡性，认识到万物的存在总体上必须保持某种平衡与稳定。老子的这种发现与认识，与奉"弱肉强食"为"天道"的达尔文主义的思想观念，形成鲜明的对比。"弱肉强食"之道，用之于社会，实际也就是老子所说的"损不足以奉有余"的"人之道"，这种思想在本质上甚至包含某种毒素。与达尔文主义的思想观念相比，老子的思想不但具有更为高远、深切的人文关怀，而且对于事物存在发展的本质的认识也具有更为深远的目光。

　　本章先以"张弓"为喻，提出"有余者损之，不足者补之"，而后进一步得出"天之道，损有余而补不足；人之道则不然，损不足以奉有余"的结论，紧接着又以设问的方式提出"孰能有余以奉天下"，真是反复其辞,语重心长,表现了老子深广的同情与悲悯,读来令人心中恻然。

天之道①,其犹张弓与②?高者抑之,下者举之;有余者损之,不足者补之。天之道,损有余而补不足;人之道则不然③,损不足以奉有余。孰能有余以奉天下?唯有道者④。是以圣人为而不恃,功成而不处,其不欲见贤邪⑤?

【注释】

①天之道:即天道,这里侧重指天道运行、作用的法则。

②其犹张弓与:就像是张弓吧? 其,语气词,表示加强疑问语气,似不宜解释为"岂"。张弓,指施弦于弓,给弓上弦。此以"张弓"比喻天道抑高举下、损有余以补不足,具体含义因语涉古代弓箭制作与使用的情况,后人难以详知,所以颇为费解,各家解释不一。任继愈云:"天的'道'不很像拉开弓(射箭瞄准)吗? 高了就把它压低一些,低了就把它升高一些,过满了就减少一些,不够了就补足一些。"(《老子新译》)其说以射箭瞄准来作解释,则高下之间的调整毫无张力可言,无关于正反平衡的要义。高亨则云:"《说文》:'张,施弓弦也。'盖施弦于弓时,弦之位高则抑之,弦之位下则举之;弦之长有余,则损之,弦之长不足,则补之。天道正如是耳。"(《老子正论》)按,高说较为可取,"张"的本义是施弓弦,即给弓装上弦。施弦于弓必须保持高下、张弛的平衡,所以要"高者抑之,下者举之;有余者损之,不足者补之"。这种调整有一种内在的张力,必须在正反之间找到平衡点。不过,高说损有余补不足是指弦之长短而言,却有不妥,这样的损益也毫无张力可言,可能也不合"张弓"的实际情况。实际上,"有余者损之,不足者补之"应是对"高者抑之,下者举之"的补充说明,是指在

高下之间有所损益。高说实出于严遵《老子指归》,其说云:"夫弓人为弓也……弦高急者,宽而缓之,弦驰下者,摄而上之,其有余者削而损之,其不足者补而益之。弦质相任,上下相反,平正为主,调和为常,故弓可挏而矢可行也",其说解释张弓之喻,颇为确当,所说的损益应该也是指调整弦的"高急"与"驰下"。

③人之道:人的原则或规矩。

④有道者:有道的人,此指有道的治理者。

⑤其不欲见贤邪:恐怕是不愿意显示自己的贤能吧? 此句通行本句末无"邪"字,句意、语气不完整。帛书乙本(甲本残)此句作"若此其不欲贤也",傅奕本作"其不欲见贤邪?"语意皆较完足。今从傅奕本。

【译文】

天道运行的法则,就像是张弓上弦吧? 弦位高了就压低,弦位低了就提高;过高了就加以减损,不够高就加以补足。天道运行的法则,是减损有余来补给不足;人世的规矩却不是这样,是减损不足来供奉有余。谁能拿出有余的东西来供奉给天下人呢? 只有有道的人。所以圣人有所作为却不自恃己能,有所成就却不自居有功,他是不愿意显示自己的贤能吧?

七十八章

【题解】

　　本章以水为喻,说明柔弱胜刚强的道理。然后又推及于人事,认为能趋下居卑,自甘于承受屈辱与灾难,才是有道之君,才可以为社稷之主、天下之王。真正能够担当道义和责任的君主,必须先具备"承受"的品德和能力,只有忍辱,才能负重。只是这种"承受",乃是"慈故能勇"的担当,而不是无能为力的承受,更不是不知道羞耻的忍耐。

　　人们通常的认识是刚强胜于柔弱,老子却反过来说。他的结论未必完全正确,但认识显然超越了一般粗浅的、表面的认识,而是在事物对立统一、正反互相转化的辩证关系中,把握、认识柔弱与刚强的关系,其所见自有深刻、合理的一面。

　　老子最后由圣人之言又引出"正言若反"的结论。这"正言若反"四字,是对所引圣人之言的论断,但也可以看作老子整体言论以及思想最重要的特征之一。

　　天下莫柔弱于水,而攻坚强者莫之能胜,以其无以易之①。弱之胜强,柔之胜刚,天下莫不知②,莫能行。是以圣人云:"受国之垢③,是谓社稷主④;受国不祥,是谓天下王。"正言若反⑤。

【注释】

①以其无以易之：因为它是无法改变的。指水柔弱而又具有力量的品质是无法改变的。王弼注云："以，用也。其，谓水也。言用水之柔弱，无物可以易之也。"后世注家多承王注之误而解释此句为"因为水是不可替代的"，则与上文缺乏逻辑关系。按，此句王弼本作"其无以易之"，傅奕本、帛书本作"以其无以易之也"，又据上引王弼注文"以，用也"云云，则王本原文亦当有"以"字，今据以补上。又，下文"是谓天下王"，王弼本作"是为天下王"，与上文"是谓社稷主"不合，而且河上本、傅奕本、帛书本等皆作"是谓天下王"，王弼本作"为"，显是"谓"之误字，今据以改正。

②天下莫不知：天下没有人不知道。七十章云："吾言甚易知，甚易行；天下莫能知，莫能行"，其中"天下莫能知"一句，恰与此处"天下莫不知"一句相反，有人因此认为此句文字有误。实际上两者只是文字表面的不同，只是表述的角度不同，思想本质是一致的，"天下莫不知"与"吾言甚易知"的意思是一样的。

③垢：通"诟"，耻辱。他本或作"诟"。

④社稷：古代帝王祭祀的土神和谷神，后用以代指国家。

⑤正言若反：正面的话却像是反话。

【译文】

天下没有比水更柔弱的，可是攻克坚强的东西却没有什么能胜过水的，因为水的本质是无法改变的。柔胜过刚，弱胜过强，这道理天下没有人不知道，却没有人能实行。所以圣人说："承受一国的耻辱，这就是国家的君主；承受一国的灾祸，这就是天下的君王。"正话听起来像是反话。

七十九章

本章为帛书本德经之末篇。本章先由"和大怨,必有余怨"说起,而后引出下文,引出正题。老子认为硬要调和大怨,必会留有余怨,这样做是不能称作善的。这就说明必须承认、正视冤仇怨恨的客观存在,积怨难消,光靠调和是不能消除大怨的。本章由此引出下文"是以圣人执左契,而不以责于人",上下文意似断实连,注家不知,多有曲解。"不以责于人",是不向人讨债,这是对得失恩怨的超脱,能有效防止并消除怨隙;相反向人讨债往往最容易产生怨隙。这说明超越恩怨的计较才能真正消除怨恨,而最高的境界,就是六十三章所说的"报怨以德"。由此也可见,老子主张"报怨以德"并不是无视"怨"的存在,也不是稀里糊涂和稀泥,而是基于超越的智慧和品德而作出的自觉选择。

这里值得特别提出的是"圣人执左契"一句。这说明"不以责于人"不是什么都抹掉,什么都抹掉的做法与"和大怨"一样,都是"和稀泥",都是对事实的回避和否认。从世俗生活的角度看,什么都抹掉也是一种不负责任的态度,而且可能引起纠纷和争端,并直接导致仇怨。从至高无上的天道的角度看,"执左契"云云,皆不足道,但是从现实生活的角度看,老子虽然主张"不以责于人",主张超越于得失恩怨之外,但是仍然主张保留"凭据",承认事实。这是颇有深意的。

本章最后说"天道无亲，恒与善人"，这句话曾多次见于古书。《说苑·敬慎》所引《金人铭》即有此语。《周书·蔡仲之命》有"皇天无亲，唯德是辅"之语，也与此语颇相近似。老子所言，应该是引用了古谚。"天道无亲"，也就是五章所说的"天地不仁"。天道无亲无私，是没有意志、目的和情感的，但是天道化生万物，长养万物，庇护万物又似乎具有某种类似于意志、目的和情感的品质，所以老子常常用拟人化的比喻来指称、说明道。道作为万物存在的根源和根据，是超越于世俗道德价值之上的，所以是"善者吾善之，不善者吾亦善之"（四十九章）；但是天道的运行并不是无序、混乱的，它体现了"自然"的秩序和价值，它作为合规律的动因和力量，又具有某种类似道德的价值取向，它作用于万物，给万物充分自由的同时，又具有某种潜在的规范性和倾向性，所以说"物壮则老，是谓不道，不道早已"（三十三、五十五章），又说"罪莫厚于甚欲，咎莫憯于欲得，祸莫大于不知足"（四十六章）。就道具有某种类似于意志、情感与道德倾向性的品质而言，可以说"天道无亲"却又"恒与善人"。

　　和大怨，必有余怨，安可以为善①？是以圣人执左契②，而不以责于人③。故有德司契，无德司彻④。夫天道无亲⑤，常与善人⑥。

【注释】

①和大怨，必有余怨，安可以为善：调和大怨，必然留有余怨，怎么可以算作善呢？王弼注云："不明理其契，以致大怨已至。而德以和之，其伤不复，故必有余怨也。"

②左契：古代借贷财物金钱，刻木竹为契，剖分左右，借贷双方各执一半以为凭据，左契由债权人执有，类似今天的借据。契，券契，合同。王弼注云："左契，防怨之所由生也。"

③不以责于人：不用来向人讨债。责，索取，讨债。按，王本及其他传世本句中多无"以"字，则更明确表达了不凭"左契"向人讨债的意思，于义较长，今据帛书本补。

④故有德司契，无德司彻：所以有德的人掌管券契，无德的人掌管税收。彻，周朝税法的名称，这里指税收。按，王弼本句首无"故"字，有"故"字于义较长，今据傅奕本、帛书本补"故"字。王弼注云："有德之人，念思其契，不令怨生而后责于人也。"王注谓"有德司契"是保存凭据以防怨生，甚是；但说"怨生而后责于人"，似是解释上句的"责"字为责备，则误。古今注家解释"有德司契"二句多有失误，如张松如译作"有德者只依照契约办事"（《老子说解》），陈鼓应译作"有德的人像持有借据的人那样宽裕"（《老子今注今译》），皆有未妥。

⑤无亲：无所亲爱。按，"夫天道无亲"，王本句首无"夫"字，有"夫"字领起以下两句，语气较完整，今据帛书本补"夫"字。

⑥与：赞助。

【译文】

调和大怨，必然留有余怨，怎么可以算作是善呢？所以圣人拿着券契，却并不用来向人讨债。所以有德的人掌管券契，无德的人掌管税收。天道无所亲爱，总是站在善人这一边。

八十章

【题解】

　　本章集中描述了桃花源式的社会生活图景,反映了老子无为之治的社会政治理想。这种社会政治理想在一定程度上,是对建立在自给自足的小农经济基础上的纯朴自然的古代村社生活的想象,具有一定的现实依据。老子心目中的理想社会,是小国少民,自给自足,人民安居乐业,爱其淳厚之风俗,过着纯朴的生活,却有一种满足感。在这样的社会生活中,先进的器械以及交通工具,甚至连文字皆可弃而不用,在这里,也没有战争和杀戮。老子的这些思想,也从反面表现了他对春秋后期充满贪欲与扩张意识的社会现实的不满与厌弃。老子"小国寡民"的思想在现代曾遭受各种歪曲和批评。我们也许不可能退回到老子所描述的社会中去,但我们应该充分认识到这种社会政治思想中所包含的对文明的批判与反思的可贵精神,应该充分尊重这种社会政治思想中所包含的纯朴自然的生活理想。

　　小国寡民。使有什伯人之器而不用①;使民重死而不远徙②;虽有舟舆③,无所乘之;虽有甲兵,无所陈之④;使民复结绳而用之。甘其食,美其服,安其居,乐其俗。邻国相望,鸡犬之声相闻,民至老死,不相往来。

【注释】

①什伯人之器：十倍百倍于人力的器械。此句王注本及其他诸本作"什伯之器"。严遵本、河上本、敦煌庚本及帛书甲本皆作"什伯人之器"，于义较为可取。俞樾云："什伯之器，乃兵器也。《后汉书·宣秉传》注曰：'军法五人为伍，二五为什，则共其器。'其兼言'伯'者，古军法以百人为'伯'……什伯皆士卒部曲之名。《礼记·祭义篇》曰：'军旅什伍'，彼言'什伍'，此言'什伯'，所称有大小，而无异义。"（《老子平议》）其说取"什伯之器"为原文，而解释为"兵器"。蒋锡昌、马叙伦等同其说。按，俞说不可取。"使有什伯人之器而不用"，乃总括下文各种器具而言，不应专指兵器，而且专指兵器，又与下文"虽有甲兵，无所陈之"重复。胡适云："什是十倍，伯是百倍。文明进步，用机械之力代人工，一车可载千斤，一船可装几千人。这多是什伯人之器。下文所说'虽有舟舆，无所乘之；虽有甲兵，无所陈之'，正释这一句。"（《中国古代哲学史》）胡说是。其说出于苏辙，张默生、高亨等从其说。王弼注云："言使民虽有什伯之器，而无所用，何患不足也。"老子之意非谓民有余财而不用，王注大失其义。又，王注"小国寡民"一句云："国既小，民又寡，尚可使反古，况国大民众乎？故举小国而言也。"所说更是脱离原文随意发挥，亦失其义。

②重死：看重死。

③舆：车。

④陈：陈列，这里指使用。

【译文】

小国少民。让人民虽有十倍百倍于人力的器械却不使用，让人民看重生死而不愿迁徙到远方；虽有舟车，却没地方可用；虽有武器，却派不上用场；让人民重新使用结绳记事的办法。让人民觉得饮食甘美、衣服美丽、居住安适、风俗和乐。邻国之间，可以互相望得着，鸡鸣狗吠的声音互相听得见，人民却老死不相往来。

八十一章

【题解】

本章是传世本的最后一章。前半指出在信与美、善与辩、知与博这些同是正面、看似一致的品质之间，往往存在反向、矛盾的关系。这些认识既是经验的升华，也是老子一以贯之的辩证思想的体现。孔子说"刚毅木讷，近仁"（《论语·子路》）、"巧言令色鲜矣仁"（《论语·学而》），其意与老子这里所说的"信言不美，美言不信。善者不辩，辩者不善"颇相近似。可见孔子与老子对于某些问题有相近的认识。"知者不博，博者不知"，与四十八章所谓"为学日益，为道日损"的道理相通。博学是一种美德，但超越博学获得真知，却是另一种更高的美德。在真理面前，博学多识有时甚至是一种累赘，而对于执迷不悟的人来说，博学多识有时甚至是一种障碍。譬之于佛理，因觉悟而获得真知乃是菩萨乘，由博学而获得知识则最多只能算是声闻乘。

本章后半着重表彰圣人"不积"与利他的美德。圣人不聚积财物，而且把"给予"看作一种收获，把"付出"看作一种回报。这确实是一种盛德，但也并不是高不可及的，在那些真正具有伟大品格的人物身上，都能看到这种圣人的影子。

信言不美，美言不信。善者不辩①，辩者不善。知者不博②,博者不知③。圣人不积④:既以为人⑤,己愈有;既以与人,己愈多。故天之道,利而不害;人之道⑥,为而弗争。

【注释】

①辩:善于说话,能言善辩。

②知者:知道的人,指有真知的人。

③不知:不知道,无知。

④积:积藏,指积藏财货。

⑤为人:有为于人,指施利于人。

⑥人之道:这里指人类社会符合天道的行事原则,是理想中应有的原则,与七十七章所说的,与"天之道"相对立的"人之道"不同。此句传世本作"圣人之道",从行文上看,不如帛书本作"人之道",与上文"天之道"对称,但从思想内涵上看则二者并无不同。

【译文】

真实的言语不华美,华美的言语不真实。善良的人不善辩,善辩的人不善良。真知道的人不广博,广博的人不是真知道。圣人无所积藏:施利于别人,自己却更富有;给予别人,自己却更丰富。因此天之道,有利于物而无所损害;人之道,有所作为而无所争夺。

中华经典名著
全本全注全译丛书
（已出书目）

读通鉴论

宋论

文史通义

鬻子·计倪子·於陵子

老子

道德经

帛书老子

鹖冠子

黄帝四经·关尹子·尸子

孙子兵法

墨子

管子

孔子家语

曾子·子思子·孔丛子

吴子·司马法

商君书

慎子·太白阴经

列子

鬼谷子

庄子

公孙龙子(外三种)

荀子

六韬

吕氏春秋

韩非子

山海经

黄帝内经

素书

新书

淮南子

九章算术(附海岛算经)

新序

说苑

列仙传

盐铁论

法言

方言

白虎通义

论衡

潜夫论

政论·昌言

风俗通义

申鉴·中论

太平经

伤寒论

周易参同契

人物志

博物志

抱朴子内篇

抱朴子外篇

西京杂记

神仙传

搜神记

拾遗记

世说新语

弘明集

齐民要术

刘子

颜氏家训

中说

群书治要

帝范·臣轨·庭训格言

坛经

大慈恩寺三藏法师传

长短经

蒙求·童蒙须知

茶经·续茶经

玄怪录·续玄怪录

酉阳杂俎

历代名画记

唐摭言

化书·无能子

梦溪笔谈

东坡志林

唐语林

北山酒经（外二种）

折狱龟鉴

容斋随笔

近思录

洗冤集录

传习录

焚书

菜根谭

增广贤文

呻吟语

了凡四训

龙文鞭影

长物志

智囊全集

天工开物

溪山琴况·琴声十六法

温疫论

明夷待访录·破邪论

潜书

陶庵梦忆

西湖梦寻

虞初新志

幼学琼林

笠翁对韵

声律启蒙

老老恒言

随园食单

阅微草堂笔记

格言联璧